2023 中国煤炭工业发展报告

中国煤炭工业协会 编

应急管理出版社
·北 京·

图书在版编目（CIP）数据

2023 中国煤炭工业发展报告／中国煤炭工业协会，编． -- 北京：应急管理出版社，2023
　ISBN 978 - 7 - 5020 - 9749 - 3

　Ⅰ.①2… Ⅱ.①中… Ⅲ.①煤炭工业—经济发展—研究报告—中国—2023　Ⅳ.①F426.21

中国国家版本馆 CIP 数据核字（2023）第 152222 号

2023 中国煤炭工业发展报告

编　　者	中国煤炭工业协会
责任编辑	成联君　尹燕华
责任校对	孔青青
封面设计	解雅欣

出版发行　应急管理出版社（北京市朝阳区芍药居 35 号　100029）
电　　话　010 - 84657898（总编室）　010 - 84657880（读者服务部）
网　　址　www.cciph.com.cn
印　　刷　北京盛通印刷股份有限公司
经　　销　全国新华书店
开　　本　710mm×1000mm 1/16　印张　19　字数　269 千字
版　　次　2023 年 9 月第 1 版　2023 年 9 月第 1 次印刷
社内编号　20230777　　　　　　　　　定价　168.00 元

版权所有　违者必究

本书如有缺页、倒页、脱页等质量问题，本社负责调换，电话：010 - 84657880

本 书 编 委 会

主 编

梁嘉琨　李延江

副 主 编

张　宏　解宏绪　刘　峰　王虹桥　孙守仁

编写成员

郭中华　欧　凯　朱拴成　严民杰　付兆辉
杨　征　付天光　罗跃勇　郭建利　杨　玲
李　佳　张　磊　薛晓强　孙永新　高　峰
刘芳彬　李丽英　张学亮　胡　伯　那　磊
张　宁　李修东　柳　妮　宋晓波　仝　通
张　栋　刘　洋　郝成亮　杨　宁　侯超博
孟璐莎　张淑娜　曹　铮

序
Preface

能源是工业的粮食、国民经济的命脉。习近平总书记高度重视能源安全，强调指出，"能源的饭碗必须端在自己手里""要深入推动能源革命，加快建设能源强国"。煤炭行业认真贯彻落实习近平总书记重要指示批示精神，坚守能源兜底保障责任，深入推动煤炭供给侧结构性改革，全国煤炭供给质量大幅提高，以数字化、智能化技术为支撑的煤炭与新能源、新产业、新业态融合创新的现代化产业体系正在形成，在保障国家能源安全、促进经济社会持续健康发展方面，发挥了压舱石和稳定器的作用。

新时代十年，煤炭行业致力于改革创新、致力于科技突破、致力于管理提升，行业整体面貌发生了显著变化。煤炭结构调整取得显著成效。累计退出落后煤炭产能10亿吨以上，先进产能比重大幅提高，大型现代化煤矿产能占全国煤矿总产能的85%左右；煤炭生产重心加快向晋陕蒙新等资源禀赋好、竞争能力强的地区集中，晋陕蒙新四省区煤炭产量占全国的80%以上。现代化煤炭产业体系加快构建，以煤炭产业为支撑、战略性新兴产业为引领、数字经济深度融合的现代化产业体系初步形成，行业发展步入质的有效提升和量的合理增长的发展新阶段。科技创新驱动能力显著提升，煤炭行业获国家科学技术奖励53项、中国专利奖126项、国家级企业管理现代化创新成果92项。矿区生态文明建设迈出坚实步伐，践行

"绿水青山就是金山银山"理念，着力推动绿色低碳转型，稳步推进碳达峰碳中和，协同推进降碳、减污、扩绿、增长，煤炭清洁高效利用水平不断提高。安全治理能力得到系统性提升，煤矿安全生产形势实现明显好转，煤矿智能化建设和安全高效煤矿建设加快推进，全国实现了煤矿事故总量、重特大事故、死亡人数、百万吨死亡率"四个大幅下降"。初步形成了全方位、多层次、宽领域的国际煤炭产能合作新格局，主动融入全球能源市场网络，与世界能源机构、主要产煤国家政府、协会和企业的合作不断深化，深入推进"一带一路"国际合作，开创了与"一带一路"沿线国家煤炭产业互利共赢发展的新局面。矿区精神文明建设跃上新台阶，坚持发展社会主义先进文化，加强社会主义精神文明建设，培育和践行社会主义核心价值观，以先进文化引领前进方向，用先进文化凝聚奋进力量，推动了文化事业大繁荣大发展。

展望"十四五"及未来一段时期，面对世界百年未有之大变局，煤炭作为我国主体能源，保障经济社会平稳运行、确保国家能源安全和产业链供应链稳定任务艰巨。同时，随着碳达峰碳中和战略深入实施，煤炭行业既承担能源保供责任，又面临降碳压力，建设新型煤炭工业体系，推动煤炭绿色低碳转型任重道远。为此，煤炭行业将持续优化产业结构，加强煤炭清洁高效利用，加快推进煤炭行业数字化转型、低碳化发展，持续提升煤炭安全稳定供应能力，高质量推进行业现代煤炭产业体系建设，协同推进我国多能融合的现代能源体系建设，全力发挥好煤炭在我国能源"压舱石"中的兜底保障作用！

《2023中国煤炭工业发展报告》以翔实的数据和细致的研究展现了新时代以来在党的领导下我国煤炭工业发展的辉煌成就和在保障国家能源安全方面所起的重要作用，分析了在煤炭开发、煤炭消费、煤炭运输、煤炭库存、煤炭价格、煤炭进出口、经济运行、科技与装备、清洁高效利用、生态环保等方面行业运行情况，对市场化改革、供给侧结构性改革、碳达峰碳中和、煤矿安全、煤炭财税、煤炭科技创新等方面主要政策进行了系统解读，并展示了大型企业集团、现代化煤矿等具有示范意义的典型案例。报告在反映 2022 年度和新时代十年来煤炭行业的发展方面具有客观性、权威性和可读性，力求为行业内外读者全面了解我国煤炭工业发展提供重要参考。

最后，对中国煤炭科工集团煤炭工业规划设计研究院有限公司在本书编制过程中给予的大力支持表示感谢！希望煤炭工业规划设计研究院有限公司充分发挥自身优势，坚持有特色、高标准、高水平，尽早打造成为中国特色一流新型智库，为推进煤炭行业治理体系和治理能力现代化，促进煤炭绿色低碳转型和高质量发展，建设新型煤炭工业体系作出应有的贡献。

2023 年 8 月于北京

目录 Contents

第1篇 回 顾 篇

第1章 新时代十年煤炭工业取得的主要成就 ·················· 3

1.1 化解产能过剩取得显著实效 ················· 3
1.2 供给体系质量持续提升 ················· 4
1.3 开发布局持续优化 ················· 5
1.4 现代化产业体系基本形成 ················· 6
1.5 科技创新能力显著提升 ················· 8
1.6 绿色低碳转型稳步推进 ················· 9
1.7 企业综合管理水平显著提升 ················· 11
1.8 煤矿安全生产形势明显好转 ················· 11
1.9 煤炭国际合作不断创新发展 ················· 13
1.10 精神文明建设繁荣发展 ················· 13

第2章 全球宏观经济与能源工业发展情况 ·················· 15

2.1 全球经济环境 ················· 15
2.2 全球应对气候变化 ················· 17
2.3 全球能源工业发展 ················· 19

第3章 中国宏观经济与能源工业发展情况 ·················· 26

3.1 2022年国民经济发展概况 ················· 26

3.2 中国能源工业发展 ………………………………… 38

第2篇 运 行 篇

第1章 煤炭开发 ………………………………… 49
1.1 煤炭资源勘察 ………………………………… 49
1.2 煤炭生产 ………………………………………… 51

第2章 煤炭消费 ………………………………… 61
2.1 电力行业 ………………………………………… 62
2.2 钢铁行业 ………………………………………… 65
2.3 建材行业 ………………………………………… 67
2.4 化工行业 ………………………………………… 69

第3章 煤炭运输 ………………………………… 73
3.1 煤炭铁路运输 ………………………………… 73
3.2 煤炭转运港口 ………………………………… 77

第4章 煤炭库存 ………………………………… 80
4.1 煤炭企业库存 ………………………………… 80
4.2 主要港口库存 ………………………………… 82
4.3 重点发电企业库存 …………………………… 85

第5章 煤炭价格 ………………………………… 87
5.1 分煤种价格 …………………………………… 87
5.2 国际煤炭价格 ………………………………… 91

第6章 煤炭进出口 ... 95

6.1 煤炭进口 ... 95
6.2 煤炭出口 ... 102

第7章 煤炭经济运行 ... 106

7.1 煤炭行业经济运行 ... 106
7.2 煤炭上市公司经济运行 ... 112

第8章 科技与装备 ... 128

8.1 科技创新 ... 128
8.2 主要煤机装备 ... 135
8.3 选煤装备 ... 145
8.4 煤矿智能化装备系统 ... 153

第9章 煤炭清洁高效利用 ... 165

9.1 煤炭清洁高效利用现状 ... 165
9.2 煤炭清洁高效利用重点方向 ... 175

第10章 生态环保 ... 180

10.1 绿色矿山建设 ... 180
10.2 煤矸石资源综合利用 ... 181
10.3 矿井水综合利用 ... 182
10.4 煤层气综合利用 ... 183
10.5 粉煤灰综合利用 ... 183
10.6 共伴生资源利用 ... 184
10.7 土地复垦 ... 185
10.8 矿区生态治理典型案例 ... 185

第11章 预测与展望 ……………………………………………… 191

  11.1 煤炭市场中长期预测 …………………………………… 191

  11.2 煤炭工业发展展望 ……………………………………… 192

第3篇 政 策 篇

第1章 煤炭市场化改革政策 ……………………………………… 199

第2章 供给侧结构性改革政策 …………………………………… 202

第3章 碳达峰碳中和战略 ………………………………………… 207

第4章 煤矿安全政策 ……………………………………………… 211

第5章 煤炭财税政策 ……………………………………………… 218

第6章 科技创新政策 ……………………………………………… 220

第4篇 实 践 篇

第1章 中国煤炭科工集团有限公司 ……………………………… 225

  1.1 企业概况 ………………………………………………… 225

  1.2 主要成就 ………………………………………………… 227

  1.3 发展展望 ………………………………………………… 231

第2章 山西焦煤集团有限责任公司 ……………………………… 233

  2.1 企业概况 ………………………………………………… 233

2.2　主要成就 …………………………………………… 234

2.3　发展展望 …………………………………………… 241

第3章　国家能源集团神东煤炭集团有限责任公司 ………… 243

3.1　企业概况 …………………………………………… 243

3.2　主要成就 …………………………………………… 244

3.3　发展展望 …………………………………………… 252

第4章　陕西小保当矿业有限公司 ………………………… 255

4.1　企业概况 …………………………………………… 255

4.2　主要成就 …………………………………………… 256

4.3　发展展望 …………………………………………… 260

第5章　山西天地王坡煤业有限公司 ……………………… 263

5.1　企业概况 …………………………………………… 263

5.2　主要成就 …………………………………………… 265

5.3　发展展望 …………………………………………… 276

第6章　北京天地华泰矿业管理股份有限公司 …………… 277

6.1　企业概况 …………………………………………… 277

6.2　主要成就 …………………………………………… 278

6.3　发展展望 …………………………………………… 288

2023 中国煤炭工业发展报告
Annual Report on Coal Industry in China 2023

第1篇 回 顾 篇

第 1 章
新时代十年煤炭工业取得的主要成就

2022年是党和国家历史上极为重要一年。党的二十大胜利召开，系统总结了新时代十年伟大变革，擘画了全面建设社会主义现代化国家、以中国式现代化全面推进中华民族伟大复兴的宏伟蓝图，吹响了奋进新征程的时代号角。

新时代的十年，是党和国家事业发展取得历史性成就、发生历史性变革的十年，也是煤炭行业牢记习近平总书记嘱托，砥砺前行、跨越发展的十年。

1.1 化解产能过剩取得显著实效

十年来，煤炭行业深入推进结构性改革，化解煤炭过剩产能取得突破性进展。全行业深入贯彻落实《国务院关于煤炭行业化解过剩产能实现脱困发展的意见》精神，坚持把化解过剩产能作为重大政治任务、发展头等大事和"一号工程"来抓，化解过剩产能、转型升级、职工安置一体推进，取得了一系列创新成果和实践经验，攻克了许多长期没有解决的难题，化解煤炭过剩产能与行业脱困转型发展取得实效。"十三五"以来，全国累计退出煤矿5600处左右、退出落后煤炭产能10亿吨/年以上，分流安置职工100万人左右，如图1-1-1所示。全国规模以上煤炭企业的资产总额由4.48万亿元增加到7.32万亿元，煤炭市场实现了由严重供大于求向供需动态平衡的转变，产业结构持续优化，新旧动能加快转换，供给体系质量显著提升，供给侧结构性改革在煤炭工业发展史上留下了鲜明的新标识，为新时代煤炭行业高质量发展奠定了坚实基础。

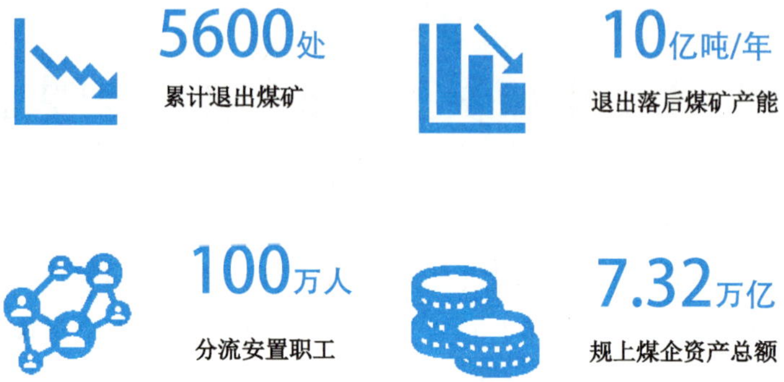

5600处 累计退出煤矿

10亿吨/年 退出落后煤矿产能

100万人 分流安置职工

7.32万亿 规上煤企资产总额

数据来源：《2022年煤炭行业发展年度报告》

图 1-1-1　化解产能过剩取得实效

1.2　供给体系质量持续提升

十年来，煤炭行业持续加强供给体系建设，保障国家能源安全和产业链供应链安全的基础愈加牢固。通过不断加强基础地质调查和煤炭资源勘查，探明了一批重要煤炭资源战略接续区，推动煤炭资源保有储量实现新增长。截至2021年末，全国煤炭储量达到2078.85亿吨，夯实了国家能源安全和产业链供应链安全的基础。十年来，一大批大型现代化煤矿和智能化煤矿加快建设，先进产能比重大幅提高，生产煤矿产能超过44亿吨/年，全国煤炭产量由2016年最低的34.1亿吨，快速增加到2022年的45.6亿吨（图1-1-2），六年累计增加11.5亿吨。煤炭国内自给率始终保持在92%以上，做到了基本自给，守住了工业和民生用能底线。煤炭由单一燃料向原料和燃料并重转变加快推进。据不完全统计，2022年，煤制油、煤制气、煤（甲醇）制烯烃、煤制乙二醇产能分别达到931万吨、61.25亿立方米、1672万吨、1155万吨，为保障产业链供应链稳定作出重要贡献，为行业长远发展积蓄了强劲动能。煤炭铁路直达和铁水联运能力持续提升，全国煤炭铁路运量达到26.8亿吨以上，煤炭储备体系建设加快推进。近年来，即使面临复杂形势、自然灾害和严峻的疫情冲击，全国煤炭市场始终供应充足、中长期合同价格保持基本稳定。

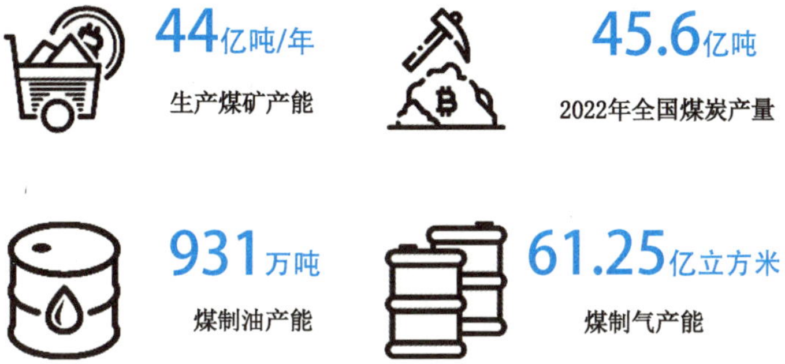

44亿吨/年 生产煤矿产能

45.6亿吨 2022年全国煤炭产量

931万吨 煤制油产能

61.25亿立方米 煤制气产能

数据来源：《2022年煤炭行业发展年度报告》

图1-1-2 供给能力持续提升

1.3 开发布局持续优化

十年来，煤炭生产开发布局持续优化，服务全国构建新发展格局的能力实现整体性跃升。十年来，煤炭生产开发布局深度调整，部分省（市）由于煤炭资源枯竭、资源赋存条件差等原因，煤炭产量逐年减少或退出煤炭生产领域，煤炭生产重心加快向晋陕蒙新等资源禀赋好、竞争能力强的地区集中。从亿吨级产煤省（区）数量变化（表1-1-1）看，2022年原煤产量超过1亿吨的省（区）有6个，比2012年减少3个，原煤产量39.6亿吨，比2012年增加15.2亿吨。从中东西部地区原煤产量占全国比重变化看，西部地区占比由54.4%上升到60.7%，中部地区占比稳定在33.7%，东部地区占比由7.2%下降到3.2%，东北地区占比由4.7%下降到2.4%。从主要产煤省（区）原煤产量变化看，晋陕蒙新等4省（区）原煤产量由25.4亿吨增加到36.9亿吨，占全国的比重由64.3%提高到80.9%；山西、内蒙古年原煤产量迈入10亿吨级行列。其中，鄂尔多斯、榆林年原煤产量分别由6.39亿吨、3.18亿吨增加到7.22亿吨、5.82亿吨，成功迈入5亿吨级"俱乐部"，两市原煤产量占全国的比重由24.2%提高到28.6%。山西、蒙西、蒙东、陕北、新疆等绿色转型供应保障基地建设加快推进，"两心引领、四区提升、五极保障、全国支撑"的煤炭生产开发空间布局初步形成。全国资源配置能力显著增强，煤矿与大型煤电基地、大型煤化工基地、大型风电光伏基地同步建设、协同推进，煤电通过特高压通道输送全国，煤炭与新能源、可再生能源优势互补、一体化整合加快推进，煤炭作为化工原料的综合利用效能持续提高，煤炭服务扩大内需战略、服务全国构建新发展格局的战略位势不断得到巩固和提升。

表1-1-1　开发布局优化情况

指　　标		2012 年	2022 年
亿吨级产煤省（区）	数量	9个	6个
	原煤产量	24.4亿吨	39.6亿吨
西部地区原煤产量占比		54.4%	60.7%
中部地区原煤产量占比		33.7%	
东部地区原煤产量占比		7.2%	3.2%
东北地区原煤产量占比		4.7%	2.4%
晋陕蒙新4省（区）	原煤产量	25.4亿吨	36.9亿吨
	产量占比	64.3%	80.9%

数据来源：《2022年煤炭行业发展年度报告》。

1.4　现代化产业体系基本形成

十年来，现代化煤炭产业体系加快构建，煤炭行业发展新动能新优势持续增强。坚持高端化、智能化、绿色化发展方向，加快建设安全高效煤矿、智能化煤矿，延伸产业链条，积极培育战略性新兴产业，着力抢占产业链、价值链制高点。十年来，全国煤矿数量由1.3万处减少到4400处以内；年产120万吨以上的大型煤矿由850处左右发展到1200处以上（图1-1-3），产量占全国的比重由65%左右提高到85%左右；年产千万吨级的生产煤矿由33处发展到79处，产能由4.5亿吨/年提高到12.8亿吨/年；安全高效煤矿数量由406处发展到1146处，产量占全国的比重由30%左右提升到70%以上。智能化煤矿建设从无到有，截至2022年底，建成智能化煤矿572处、智能化采掘工作面1019处，31种煤矿机器人在煤矿现场应用。全国煤矿平均单井（矿）产能由38万吨/年左右提高到120万吨/年以上，人均生产效率由750吨/年提高到1800吨/年。大型煤炭企业竞争力加快提升，15家煤炭企业原煤年产量超过5000万吨，原煤产量26.0亿吨；其中，7家企业年产量超过1亿吨，原煤产量20.6亿吨，占全国的比重达到45.2%。营业收入超2000亿元的龙头骨干企业数量从2家增加到7家。煤炭企

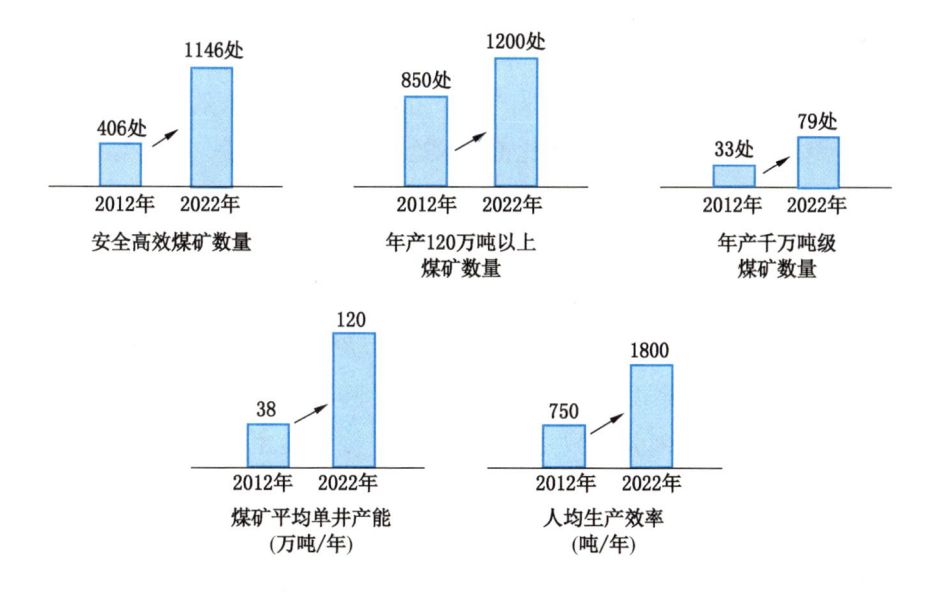

数据来源：《2022年煤炭行业发展年度报告》

图1-1-3 煤矿数量及生产效率变化情况

股份制改制、上市企业培育实现新突破，世界一流煤炭企业建设展现新气象，8家企业入选创建世界一流专精特新示范企业名单，8家企业入选国有企业公司治理示范企业名单。煤炭与数字经济、现代服务业加快融合，个性化定制、网络化协同等新业态新模式不断涌现，国家专精特新"小巨人"企业、单项冠军企业加快培育，以煤炭产业为支撑、战略性新兴产业为引领，煤炭与新能源、新产业、数字经济深度融合的现代化产业体系初步形成，行业发展步入质的有效提升和量的合理增长的发展新阶段。

1.5 科技创新能力显著提升

十年来，**科教兴煤和人才强煤战略深入实施，教育、科技、人才的基础性战略性支撑能力显著提升**。科技创新策源功能持续增强。大型煤炭企业研发投入强度达2%，建成国家及行业级研发平台149个，获批国家重大专项及示范项目、国家重点研发计划项目、国家自然科学基金重大研发计划等各类国家重大、重点项目110余项。大型矿井建设、特厚煤层综放开采、煤与瓦斯共采、燃煤超低排放发电、高效煤粉型和水煤浆浆体化工业锅炉、现代煤化工技术达到国际领先水平，主要煤机装备和大型粉煤气化技术实现国产化，煤机装备制造水平位于世界先进行列，建成世界最大的清洁高效煤电供应体系和现代煤化工技术体系。十年来，煤炭行业获国家科学技术奖励53项、中国专利奖126项、国家级企业管理现代化创新成果92项。科技贡献率从近40%提高到60%，科技实力从量的积累迈向质的飞跃、从点的突破迈向系统能力提升，实现从跟踪、模仿到部分领域并跑、领跑的转变。人才强煤战略深入实施，行业教育培训体系不断健全完善，世界一流大学和一流学科建设稳步推进，职业教育培训与产业发展深度融合。煤炭远教网"一网四平合"全面推进。国家开放大学煤炭学院成立。十年来，面向行业开展的工商管理培训6000余人，职业经理人执业资格认证1200余人。31家煤炭企事业单位获得国家技能人才培育突出贡献单位。评选技能大师

1043名，命名334个大师工作室团队。完成职业技能鉴定155.56万人次，其中128.14万人次获得技能等级资格证书。举办井工类、露天类和院校类职业竞赛20场。经中国煤炭工业协会推荐，12人获得中华技能大奖，177人获得全国技术能手，11人获得国家技能人才培育突出贡献个人，41人获得全国青年岗位能手。初步调研分析，煤炭行业研究生以上学历占比由2015年的1.01%提升到目前的2%左右，本科学历占比由6.56%提升到11%左右，高级职称人员占比由1.31%提升到2%以上，如图1-1-4所示。人才发展环境更加优化，高层次人才规模持续扩大，人才创新活力全面增强，为行业高质量发展提供了坚强的人才和智力支撑。

数据来源：《2022年煤炭行业发展年度报告》

图1-1-4 高层次人才规模持续扩大

1.6 绿色低碳转型稳步推进

十年来，煤炭行业着力推动绿色低碳转型，矿区生态文明建设迈出坚实步伐。深入践行绿水青山就是金山银山理念，协同推进降碳、减污、扩绿、增长。十年来，全国原煤入选率由56%提高到69.7%，矿井水综合利用率由62%提高到79.3%，土地复垦率由42%提高到57.8%；煤矸石及低热值煤综合利用发电装机由2950万千瓦发展到4300万千瓦。燃煤电厂超低排放和节能改造持续推进，实现超低排放的煤电机组超过10.5亿千瓦，占比达到94%左右。充填开采、保水开采、煤与瓦斯共采、无煤柱开采等绿色开发技术在部分矿区得到推广应用。稳步推进碳达峰碳中和，加强煤炭清洁高效利用。如图1-1-5所示，大型煤炭企业原煤生产综合能耗由17.1千克标煤/吨下降到9.7千克标煤/吨，综合电耗由28.4千瓦时/吨下降到20.0千瓦时/吨。大力发展绿色产业、循环经济，稳步推进矿区生态保护、生态修复、生态治理、生态重建，推动矿区生态环境实现了从严重透支到明显好转的历史性转变，形成了一批自然风光与人文景观交相辉映、现代都市与田园乡村相互交融的生态文化景观，蓝绿交织、山水相依、人与自然和谐共生的生态长卷正在矿区徐徐展开。

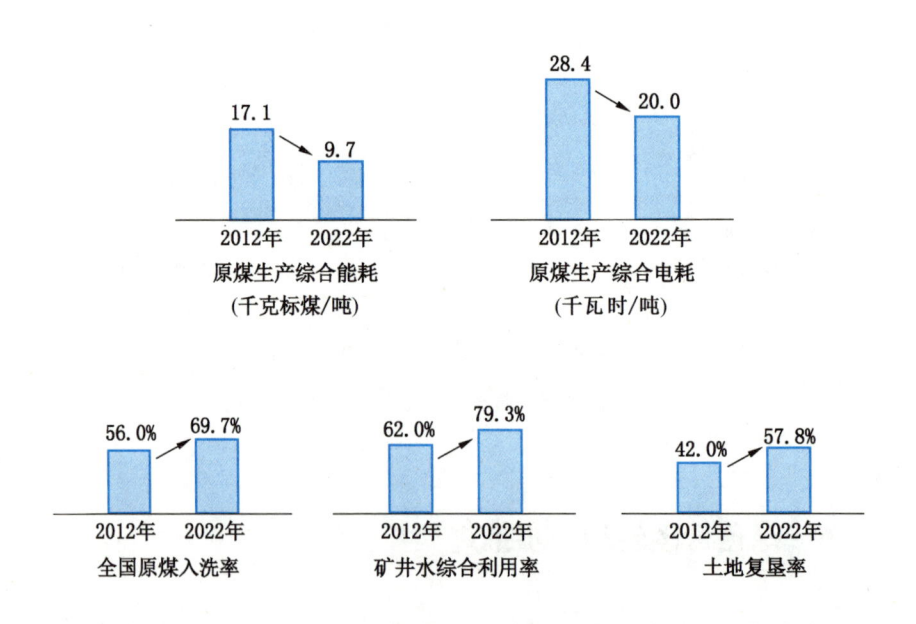

数据来源：《2022年煤炭行业发展年度报告》

图1-1-5 绿色低碳稳步推进

1.7　企业综合管理水平显著提升

十年来，煤炭行业管理创新扎实推进，企业治理能力快速迭代升级。积极探索实践、善于改革创新，不断优化企业治理，打造具有煤炭行业企业特色的治理现代化模式。十年来，全行业共推广发布了2531项煤炭企业管理现代化创新成果，为煤炭企业管理创新提供了示范和借鉴；举办了34期煤炭企业管理创新大讲坛，总结推广行业企业在管理创新方面取得的成功经验和典型做法，大力弘扬煤炭企业家精神，激发管理创新活力，累计收看人数超过30万人次。兖矿能源集团股份有限公司、中国煤炭地质总局、陕煤集团神南矿业有限责任公司、黄陵矿业集团等9个企业和项目获得中国工业大奖。煤炭行业信用体系建设加快推进，履行社会责任能力显著增强，累计1168家企业参与行业信用等级评价工作，其中受评AAA级的达到80%以上，累计259家企业通过行业平合发布了社会责任报告，行业的公信力、信誉度和美誉度进一步提升。世界一流企业创建活动全面展开，煤炭行业标杆中心对标行业最高标准、最好水平，引领煤炭企业管理提升的作用日益彰显。国家能源投资集团有限责任公司、中国中煤能源集团有限公司等9家企业成功入选国务院国资委国有重点企业管理标杆创建行动标杆企业、标杆项目。煤矿班组建设不断加强，基层先进班组管理创新经验得到推广，促进了煤矿班组管理制度化、规范化、系统化。管理创新推动了企业系统重塑、功能重塑、体制机制重塑，显著提升了煤炭行业企业治理体系和治理能力现代化水平。

1.8　煤矿安全生产形势明显好转

十年来，安全治理能力得到系统性提升，煤矿安全生产形势实现明显好转。煤矿安全监管监察体制机制进一步完善，煤矿安全法律法规标准体系进一步健全。全行业坚持人民至上、生命至上，牢固树立安全发展理念，坚持安全第一、预防为主、综合治理的方针，狠抓安全生产主体责任制落实，强化现场安全管理，加大安全生产投入，深入开展安全生产科技攻关、成果转化和推广应用，加强煤矿瓦斯、水、火、冲击地压、顶板等重大灾害超前治理，扎实推进安全高效矿井建设，加快煤矿安全改造升级，坚决淘汰退出不具备安全生产条件的产能，加快信息技术与安全生产深度融合，以机械化生产替换人工作业、以自动化控制减少人为操作，安全基础设施条件大幅改善，煤矿安全生产治理能力和煤机装备现代化水平稳步提升，煤矿安全保障能力显著增强。安全高效煤矿成为全国煤矿安全生产的示范样板，平均原煤工效达到16.78吨/工，百万吨死亡率下降到0.00069，达到世界先进水平。十年来，全国煤矿事故总量由779起减少到168起（图1-1-6），下降78.4%；重特大事故由16起减少到零起；死亡人数由1384人减少到245人，下降82.3%；百万吨死亡率由0.374减少到0.054，下降85.6%；实现了煤矿事故总量、重特大事故、死亡人数、百万吨死亡率"四个大幅下降"。

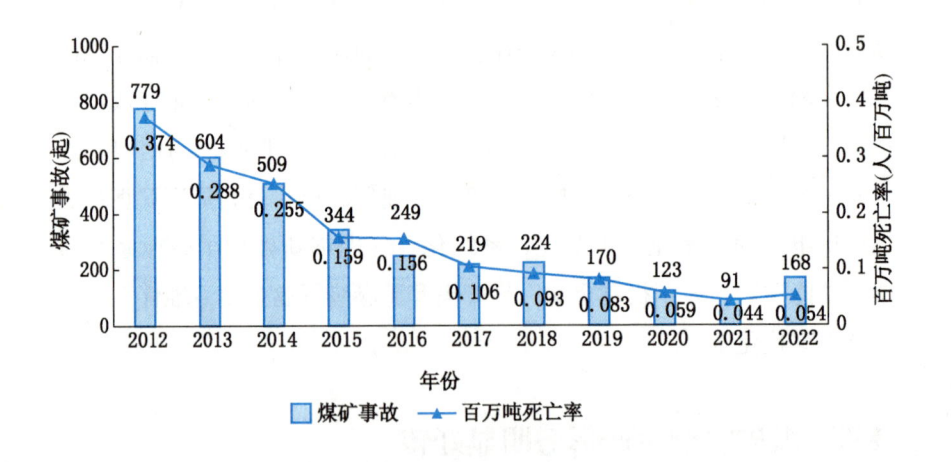

数据来源：国家矿山安全监察局

图1-1-6 2016—2022年全国煤矿事故及百万吨死亡率变化情况

1.9 煤炭国际合作不断创新发展

十年来，煤炭行业主动融入全球能源市场网络，国际煤炭交流合作开创新局面。煤炭企业坚持共商共建共享原则，深入推进"一带一路"国际合作。国家能源集团产业遍及美国、加拿大等10多个国家和地区，山东能源集团在澳大利亚、加拿大、南美等地区资源开发取得重要突破，郑煤机煤矿机械产品成功出口欧美澳等国家和地区，徐矿集团巴拉普库利亚煤矿为孟加拉国能源安全保障作出重要贡献，中国煤炭科工集团有限公司向俄罗斯出口综采综掘装备，中俄煤炭能源合作—扎舒兰项目稳步推进，中国中煤能源集团有限公司、中国煤炭地质总局等一批大型企业主动融入"一带一路"沿线国家和区域建设格局，全球配置资源能力不断增强，国际影响力显著提升。煤炭行业与世界能源机构，以及其他主要产煤国家政府、协会、企业的合作不断深化。打造高层次国际合作交流平台，定期举办世界煤炭协会技术委员会会议、煤炭企业国际化研讨会、中国国际煤炭采矿展等，初步形成了全方位、多层次、宽领域的国际煤炭产能合作新格局，开创了与"一带一路"沿线国家煤炭产业互利共赢发展的新局面。

1.10 精神文明建设繁荣发展

十年来，煤炭行业文化事业繁荣发展，矿区精神文明建设跃上新台阶。煤炭行业始终坚持发展社会主义先进文化，加强社会主义精神文明建设，培育和践行社会主义核心价值观，以先进文化引领前进方向，用先进文化凝聚奋进力量，推动了文化事业大繁荣大发展。评选全国煤炭工业劳动模范、先进工作者，宣传劳动模范的典型事迹，弘扬煤炭精神、劳动精神、劳模精神、企业家精神、工匠精神，树立了开拓进取、积极向上的时代新风尚。打造中国煤矿职工艺术节、寻找感动中国的矿工活动等一系列文化品牌项目，向全社会展示了当代矿工的崭新形象。

开展"寻找最美青工"活动，展示了行业青年风采。一批文化艺术精品力作获得"五个一工程"奖、鲁迅文学奖、书法兰亭奖等国家级文学艺术大奖。煤矿体育代表队在全运会、全国智力运动会等重大赛事上勇创佳绩。全煤运动会，乌金杯、乌金奖系列赛事，"煤炭人致敬祖国"文艺展演、"煤矿工人跟党走"文艺会演、"送文化进矿区"文艺志愿者服务等活动丰富了矿区文化生活。创作推出的主题歌曲《唱支山歌给党听》、短视频《煤炭人的担当——煤炭行业抗疫防控实录》、诗歌《回望百年路　写在中国共产党成立100周年的日子》等一批特色鲜明、形式多样的优秀文化作品，深受矿区干部职工的欢迎喜爱。安全文化主题活动促进了安全理念的牢固树立。煤炭工业修志工作硕果累累，新闻舆论阵地不断拓展，行业主流媒体传播力影响力不断提升，为煤炭行业高质量发展提供了强大的文化凝聚力、精神推动力。

　　回顾新时代十年的发展历程，煤炭行业全面贯彻党的十八大、十九大和二十大精神，深入落实中央经济工作会议和政府工作报告的部署，坚持稳中求进工作总基调，以推动高质量发展为主题，煤炭现代化产业体系建设跃上新台阶，绿色低碳发展迈出坚实步伐。同时也要看到，煤炭行业改革发展面临许多新任务新挑战：全国煤炭供应保障能力有待继续加强，创新发展动能依然薄弱，绿色低碳转型技术突破需要下更大力气，产业链供应链稳定性和竞争力亟待提高，安全生产和生态环境保护约束日益强化，供给侧结构性改革仍需向纵深推进，煤炭市场化体制机制有待健全完善，老矿区转型发展面临诸多困难。在未来一个时期内煤炭作为我国主体能源，保障经济社会平稳运行、确保国家能源安全和产业链供应链稳定任务艰巨。同时，随着碳达峰碳中和战略深入实施，煤炭行业既承担能源保供责任又面临降碳压力，建设新型煤炭工业体系，推动煤炭绿色低碳转型任重道远。

第 2 章
全球宏观经济与能源工业发展情况

近年来,百年变局与世纪疫情交织,乌克兰危机复杂演变,世界经济滞胀风险上升,不稳定不确定因素明显增多。在通货膨胀、利率上升和不确定性加剧的情况下,全球经济复苏前景仍然黯淡。

2.1 全球经济环境

2021年,世界经济在经历深度衰退的基础上大幅反弹,如图1-2-1所示。2021年下半年,世界经济复苏开始呈现动力不足的迹象。进入2022年后,受疫情形势延宕反复和地缘政治冲突升级等超预期因素影响,经济下行压力逐步加大,增长动力明显不足,同时伴随着巨大的通胀压力、高企的债务水平和金融市场的动荡加剧。从国际上看,贸易保护主义依然盛行,国际制裁升级,国际贸易投资增长面临更大的制约。2023年以来,全球经济正持续从新冠疫情和俄乌冲突中逐步复苏。供应链扰动正在缓解,战争导致的能源和粮食市场混乱正在消退。与此同时,大多数国家央行同步大幅收紧货币政策的成效开始显现,通胀将逐渐回归目标水平。联合国、世界银行、国际货币基金组织等国际组织和机构纷纷调高经济增长预期。根据联合国预测,2023年全球经济将增长2.3%,2024年将增长2.5%。根据国际货币基金组织(IMF)预测,2023年全球经济增速为2.5%~2.8%,2024年将回升至3.0%[1]。

---
[1] 国际货币基金组织. 世界经济展望报告:坎坷的复苏[R]. 2023-04.

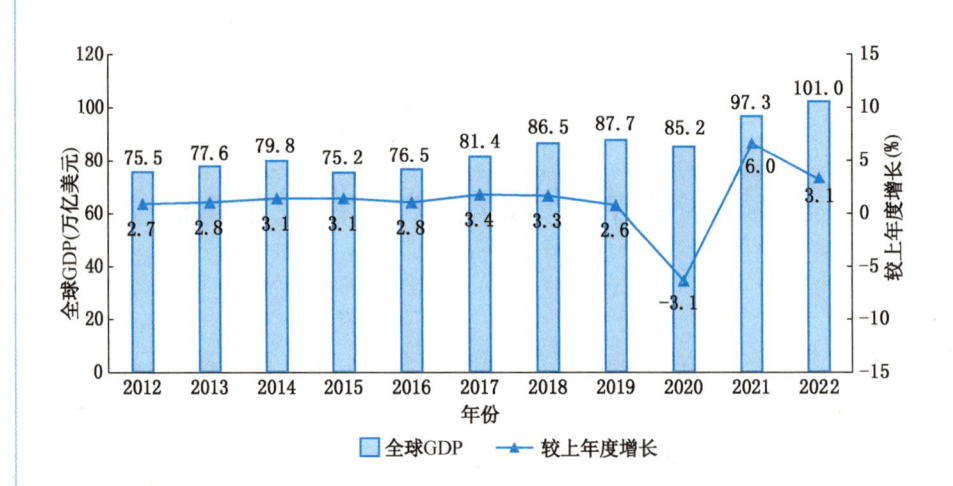

数据来源：世界银行

图 1-2-1　2012—2022 年全球 GDP 及增长情况

发达经济体的增速放缓预计将尤为明显，从 2022 年的 2.7% 下降至 2023 年的 1.3% 甚至 1% 以下。其中，美国、欧元区和英国的经济增速预计分别为 1.6%、0.8% 和 -0.3%，较 2022 年分别下降 0.5 个、2.7 个和 4.3 个百分点；日本的经济增速预计为 1.3%，较 2022 年增加 0.2 个百分点。

2023 年，新兴市场和发展中经济体的经济增速预计为 3.9%，较 2022 年下降 0.1 个百分点。其中，印度、巴西和南非的经济增速预计分别为 5.9%、0.9% 和 0.1%，较 2022 年分别下降 0.9 个、2 个和 1.9 个百分点；俄罗斯经济增速预计为 0.7%，较 2022 年上升 2.8 个百分点[1]。

2022 年全球大宗商品市场动荡加剧，大宗商品价格总体延续了 2021 年增长态势。世界银行报告显示，全球大宗商品价格预计会以新冠疫情暴发以来最快的速度下跌，给依赖于大宗商品出口的近三分之二

---

[1]　国际货币基金组织. 世界经济展望报告：坎坷的复苏 [R]. 2023-04.

发展中经济体的增长前景蒙上阴影。2023年,大宗商品的价格预计将会比2022年下降21%。能源价格方面,预计将下降26%;以美元计价的每桶布伦特原油平均价格预计为84美元,降幅达16%;与2022年相比,预计2023年欧美天然气价格将减半,煤炭价格将降低42%[1]。

总体而言,煤炭行业运行状况既受国际煤价波动的影响,又受经济运行周期的影响。在未来相当长的一段时间内,世界经济仍面临低增长的风险,同时受到国际煤炭价格下跌的影响,煤炭行业发展将面临一系列的风险与挑战,也面临更多不确定性因素。

2.2 全球应对气候变化

近年来,世界各地气候极端事件频发,全球气候变化形势的一个重要特征是气候变化与粮食安全、水安全、空气污染、人道主义危机等其他风险交织影响,带来更加复杂严峻的后果。应对气候变化是全人类面临的共同挑战[2]。

按照联合国政府间气候变化专门委员会(IPCC)的评估报告观点,越来越频发的极端天气及越来越严重的气候变化趋势,都是人类活动特别是碳排放导致的结果。2020年新冠疫情抑制了经济和社会活动,全球能源利用产生的二氧化碳排放量同比下降5.2%。2021年以来,各国经济逐渐复苏,对能源的需求增加。2022年,全球能源利用产生的二氧化碳排放量达到343.7亿吨,同比增长0.9%,如图1-2-2所示。

2021年,第26届联合国气候变化大会(COP26)的成功召开彰显了国际社会应对气候变化的共识与决心。会议通过了新的全球清洁能源转型声明,承诺主要经济体到2030年,其他国家到2040年扩大清洁能源规模、实现公正转型。会议期间,40多个国家同意逐步淘汰燃煤发电,其中23个国家为首次做出此项承诺。加拿大、法国、德国、意大

---

[1] 世界银行. 全球经济展望[R]. 2023-04.
[2] 中国社会科学院世界经济与政治研究所. 国际形势黄皮书:全球政治与安全报告(2023)[R]. 北京:社会科学文献出版社,2022.

数据来源：根据 Energy Institute Statistical Review of World Energy 2023 数据整理

图 1-2-2　2012—2022 年全球能源相关二氧化碳排放量及变化情况

利和西班牙等 34 国和 5 家金融机构承诺在 2022 年底前终止对化石燃料的国际公共融资，转而优先支持清洁能源。

展望未来，应对气候变化任重而道远。目前各国应对气候变化面临的最主要挑战是长期净零排放目标与短期能源短缺之间的矛盾。从短期来看，俄乌冲突使得全球能源市场的不确定性加大，给各国能源供应安全带来严重挑战；从长远来看，清洁能源转型是解决全球能源和气候危机的唯一路径，在采取短期干预措施解决当前能源危机的同时，必须坚定不移地关注能源转型的中长期目标。

在全球应对气候变化的背景下，实现碳达峰、碳中和目标对我国煤炭行业发展以及主体能源安全保障提出了新要求，煤炭在我国能源安全基础性保障地位短期内难以根本改变，是我国能源安全的压舱石[1]。煤炭作为我国主体能源，要按照绿色低碳的发展方向，对标实现碳达峰碳中和目标任务，立足国情、控制总量、兜住底线，有序减量替代，推进

---

[1] 袁亮. 我国煤炭主体能源安全高质量发展的理论技术思考[J]. 中国科学院院刊，2023，38（1）：11-22.

煤炭消费转型升级。

2.3 全球能源工业发展

2.3.1 能源生产

煤炭。2022年，全球煤炭产量88.0亿吨，较上年度增长7.9%，如图1-2-3所示。2012年以来，全球煤炭年产量从2012年的81.9亿吨增长至2022年的88.0亿吨，增速呈现先下降后波动上升趋势，2012—2022年平均增速为0.9%。

数据来源：根据 Energy Institute Statistical Review of World Energy 2023 数据整理

图1-2-3 2012—2022年全球煤炭产量及增长情况

原油。2022年，全球原油产量为44.1亿吨，较上年度增长4.2%，如图1-2-4所示。2012年以来，全球原油年产量基本保持稳定，2012—2022年平均增速为0.9%。

天然气。2022年，全球天然气产量40438亿立方米，同比上年度下降0.2%，如图1-2-5所示。2012年以来，全球天然气年产量稳定增长，从2012年的33262亿立方米增长到2022年的40438亿立方米，2012—2022年平均增速为2.0%。

数据来源：根据 Energy Institute Statistical Review of World Energy 2023 数据整理

图1-2-4　2012—2022年全球原油产量及增长情况

数据来源：根据 Energy Institute Statistical Review of World Energy 2023 数据整理

图1-2-5　2012—2022年全球天然气产量及增长情况

电力。2022 年，全球发电量29165.1 太瓦时，较上年度增长2.3%。其中，原煤发电10317.2 太瓦时，占全球发电量的35.4%，较2012年下降4.5个百分点；原油发电728.6 太瓦时，占全球发电量的

2.5%，较2012年下降2.5个百分点；天然气发电6631.4太瓦时，占全球发电量的22.7%，较2012年下降0.3个百分点；核电发电2679太瓦时，占全球发电量的9.2%，较2012年下降1.6个百分点；水力发电4334.2太瓦时，占全球发电量的14.9%，较2012年下降1.1个百分点；可再生能源发电4204.3太瓦时，占全球发电量的14.4%，较2012年上升9.7个百分点；其他能源发电270.5太瓦时，占全球发电量的0.9%，较2012年上升0.3个百分点，如图1-2-6所示。

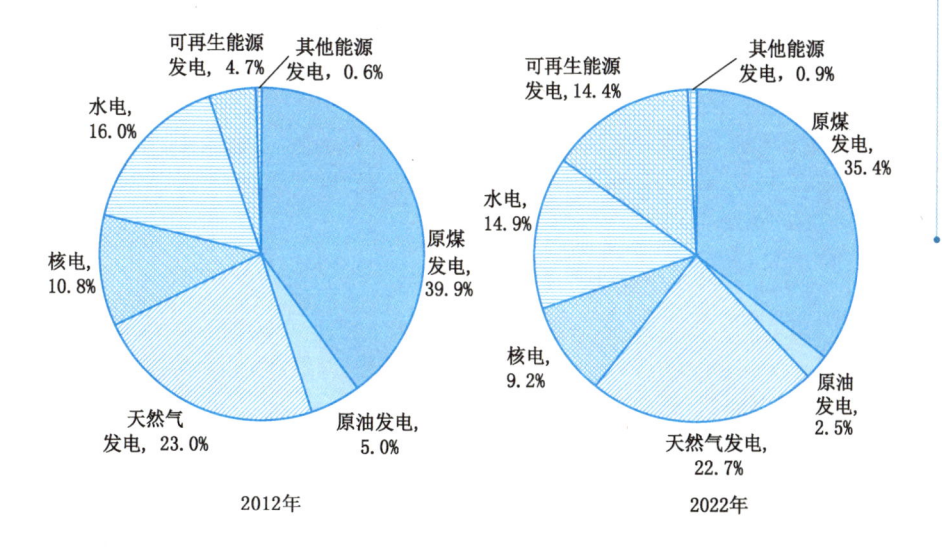

数据来源：根据Energy Institute Statistical Review of World Energy 2023 数据整理

图1-2-6 2012年和2022年全球发电结构

2.3.2 能源消费

2022年，全球一次能源消费总量为604.0艾焦耳，较上年度增长1.1%，如图1-2-7所示。2012年以来，全球一次能源消费总量稳定增长，从2012年的528.0艾焦耳增长到2022年的604.0艾焦耳，2012—2022年平均增速为1.36%。

2022年，全球煤炭消费量为161.5艾焦耳，同比增长0.6%，如图1-2-8所示。2012年以来，全球煤炭消费量基本保持稳定，

数据来源：根据 Energy Institute Statistical Review of World Energy 2023 数据整理

图1-2-7　2012—2022年全球一次能源消费总量及增长情况

2012—2022年平均增速为0.2%。

数据来源：根据 Energy Institute Statistical Review of World Energy 2023 数据整理

图1-2-8　2012—2022年全球煤炭消费量及增长情况

2022年，全球石油消费量为43.9亿吨，同比增长3.2%，如图1-2-9所示。2012年以来，全球石油消费量保持在40.4亿~44.4亿吨，2012—2022年平均增速为0.8%。

图 1-2-9　2012—2022 年全球石油消费量及增长情况

2022 年，全球天然气消费量为 39413 亿立方米，同比下降 3.1%，如图 1-2-10 所示。2012 年以来，天然气消费量整体呈上升趋势，2012—2022 年平均增速为 1.8%。

图 1-2-10　2012—2022 年全球天然气消费量及增长情况

2.3.3 能源结构

2022年，全球煤炭消费量占一次能源消费总量的26.7%，较2012年下降3.3个百分点；原油消费量占一次能源消费总量的31.6%，较2012年下降1.9个百分点；天然气消费量占一次能源消费总量的23.5%，较2012年上升0.8个百分点；核能消费量占一次能源消费总量的4.0%，较2012年下降0.4个百分点；水能消费量占一次能源消费总量的6.7%，较2012年下降0.1个百分点；可再生能源消费量占一次能源消费总量的7.5%，较2012年上升4.9个百分点，如图1-2-11所示。

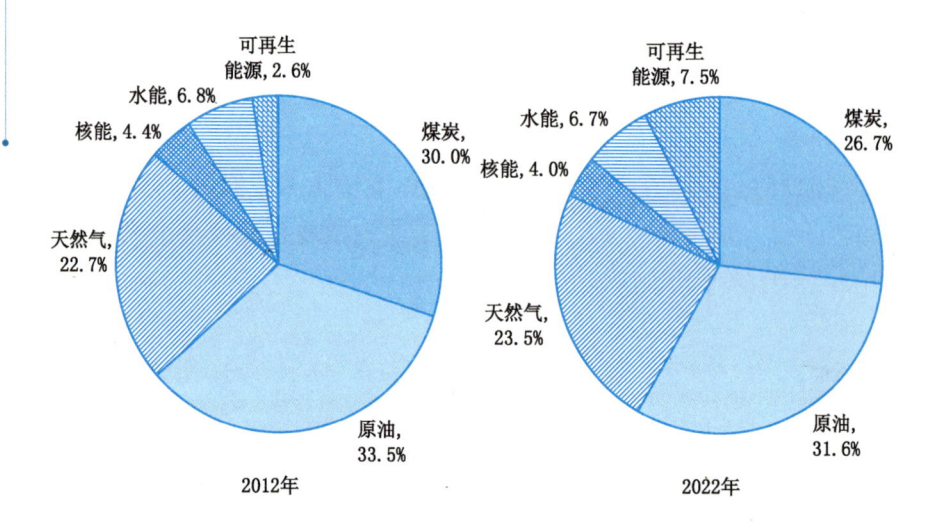

数据来源：根据 Energy Institute Statistical Review of World Energy 2023 数据整理

图1-2-11 2012年和2022年全球一次能源消费结构对比

总体而言，能源绿色低碳转型已成为全球经济发展的主要趋势。能源转型进程中的安全问题成为全球焦点[1]。根据国际能源机构（IEA）的报告，2022年全球煤炭消费量首次超过80亿吨，发电仍是目前全球煤炭

---

[1] 中国煤炭经济研究会. 2022年世界煤炭市场运行特点及2023年变化趋势展望[R]. 2023-03. http://www.ccera.com.cn/40/202303/16974.html.

的主要消费途径，全球发电领域的煤炭需求涨幅对冲了工业领域煤炭需求量的下降[1]。根据当前的市场趋势，到 2025 年，全球煤炭消费将稳定在 80 亿吨以上。

---

［1］　IEA. Coal 2022［R］. 2022 – 12. https：//www.iea.org/reports/coal – 2022.

第 3 章
中国宏观经济与能源工业发展情况

2022 年，面对风高浪急的国际环境和艰巨繁重的国内改革发展稳定任务，在以习近平同志为核心的党中央坚强领导下，各地区各部门坚持以习近平新时代中国特色社会主义思想为指导，按照党中央、国务院决策部署，统筹国内国际两个大局，统筹疫情防控和经济社会发展，统筹发展和安全，坚持稳中求进工作总基调，完整、准确、全面贯彻新发展理念，加快构建新发展格局，着力推动高质量发展，加大宏观调控力度，应对超预期因素冲击，经济保持增长，发展质量稳步提升，创新驱动深入推进，改革开放蹄疾步稳，就业物价总体平稳，粮食安全、能源安全和人民生活得到有效保障，经济社会大局保持稳定，全面建设社会主义现代化国家新征程迈出坚实步伐。

3.1 2022 年国民经济发展概况

3.1.1 综合国力进一步增强

经济总量持续扩大。2022 年，国内生产总值达到 1210207 亿元，较上年度增长 3.0%，如图 1-3-1 所示。

财政收入小幅增长。2022 年，全国财政收入 203703 亿元，较上年度增长 0.6%，如图 1-3-2 所示；其中税收收入 166614 亿元，下降 3.5%。

外汇储备稳中有降。2022 年，国家外汇储备 31277 亿美元（图 1-3-3），较上年末减少 1225 亿美元。全年人民币平均汇率为 1 美元兑 6.7261 元

数据来源：根据国家统计局数据整理

图 1-3-1　2012—2022 年国内生产总值及增长情况

数据来源：根据国家统计局数据整理

图 1-3-2　2012—2022 年全国财政收入及增长情况

人民币，较上年贬值 4.1%。

3.1.2　结构调整稳步推进

产业结构进一步优化。2022 年，第一产业增加值 88345 亿元，较

数据来源：根据国家统计局数据整理

图 1-3-3　2012—2022 年全国外汇储备及增长情况

上年增长 4.1%；第二产业增加值 483164 亿元，增长 3.8%；第三产业增加值 638698 亿元，增长 2.3%，如图 1-3-4 所示。第一产业增加值占国内生产总值比重为 7.3%，第二产业增加值比重为 39.9%，第三产业增加值比重为 52.8%。

数据来源：根据国家统计局数据整理

图 1-3-4　2012—2022 年第一、二、三产业增加值

新产业新业态快速发展。2022 年，全年规模以上工业中，高技术制造业增加值比上年增长 7.4%，占规模以上工业增加值的比重为 15.5%；装备制造业增加值增长 5.6%，占规模以上工业增加值的比重为 31.8%。全年规模以上服务业中，战略性新兴服务业企业营业收入比上年增长 4.8%。全年高技术产业投资比上年增长 18.9%。全年新能源汽车产量 700.3 万辆，比上年增长 90.5%；太阳能电池（光伏电池）产量 3.4 亿千瓦，增长 46.8%。全年电子商务交易额 438299 亿元，按可比口径计算，比上年增长 3.5%。全年网上零售额 137853 亿元，按可比口径计算，比上年增长 4.0%。

3.1.3 产业基础进一步夯实

粮食等农产品产量再创新高。2022 年，全年粮食产量 68653 万吨，较上年度增加 368 万吨，增产 0.5%，如图 1-3-5 所示。其中，夏粮产量 14740 万吨，增产 1.0%；早稻产量 2812 万吨，增产 0.4%；秋粮产量 51100 万吨，增产 0.4%。全年谷物产量 63324 万吨，比上年增产 0.1%。其中，稻谷产量 20849 万吨，减产 2.0%；小麦产量 13772 万吨，增产 0.6%；玉米产量 27720 万吨，增产 1.7%。大豆产量 2028 万吨，增产 23.7%。

数据来源：根据国家统计局数据整理

图 1-3-5 2012—2022 年粮食产量及增长情况

交通运输取得新进展。2022年，全年货物运输总量515亿吨，货物运输周转量231744亿吨公里。全年港口完成货物吞吐量157亿吨，较上年度增长0.9%，其中外贸货物吞吐量46亿吨，下降1.9%。港口集装箱吞吐量29587万标准箱，增长4.7%。全年铁路货运量49.8亿吨，较上年度增长4.4%，如图1-3-6所示。

数据来源：根据国家统计局数据整理

图1-3-6　2012—2022年铁路货运量及增长情况

邮电通信快速发展。2022年，全年完成邮政行业业务总量14317亿元，比上年增长4.5%。其中，邮政业全年完成邮政函件业务9.4亿件，包裹业务0.2亿件，快递业务量1105.8亿件（图1-3-7），快递业务收入10567亿元。全年完成电信业务总量17498亿元，比上年增长21.3%。年末移动电话基站数1083万个，其中4G基站603万个，5G基站231万个。全国电话用户总数186286万户，其中移动电话用户168344万户。移动电话普及率为119.2部/百人。固定互联网宽带接入用户58965万户，比上年末增加5386万户，其中100M速率及以上的宽带接入用户55380万户，增加5513万户。蜂窝物联网终端用户18.45亿户，增加4.47亿户。互联网上网人数10.67亿人，其中手机上网人数 10.65 亿人。互联网普及率为 75.6%，其中农村地区互联网普及率为 61.9%。全年移动互联网用户接入流量 2618 亿 GB，比上年增长 18.1%。全年软件和信息技术服务业完成软件业务收入 108126 亿元，按可比口径计算，比上年增长 11.2%。

数据来源：根据国家统计局数据整理

图 1-3-7　2012—2022 年快递业务量及增长速度

3.1.4　人民生活水平不断提高

全国就业基本稳定。 2022 年末，全国就业人员 73351 万人，其中城镇就业人员 45931 万人（图 1-3-8），占全国就业人员比重为 62.6%。全年城镇新增就业 1206 万人，比上年少增 63 万人。全年全国城镇调查失业率平均值为 5.6%。年末全国城镇调查失业率为 5.5%。全国农民工总量 29562 万人，比上年增长 1.1%。其中，外出农民工 17190 万人，增长 0.1%；本地农民工 12372 万人，增长 2.4%。

居民收入稳步增长。 2022 年，全国居民人均可支配收入 36883 元，比上年增长 5.0%，扣除价格因素，实际增长 2.9%，如图 1-3-9 所示。全国居民人均可支配收入中位数 31370 元，增长 4.7%。按常住地分，城镇居民人均可支配收入 49283 元，比上年增长 3.9%，扣除价格因素，实际增长 1.9%。城镇居民人均可支配收入中位数 45123 元，增

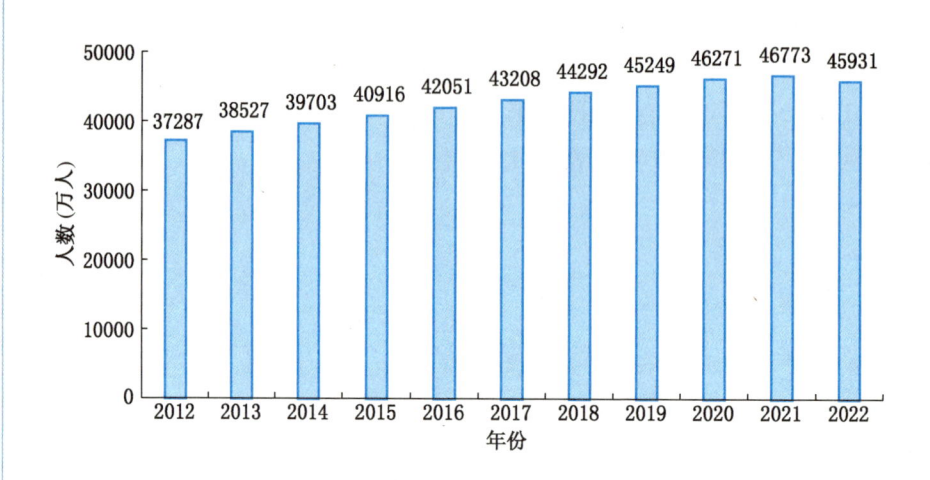

数据来源：根据国家统计局数据整理

图1-3-8　2012—2022年城镇就业人数（单位：万人）

长3.7%。农村居民人均可支配收入20133元，比上年增长6.3%，扣除价格因素，实际增长4.2%。农村居民人均可支配收入中位数17734元，增长4.9%。城乡居民人均可支配收入比值为2.45，比上年缩小0.05。按全国居民五等份收入分组，低收入组人均可支配收入8601元，中间偏下收入组人均可支配收入19303元，中间收入组人均可支配收入30598元，中间偏上收入组人均可支配收入47397元，高收入组人均可支配收入90116元。全国农民工人均月收入4615元，比上年增长4.1%。全年脱贫县农村居民人均可支配收入15111元，比上年增长7.5%，扣除价格因素，实际增长5.4%。

社会消费总额基本稳定。2022年，全年社会消费品零售总额439733亿元，较上年度下降0.25%，如图1-3-10所示。按经营地统计，城镇消费品零售额380448亿元，下降0.3%；乡村消费品零售额59285亿元，与上年基本持平。按消费类型统计，商品零售额395792亿元，增长0.5%；餐饮收入额43941亿元，下降6.3%。

社会保障体系日臻完善。2022年末全国参加城镇职工基本养老保险人数50349万人，比上年末增加2275万人。参加城乡居民基本养老

数据来源：根据国家统计局数据整理

图 1-3-9　2012—2022 年全国居民人均可支配收入及增长情况

数据来源：根据国家统计局数据整理

图 1-3-10　2012—2022 年社会消费品零售总额及增长情况

保险人数 54952 万人，增加 155 万人。参加基本医疗保险人数 134570 万人，其中参加职工基本医疗保险人数 36242 万人，参加城乡居民基本医疗保险人数 98328 万人。参加失业保险人数 23807 万人，增加 849 万人。年末全国领取失业保险金人数 297 万人。参加工伤保险人数 29111 万人，增加 825 万人，其中参加工伤保险的农民工 9127 万人，增加 41 万人。参加生育保险人数 24608 万人，增加 856 万人。年末全国共有 683 万人享受城市最低生活保障，3349 万人享受农村最低生活保障，435 万人享受农村特困人员救助供养，全年临时救助 1083 万人次。全年领取国家定期抚恤金、定期生活补助金的退役军人和其他优抚对象 827 万人。

3.1.5 高水平开放不断拓展

货物贸易再创新高。2022 年，货物进出口总额 420678 亿元，比上年增长 7.7%。其中，出口 239654 亿元，增长 10.5%；进口 181024 亿元，增长 4.3%，如图 1-3-11 所示。货物进出口顺差 58630 亿元，比上年增加 15330 亿元。对"一带一路"沿线国家进出口总额 138339 亿元，比上年增长 19.4%。其中，出口 78877 亿元，增长 20.0%；进口 59461 亿元，增长 18.7%。对《区域全面经济伙伴关系协定》(RCEP) 其他成员国进出口额 129499 亿元，比上年增长 7.5%。

数据来源：国家统计局

图 1-3-11 2012—2022 年货物进出口总额（单位：亿元）

利用外资逆势增长。 2022 年，全年实际使用外商直接投资金额 12327 亿元，增长 6.3%，折 1891 亿美元，增长 8.0%。

对外投资持续增长。 2022 年，全年对外非金融类直接投资额 7859 亿元，比上年增长 7.2%，折 1169 亿美元，增长 2.8%。全年对外承包工程完成营业额 10425 亿元，比上年增长 4.3%，折 1550 亿美元，与上年基本持平。对外劳务合作派出各类劳务人员 26 万人。

3.1.6 经济社会更加协调

教育普及程度稳步提高。 2022 年，全年研究生教育招生 124.2 万人（图 1-3-12），在学研究生 365.4 万人，毕业生 86.2 万人。普通、职业本专科招生 1014.5 万人，在校生 3659.4 万人，毕业生 967.3 万人。中等职业教育招生 650.7 万人，在校生 1784.7 万人，毕业生 519.2 万人。

数据来源：国家统计局

图 1-3-12　2012—2022 年研究生、本专科及中等职业教育招生人数（单位：万人）

创新投入和产出持续增加。 2022 年，全年研究与试验发展（R&D）经费支出 30870 亿元，比上年增长 10.4%（图 1-3-13），与国内生产总值之比为 2.55%，其中基础研究经费 1951 亿元。国家自然科学基金共资助5.19万个项目。截至2022年末，正在运行的国家重点实验室533个，纳入新序列管理的国家工程研究中心191个，国家企业技术中心1601家，大众创业万众创新示范基地212家。国家科技成果转化引导基金累计设立36支子基金，资金总规模624亿元。国家级科技企业孵化器1425家，国家备案众创空间2441家。全年授予专利权432.3万件，比上年下降6.0%；PCT专利申请受理量7.4万件。截至2022年末，有效专利1787.9万件，其中境内有效发明专利328.0万件。每万人口高价值发明专利拥有量9.4件。全年商标注册617.7万件，比上年下降20.2%。全年共签订技术合同77万项，技术合同成交金额47791亿元，比上年增长28.2%。我国公民具备科学素质的比例达到12.93%。

数据来源：根据国家统计局数据整理

图1-3-13 2012—2022年研究与试验发展（R&D）经费支出及其增长情况

医疗卫生体系不断健全。2022年末全国共有医疗卫生机构103.3万个，其中，医院3.7万个，在医院中有公立医院1.2万个，民营医院2.5万个；基层医疗卫生机构98.0万个，其中乡镇卫生院3.4万个，社区卫生服务中心（站）3.6万个，门诊部（所）32.1万个，村卫生室

58.8万个；专业公共卫生机构1.3万个，其中疾病预防控制中心3385个，卫生监督所（中心）2796个。2022年末卫生技术人员1155万人（图1-3-14），其中执业医师和执业助理医师440万人，注册护士520万人。医疗卫生机构床位975万张，其中医院766万张，乡镇卫生院145万张。全年总诊疗人次84.0亿人次，出院人数2.5亿人。

数据来源：根据国家统计局数据整理

图1-3-14 2012—2022年年末卫生技术人员人数

3.1.7 绿色低碳转型稳步推进

节能减排稳步推进。2022年，全年全国万元国内生产总值能耗比上年下降0.1%。全年水电、核电、风电、太阳能发电等清洁能源发电量29599亿千瓦时，比上年增长8.5%。全国万元国内生产总值二氧化碳排放下降0.8%。

污染治理成效继续显现。2022年，在监测的339个地级及以上城市中，全年空气质量达标的城市占62.8%，未达标的城市占37.2%；细颗粒物（PM2.5）年平均浓度为29微克/立方米，比上年下降3.3%。3641个国家地表水考核断面中，全年水质优良（Ⅰ~Ⅲ类）断面比例为87.9%，Ⅳ类断面比例为9.7%，Ⅴ类断面比例为1.7%，劣Ⅴ类断面比例为0.7%。全年近岸海域海水水质达到国家一、二类海水水质标准的面积占 81.9%，三类海水占 4.1%，四类、劣四类海水占 14.0%。

生态治理稳步推进。2022 年，全年完成造林面积 383 万公顷，其中人工造林面积 120 万公顷，占全部造林面积的 31.4%。种草改良面积 321 万公顷。新增水土流失治理面积 6.3 万平方公里。

近期联合国、世界银行、国际货币基金组织（IMF）等国际组织和机构纷纷调高今年中国经济增长预期，彰显对中国经济发展前景的信心。联合国发布的《2023 年中期世界经济形势与展望》报告，将中国 2023 年的经济增长预期从此前的 4.8% 上调至 5.3%。IMF 总裁格奥尔基耶娃表示，中国 2023 年的经济增长将会强势反弹，对世界经济增长的贡献率将达到约三分之一。随着中国经济活力和潜能的进一步释放，中国将继续为世界经济复苏注入信心和力量。

3.2　中国能源工业发展

2022 年，我国能源工业取得新的发展，能源保供成效明显。针对国际能源市场波动，我国强化国内煤炭兜底保障和油气增储上产，统筹做好煤电油气运保障供应，有效应对国内极端高温干旱等严峻挑战，生活生产用能得到较好保障。能源生产保持稳步增长，一次能源及可再生能源产量均有增加；能源消费量继续扩大，增速稍有回落；能源结构得到优化，非化石能源生产、消费比重均有所上升；资源和能源利用效率稳步提高。

3.2.1　能源生产

2022 年，全国一次能源生产总量为 46.6 亿吨标准煤，较上年度增长 9.1%，如图 1-3-15 所示。2012 年以来，我国一次能源产量总体保持增长态势，由 2012 年的 35.1 亿吨标准煤增长到 2022 年的 46.6 亿吨标准煤，2012—2022 年平均增速为 2.9%。

原煤。2022 年，全国原煤产量约 45.6 亿吨，较上年度增长 10.5%，如图 1-3-16 所示；煤炭净进口 2.93 亿吨，较上年度下降 9.2%。2012 年以来，我国原煤产量保持在 34.1 亿~45.6 亿吨，2012—2022 年平均增速为1.8%。

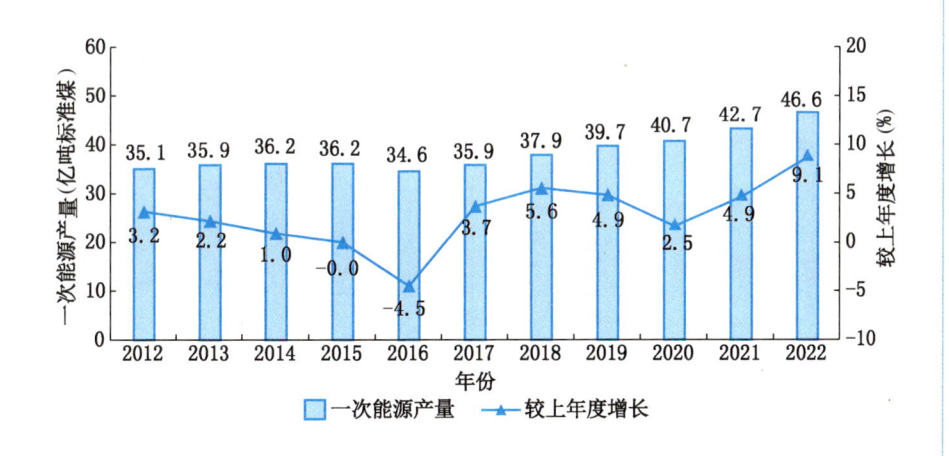

图1-3-15 2012—2022年全国一次能源产量及增长情况

数据来源：根据国家统计局数据整理

图1-3-16 2012—2022年全国原煤产量及增长情况

数据来源：根据国家统计局数据整理

原油。2022年，全国原油产量2.05亿吨，较上年度增长2.9%，如图1-3-17所示。原油全年累计进口5.08亿吨，较上年度下降

0.9%。2012年以来，我国努力保持原油生产稳定，原油年产量保持在1.9亿~2.1亿吨。

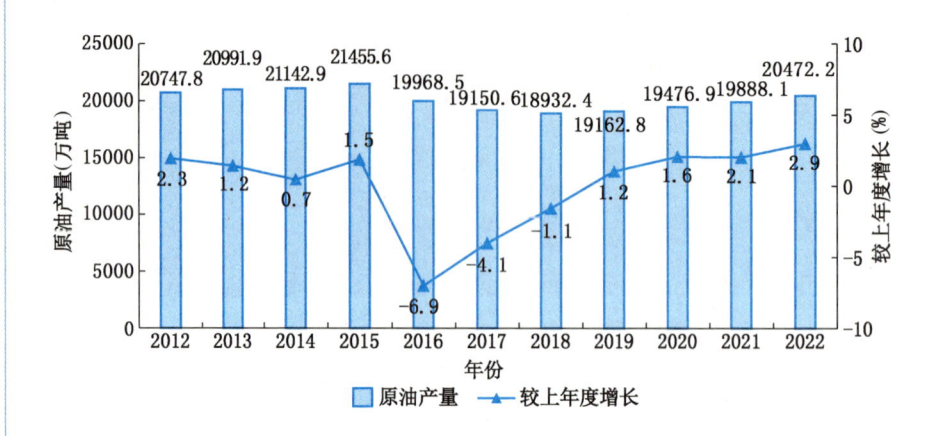

图1-3-17 2012—2022年全国原油产量及增长情况

数据来源：根据国家统计局数据整理

天然气。2022年，全国天然气产量2201.1亿立方米，同比增长6%（图1-3-18），连续五年增产超100亿立方米。2012年以来，天然气产量明显提升，从2012年的1106.1亿立方米增长到2022年的2201.1亿立方米，2012—2022年平均增速为6.9%。

电力。2022年，全国新增发电装机19974万千瓦，其中，火电新增4471万千瓦，水电新增2387万千瓦，风电新增3763万千瓦，太阳能发电新增8741万千瓦[1]。截至2022年末，全国发电装机总量达25.64亿千瓦，同比增长7.8%。其中，火电装机容量133239万千瓦，增长2.7%（其中煤电装机容量11.2亿千瓦）；水电装机容量41350万千瓦，增长5.8%；核电装机容量5553万千瓦，增长4.3%；并网风电装机容量36544万千瓦，增长11.2%；并网太阳能发电装机容量39261

---

[1] 国家能源局. 国家能源局发布2022年全国电力工业统计数据［EB/OL］. 2023-01. http：//www.nea.gov.cn/2023-01/18/c_1310691509.htm.

数据来源：根据国家统计局数据整理

图1-3-18　2012—2022年全国天然气产量及增长情况

万千瓦，增长28.1%。

2022年，全国发电量8.85万亿千瓦时，较上年度增长3.7%。其中，火力发电5.89万亿千瓦时（其中燃煤发电5.58万亿千瓦时），较上年度增长1.4%；水力发电1.35万亿千瓦时，较上年度增长1%；核电发电4177.8亿千瓦时，较上年度增长2.5%；风电发电7626.7亿千瓦时，较上年度增长16.2%；太阳能发电4272.7亿千瓦时，较上年度增长31.2%。

从发电结构看，火力发电量占全国发电量的66.55%，较2012年下降了11.5个百分点；水力发电量占全国发电量的15.28%，较2012年下降了2.21个百分点；核电发电量占全国发电量的4.72%，较2012年上升了2.77个百分点；风电发电量占全国发电量的8.62%，较2012年上升6.7个百分点；太阳能发电量占全国发电量的4.83%，较2012年上升4.24个百分点，如图1-3-19所示。

3.2.2　能源消费

2022年，全国能源消费总量为54.1亿吨标准煤，较上年度增长2.9%，如图1-3-20所示。2012年以来，我国能源消费总量持续增

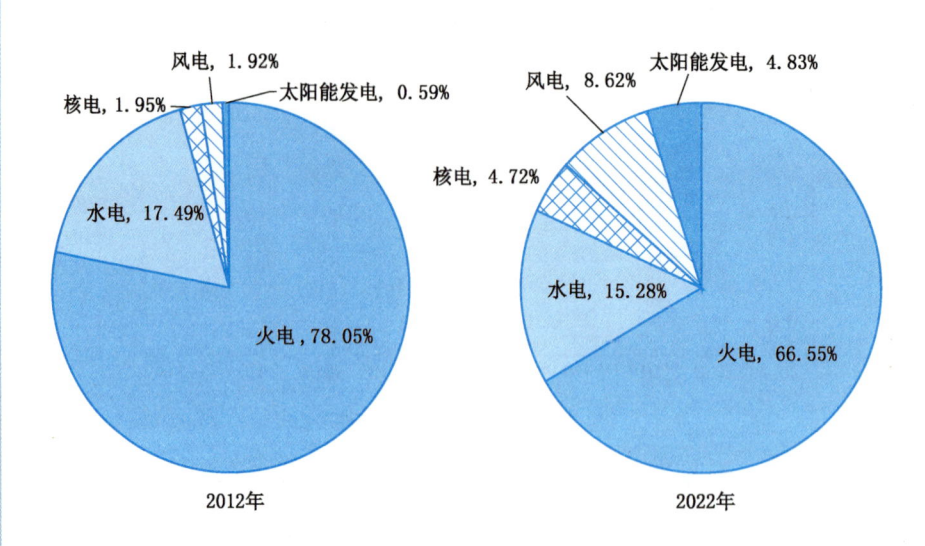

图 1-3-19 2012 年和 2022 年我国发电结构对比

长，从 2012 年的 40.2 亿吨标准煤增长到 2022 年的 54.1 亿吨标准煤，2012—2022 年平均增速为 3.1%。

图 1-3-20 2012—2022 年能源消费总量及增长情况

煤炭。2022年，全国煤炭消费量为43.0亿吨，较上年度增长3.4%，如图1-3-21所示。2012年以来，全国煤炭消费量保持在38.8亿~43.0亿吨。

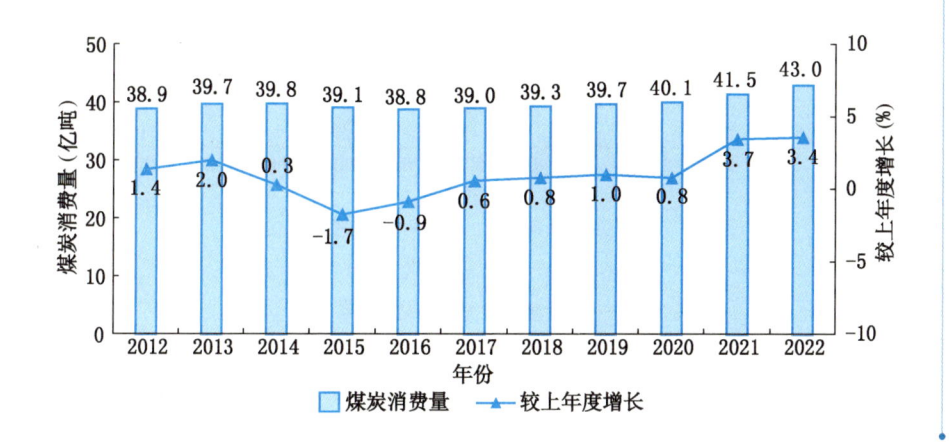

数据来源：根据国家统计局数据整理

图1-3-21　2012—2022年我国煤炭消费量及增长情况

石油。2022年，全国石油消费量达到9.7亿吨标准煤，同比下降1.0%，如图1-3-22所示。2012年以来，全国石油消费量持续增长，从2012年的6.8亿吨标准煤增长到2022年的9.7亿吨标准煤，2012—2022年平均增速为3.7%。

天然气。2022年，天然气消费量为3646.0亿立方米，同比下降1.2%，如图1-3-23所示。2012年以来，我国天然气消费量持续增长，从2012年的1497.0亿立方米增长到2022年的3646.0亿立方米，2012—2022年平均增速为9.5%。

3.2.3　能源结构

2022年，原煤产量占一次能源生产总量的比重为67.4%，较2012年下降了8.8个百分点；原油产量占一次能源生产总量比重为6.3%，较2012年下降了2.2个百分点；天然气产量占一次能源生产总量的比重为5.9%，较2012年增长了1.8个百分点；一次电力及其他能源占一

数据来源：根据国家统计局数据整理

图1-3-22 2012—2022年我国原油消费量及增长速度

数据来源：根据国家统计局数据整理（2021年、2022年数据源自《中国天然气发展报告》）

图1-3-23 2012—2022年我国天然气消费量及增长速度

次能源生产总量比重为20.4%，较2012年增长了9.2个百分点，如图1-3-24所示。

2022年，煤炭消费量占能源消费总量的比重为56.2%，较2012年下降了12.3个百分点；石油消费量占能源消费总量的比重为17.9%，

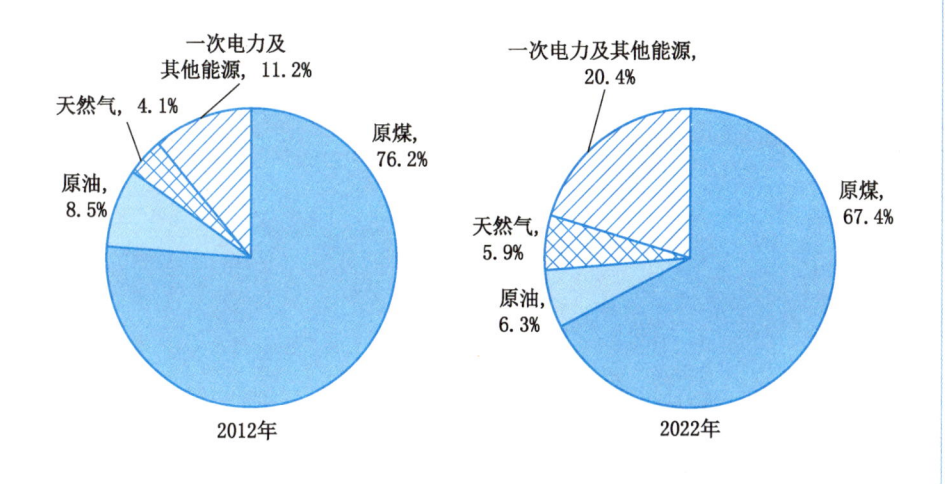

数据来源：国家统计局

图1-3-24　2012年和2022年我国一次能源生产结构对比

较2012年提高了0.9个百分点；天然气消费量占能源消费总量的比重为8.4%，较2012年提高了3.6个百分点；一次电力及其他能源占能源消费总量的比重为17.5%，较2012年提高了7.8个百分点，如图1-3-25所示。

实现碳达峰碳中和，是贯彻新发展理念、构建新发展格局、推动高质量发展的内在要求，是党中央统筹国内国际两个大局作出的重大战略决策。我国已进入新发展阶段，推进"双碳"工作是破解资源环境约束突出问题、实现可持续发展的迫切需要，是顺应技术进步趋势、推动经济结构转型升级的迫切需要，是满足人民群众日益增长的优美生态环境需求、促进人与自然和谐共生的迫切需要，是主动担当大国责任、推动构建人类命运共同体的迫切需要。推进"双碳"工作，要立足我国能源资源禀赋，坚持先立后破、通盘谋划，传统能源逐步退出必须建立在新能源安全可靠的替代基础上；要夯实国内能源生产基础，保障煤炭供应安全，保持原油、天然气产能稳定增长，加强煤气油储备能力建设；要把促进新能源和清洁能源发展放在更加突出的位置，积极有序发

45

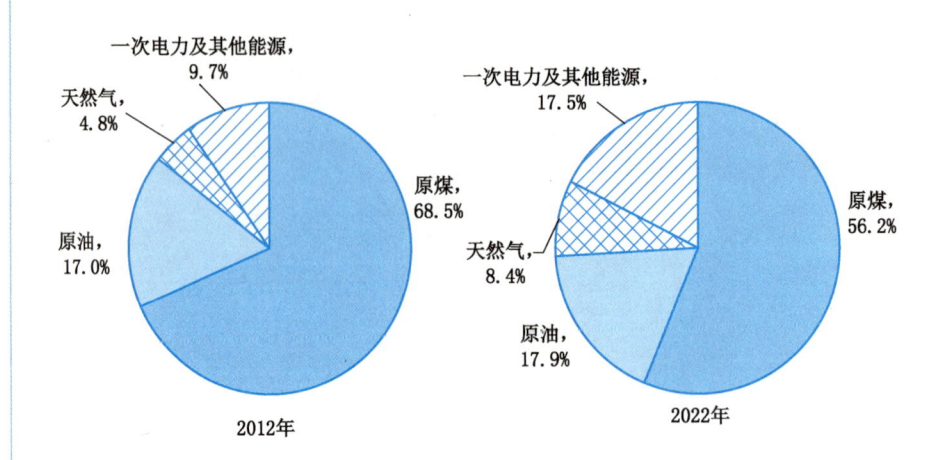

数据来源：国家统计局

图1-3-25　2012年和2022年我国能源消费结构对比

展光能源、硅能源、氢能源、可再生能源；要加快发展有规模有效益的风能、太阳能、生物质能、地热能、海洋能、氢能等新能源，统筹水电开发和生态保护，积极安全有序发展核电。

2023 中国煤炭工业发展报告
Annual Report on Coal Industry in China 2023

第 2 篇 运 行 篇

第 1 章 煤 炭 开 发

党的二十大报告提出，要积极稳妥推进碳达峰碳中和，立足我国能源资源禀赋，坚持先立后破，有计划分步骤实施碳达峰行动。在我国碳达峰前和达峰之后的较长时期内，煤炭作为兜底保障能源的作用难以改变，远期仍将继续承担支撑性、应急与调峰能源的作用。煤炭的稳定供应和平稳接续是发挥兜底保障作用的关键。

1.1 煤炭资源勘察

我国煤炭资源储量丰富、分布不均。据自然资源部《中国矿产资源报告（2022）》，截至2021年底，我国煤炭储量2078.85亿吨，超过百亿吨的省区有山西、新疆、内蒙古、陕西、贵州五省区，其中山西省煤炭资源可采储量494.17亿吨，位居全国第一。从分布区域看，我国煤炭储量分布极不均衡，总体呈"西多东少、北富南贫"格局，北方煤炭资源储量约占全国煤炭资源储量的85.0%，主要集中在山西、内蒙古、陕西和新疆等省及自治区。南方煤炭资源储量约占全国煤炭资源储量的15.0%，主要集中于贵州、云南和安徽三省。

截至2021年底，全国煤炭储量超过百亿吨的5个省份，煤炭合计储量1631.23亿吨，占全国煤炭储量的78.5%。煤炭储量在10亿~100亿吨之间的省份有11个，合计为424.95亿吨，占全国煤炭储量的20.4%。超过亿吨的省份共22个，合计储量为2077.44亿吨，占全国煤炭储量的99.9%，小于亿吨省份共5个，合计储量1.41亿吨，占全国比重为0.1%，见表2-1-1。

表2-1-1 主要产煤省份煤炭储量

地　区	煤炭储量（亿吨）	占全国比重
全国	2078.85	100.00%
山西	494.17	23.8%
新疆	364.52	17.5%
内蒙古	327.02	15.7%
陕西	310.62	14.9%
贵州	134.90	6.5%
云南	74.12	3.6%
安徽	59.95	2.9%
宁夏	56.98	2.7%
河南	45.05	2.2%
甘肃	41.5	2.0%
黑龙江	36.99	1.8%
山东	33.43	1.6%
四川	28.98	1.4%
河北	26.42	1.3%
辽宁	11.51	0.6%
青海	10.02	0.5%
吉林	6.96	0.3%
湖南	4.89	0.2%
江苏	3.14	0.2%
福建	2.65	0.1%
江西	1.89	0.1%
广西	1.73	0.1%

数据来源：自然资源部，2022。

1.2 煤炭生产

1.2.1 区域结构

全国原煤产量总体呈稳定增长态势。2022年，全国原煤产量45.6亿吨，同比增长10.5%，全国原煤月度产量情况如图2-1-1所示。从地域分布来看，原煤生产重心向西部转移，集中度进一步提高。2022年全国23个产煤省中，亿吨级产煤省6个，原煤产量合计39.6亿吨，同比增长11.9%，占全国原煤总产量的86.8%，同比增长1.0%，详见表2-1-2。其中，晋陕蒙新四省（区）原煤产量增速明显，占全国原煤总产量的79.8%。全国各区域原煤产量占比如图2-1-2所示。

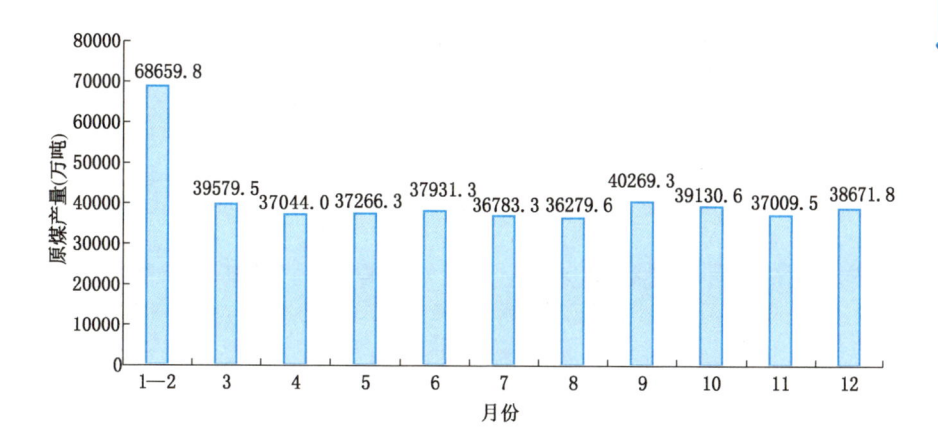

数据来源：国家统计局

图2-1-1 2022年全国原煤月度产量

表2-1-2 2022年我国亿吨级产煤省（区）原煤产量

排　名	地　区	产量（万吨）	增速（%）
1	山西	130714.6	8.7
2	内蒙古	117409.6	10.1
3	陕西	74604.5	5.4

表2-1-2（续）

排名	地区	产量（万吨）	增速（%）
4	新疆	41282.2	28.6
5	贵州	12813.6	-4.0
6	安徽	11176.9	-0.9
全国（亿吨）		45.6	

数据来源：国家统计局。

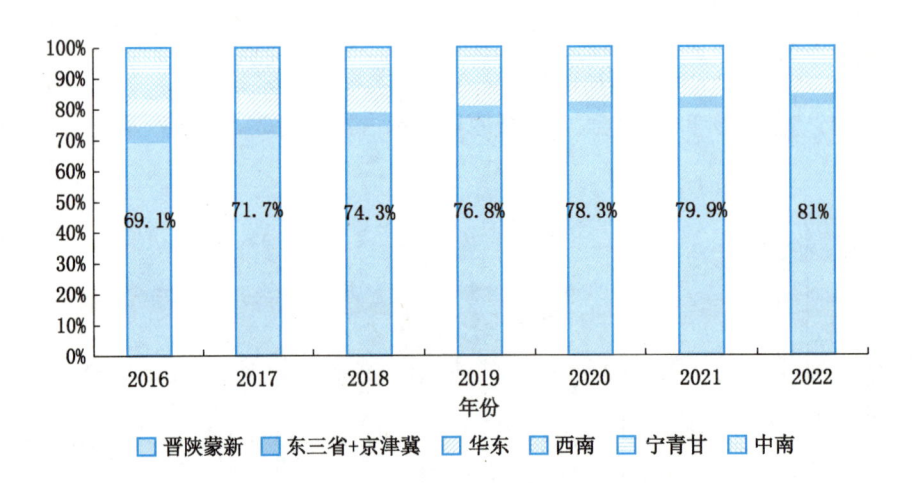

数据来源：国家统计局

图2-1-2 2016—2022年全国各区域原煤产量占比

晋陕蒙新四省区是我国煤炭净调出地区，其中，内蒙古和新疆煤炭资源储量丰富，近年来产能规模持续增加，成为我国未来更具开发潜力的省区。

据山西省能源局公告，截至2022年2月底，山西省共有生产煤矿653座，合计产能106040万吨/年。其中，中型煤矿323座，产能合计25800万吨，占煤矿产能总数的24.3%；大型煤矿330座，产能合计80240万吨，占煤矿产能总数的75.7%。在大型煤矿中，超千万吨级煤矿9座，产能合计13300万吨，占大型煤矿产能总数的16.6%，占全省煤矿产能总数的 12.5%，主要分布在大同、朔州和吕梁地区。山西省煤矿数量和煤炭产能分布如图 2-1-3、图 2-1-4 所示。

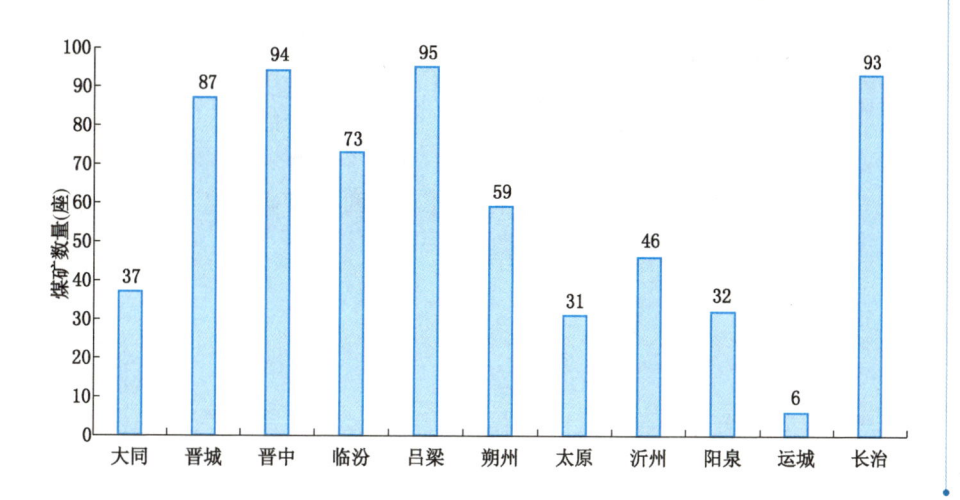

数据来源：山西能源局

图 2-1-3　山西省煤矿数量分布情况

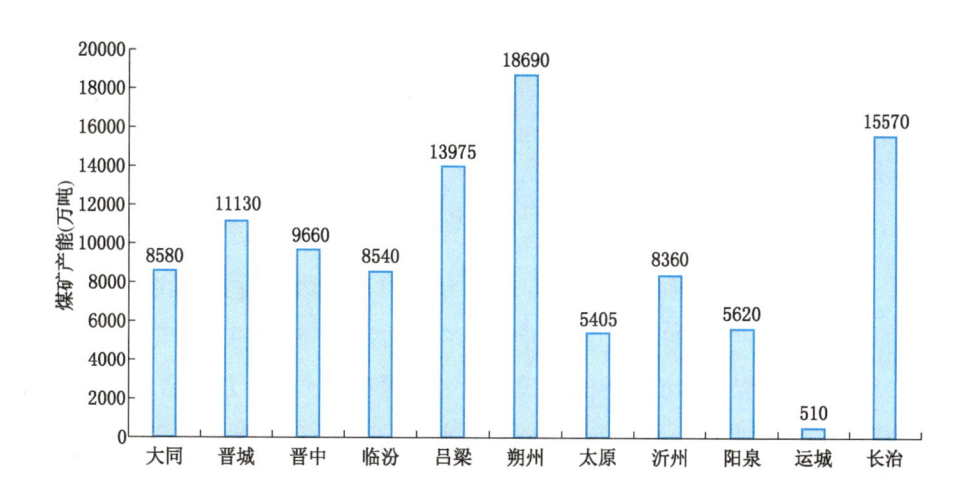

数据来源：山西能源局

图 2-1-4　山西省煤炭产能分布情况

据国家矿山安全监察局陕西局公告，2022年度，陕西省共有生产煤矿370座，合计产能74735万吨/年。其中，小型煤矿96座，产能合计3590万吨，占煤矿产能总数的4.8%；中型煤矿135座，产能合计9740万吨，占煤矿产能总数的13%；大型煤矿139座，产能合计61405万吨，占煤矿产能总数的82.2%。在大型煤矿中，超千万吨级煤矿22座，产能合计30100万吨，占大型煤矿产能总数的49%，占全省煤矿产能总数的40.3%，集中分布在榆林地区。陕西省煤矿数量和煤炭产能分布如图2-1-5、图2-1-6所示。

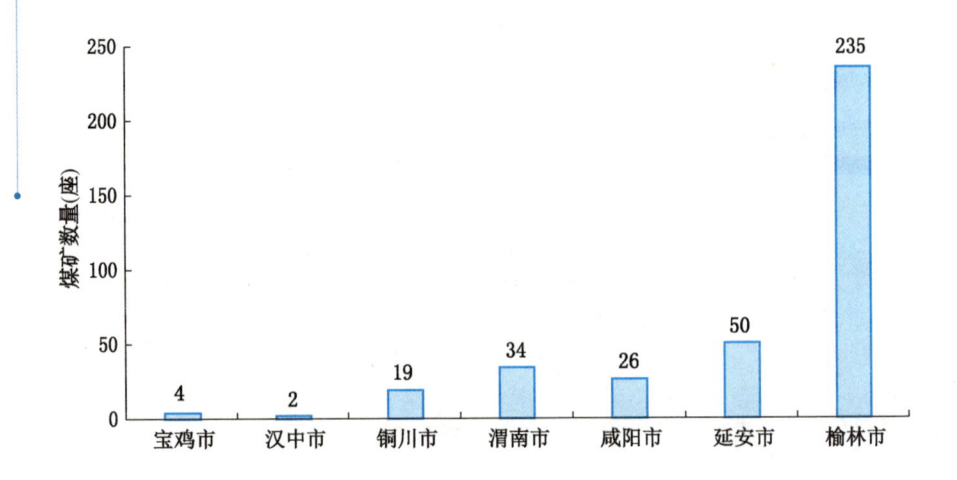

数据来源：国家矿山安全监察局陕西局

图2-1-5　陕西省煤矿数量分布情况

据内蒙古能源局公告，截至2022年1月底，内蒙古共有在产煤矿344座，合计产能99535万吨/年。其中，小型煤矿21座，产能合计855万吨，占煤矿产能总数的0.9%；中型煤矿117座，产能合计8130万吨，占煤矿产能总数的8.2%；大型煤矿206座，产能合计90550万吨，占煤矿产能总数的91%。内蒙古共有建设煤矿47座，新增产能11420万吨/年。其中，按照煤矿建设规模来看，小型煤矿5座，新增产能117万吨，占建设煤矿新增产能总数的1%；中型煤矿16座，新增

数据来源：国家矿山安全监察局陕西局

图 2-1-6 陕西省煤炭产能分布情况

产能 678 万吨，占建设煤矿新增产能总数的 5.9%；大型煤矿 26 座，新增产能 10625 万吨，占建设煤矿新增产能总数的 93%。内蒙古煤矿数量和煤炭产能分布如图 2-1-7、图 2-1-8 所示。

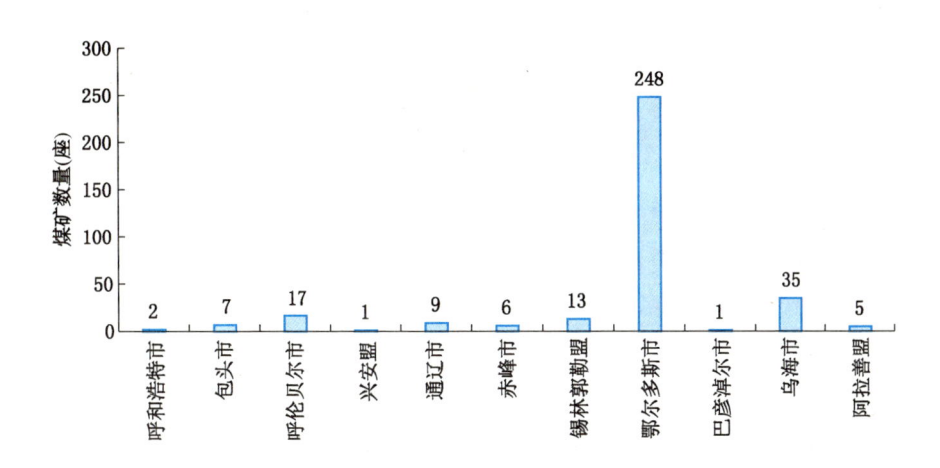

数据来源：内蒙古能源局

图 2-1-7 内蒙古煤矿数量分布情况

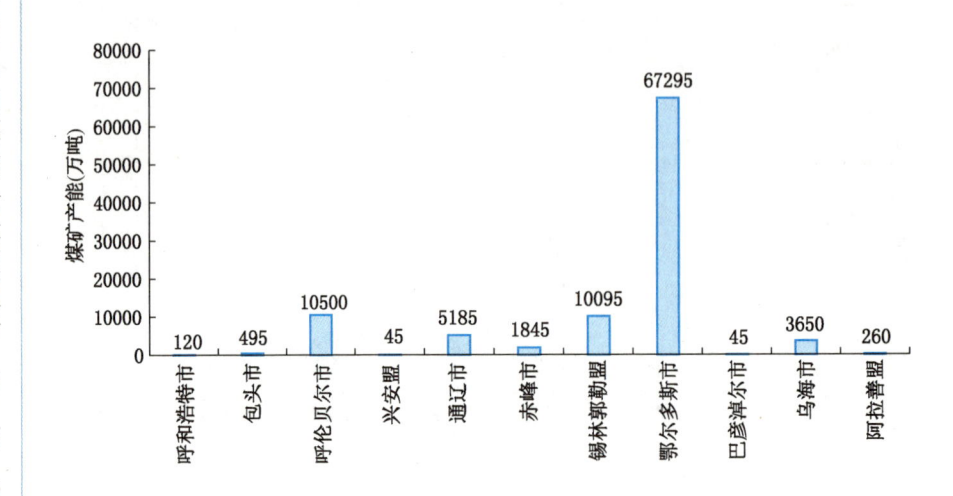

数据来源：内蒙古能源局

图 2-1-8　内蒙古煤炭产能分布情况

据新疆发展改革委公告，截至 2022 年 6 月底，新疆共有在产煤矿 66 座，合计产能 31273 万吨/年。其中，小型煤矿 4 座，产能合计 165 万吨，占煤矿产能总数的 0.5%；中型煤矿 24 座，产能合计 1938 万吨，占煤矿产能总数的 6.2%；大型煤矿 38 座，产能合计 29170 万吨，占煤矿产能总数的 93.3%。新疆共有建设煤矿 29 座，新增产能 5276 万吨/年。其中，按照煤矿建设规模来看，小型煤矿 2 座，新增产能 75 万吨，占建设煤矿新增产能总数的 1.4%；中型煤矿 14 座，新增产能 880 万吨，占建设煤矿新增产能总数的 16.7%；大型煤矿 13 座，新增产能 4321 万吨，占建设煤矿新增产能总数的 81.9%。新疆煤矿数量和煤炭产能分布如图 2-1-9、图 2-1-10 所示。

1.2.2　组织结构

我国煤炭生产开发加速向大型优势企业集中。如图 2-1-11 所示，我国亿吨级以上煤炭企业煤炭产量由 2016 年的 10.53 亿吨上升至 2021 年的 18.22 亿吨，同比增长 73%，增幅明显；5000 万~1 亿吨煤炭企业煤炭产量略有波动，由 2016 年的 5.78 亿吨上升至 2021 年的 6.23 亿吨，

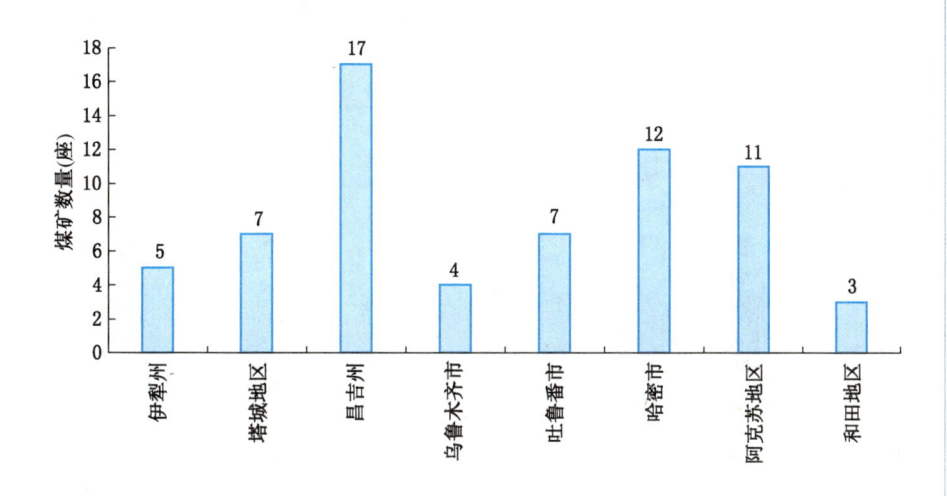

数据来源：新疆发展改革委

图 2-1-9　新疆煤矿数量分布情况

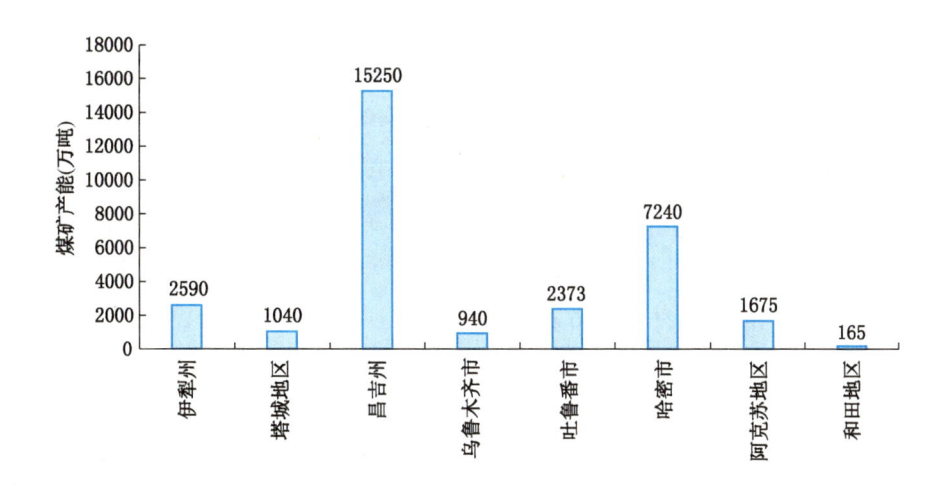

数据来源：新疆发展改革委

图 2-1-10　新疆煤矿产能分布情况

增幅较小；1000 万～5000 万吨煤炭企业煤炭产量总体呈下降趋势，2021 年产量为 3.64 亿吨，较 2016 年同比减少 33.8%。

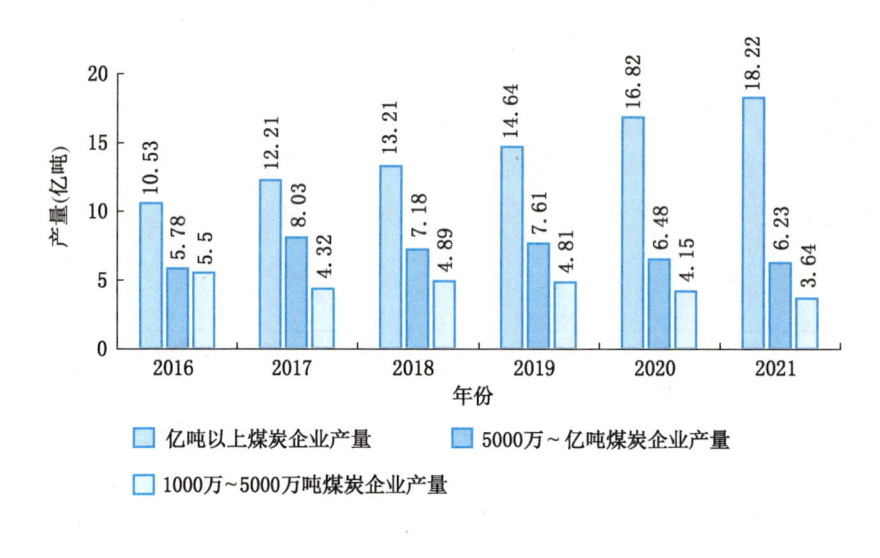

数据来源：中国煤炭工业协会

图 2-1-11 2016—2021 年我国千万吨级以上煤炭企业产量

1.2.3 生产结构

截至 2022 年，全国煤矿数量减少到 4400 处以内，大型化、现代化、智能化煤矿逐渐成为煤炭生产主体，如图 2-1-12 所示。年产 120 万吨以上大型煤矿由 2012 年的 850 处增加到 2022 年的 1200 处以上，年产千万吨级的生产煤矿由 2012 年的 33 处增加到 2022 年的 79 座，安全高效煤矿由 2012 年的 406 处增加到 2022 年的 1146 处，智能化煤矿建设从无到有。截至 2022 年底增加至 572 处，智能化产能达 19.4 亿吨，占全国煤炭总产能的 40% 左右；建成智能化采煤工作面 1043 个、掘进工作面 1277 个。其中全国首批智能化示范煤矿，建成智能化采煤工作面 363 个、掘进工作面 239 个，采煤工作面平均单产 500 万吨/年，高出全国煤矿工作面单产平均水平三倍多。

目前，我国共有露天煤矿约 360 处，产能 11.62 亿吨左右，主要分布在内蒙古、新疆、山西、云南、黑龙江、宁夏、陕西、辽宁、吉林、贵州、广西等 11 个省（区）。其中，千万吨级大型露天煤矿 36 处，产

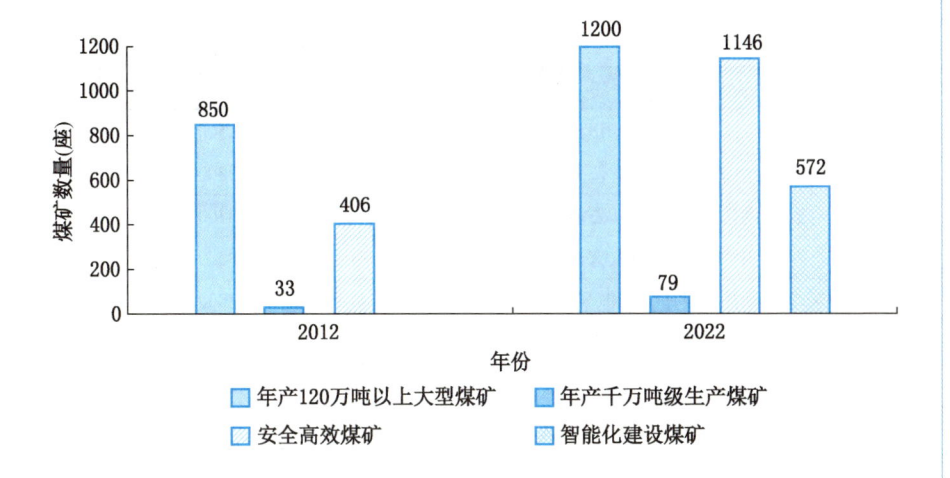

```
1200 ┤                                    1200    1146
1000 ┤    850
 800 ┤
 600 ┤                                                    572
 400 ┤              406
 200 ┤       33                             79
   0 ┤  ┬───┬──┬────┬───              ┬────┬───┬────┬──
            2012                              2022
                            年份
   ■ 年产120万吨以上大型煤矿     ■ 年产千万吨级生产煤矿
   □ 安全高效煤矿              ▨ 智能化建设煤矿
```

数据来源：《2022 年煤炭行业发展年度报告》

图 2-1-12　2012—2022 年全国煤矿数量变化情况

能 7.24 亿吨左右，分别占全国的 10% 和 62.3%，主要集中在内蒙古、新疆、山西三地区。2022 年，我国露天煤矿产量首次突破 10 亿吨，达到 10.57 亿吨，并连续两年产量占全国比重超过 20%，较 2000 年提高了 19 个百分点。

总体来看，我国露天煤矿开采具备以下 3 个特点：一是数量少、能力大，以占比 8.5% 的煤矿数量贡献出 23% 的煤炭产量，平均产能达到 325 万吨；二是超大型占主流，千万吨及以上超大型煤矿中露天数量占到半壁江山，其中全国十大正常生产露天矿合计生产能力达到 3.23 亿吨（表 2-1-3）；三是开采集中度高，内蒙古、新疆、山西、云南 4 个省区的露天煤矿数量达 300 余处，其中，内蒙古、新疆两地露天煤矿数量和产量分别约占全国露天煤矿的 75% 和 85%。

表 2-1-3　我国部分大型露天煤矿产能情况

煤　矿　名　称	核定生产能力（万吨/年）
新疆天池能源有限公司南露天煤矿	4000
中国神华能源股份有限公司哈尔乌素露天煤矿	3500

表 2-1-3（续）

煤 矿 名 称	核定生产能力（万吨/年）
神华宝日希勒能源有限公司露天煤矿	3500
华能伊敏煤电有限责任公司露天矿	3500
国能准格尔能源有限责任公司黑岱沟露天矿	3400
中煤平朔集团东露天煤矿	3000
新疆天池能源有限责任公司将军戈壁二号露天煤矿	3000
新疆宜化矿业有限公司五彩湾矿区一号露天煤矿	3000
国能北电胜利能源有限公司胜利一号露天煤矿	2800
国能新疆准东能源有限责任公司	2600

第 2 章 煤炭消费

煤炭是我国的基础能源和重要工业原料，为国民经济和社会发展提供了可靠的能源保障。十年来，我国煤炭消费规模总体呈上升趋势，但随着国内能源消费结构转型的推进，煤炭消费在能源消费结构中的比重大幅下降。

2022年，全国煤炭消费量为43.0亿吨，较上年度增长3.4%。从月度分布来看，7月、8月、12月为用煤高峰期。2022年7月、8月、12月，全国煤炭消费量分别为3.8亿吨、3.8亿吨、3.9亿吨，如图2-2-1所示。

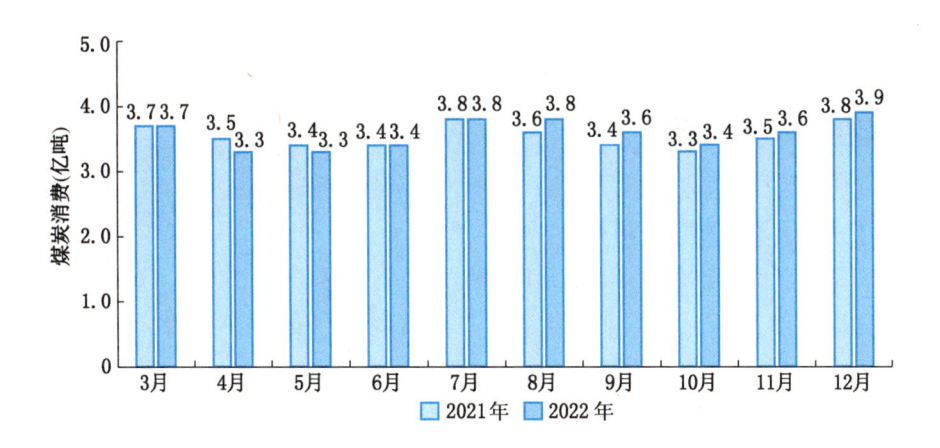

数据来源：中国煤炭市场网

图 2-2-1 2021 年、2022 年 3—12 月煤炭消费情况

从消费行业分布来看，电力、钢铁、建材和化工行业是主要耗煤行业。2022年，四个行业共计消费煤炭39.8亿吨，占煤炭消费量的

92.0%。电力行业消费煤炭24.6亿吨，占全国煤炭消费量的56.9%；钢铁行业消费煤炭6.8亿吨，占全国煤炭消费量的15.7%；建材行业消费煤炭5.2亿吨，占全国煤炭消费量的12.0%；化工行业消费煤炭3.2亿吨，占全国煤炭消费量的7.4%，如图2-2-2所示。

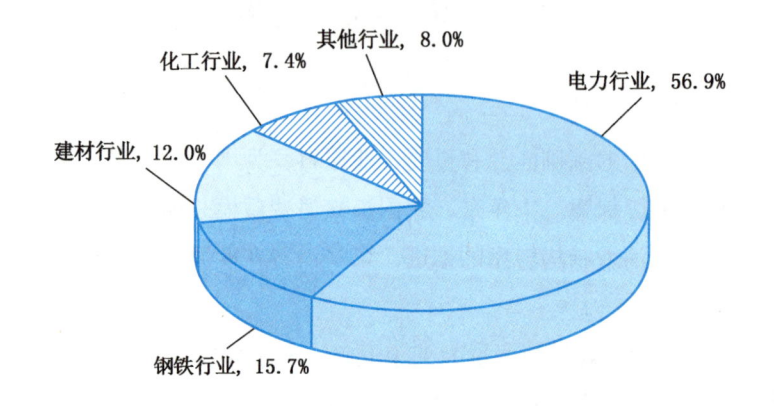

数据来源：中国煤炭市场网

图2-2-2 2022年中国分行业煤炭消费情况

2.1 电力行业

2.1.1 电力行业运行情况

2022年，全社会用电量累计86372亿千瓦时，同比增长3.6%，如图2-2-3所示。分产业看，第一产业用电量1146亿千瓦时，较上年度增长10.4%；第二产业用电量57001亿千瓦时，较上年度增长1.2%；第三产业用电量14859亿千瓦时，较上年度增长4.4%；城乡居民生活用电量13366亿千瓦时，较上年度增长13.8%。

2022年，全国发电装机容量256405万千瓦，比上年末增长7.8%。其中，火电装机容量133239万千瓦，增长2.7%；水电装机容量41350万千瓦，增长5.8%；核电装机容量5553万千瓦，增长4.3%；并网风电装机容量36544万千瓦，增长11.2%；并网太阳能发电装机容量

数据来源：国家能源局

图2-2-3 2012—2022年全国全社会用电量及变化情况

39261万千瓦，增长28.1%[1]。

2022年，全国发电设备平均利用小时为3687小时，同比减少125小时。其中，火力发电设备平均利用小时为4379小时，同比减少65小时；水力发电设备平均利用小时为3412小时，同比减少194小时。

2022年，全国总发电量83886亿千瓦时，同比增长2.2%；其中火电发电量58531亿千瓦时，同比增长0.9%；水电发电量12020亿千瓦时，同比增长1%；风电6867亿千瓦时，同比增长12.3%；核电4177.8亿千瓦时，同比增长2.5%；太阳能发电2290亿千瓦时，同比增长14.3%。

2.1.2 电力行业用煤情况

2022年，我国火电发电装备技术水平进一步提高，节能减排取得新进展。全国供电煤耗率301.5克/千瓦时，较上年度下降1克/千瓦时。

2022年，全国电力行业消费煤炭（包括燃煤发电和供热）24.6亿吨，同比增长1.7%，如图2-2-4所示。2012年以来，我国电力行业用煤保持在18.4亿~24.6亿吨，2012—2022年平均增速为2.1%左右。

---

[1] 2022年国民经济和社会发展统计公报. 2023-02-28. http://www.stats.gov.cn/sj/zxfb/202302/t20230228_1919011.html

数据来源：中国煤炭市场网，2012年、2013年数据根据
《2014中国煤炭工业发展报告》数据整理

图2-2-4　2012—2022年全国电力行业煤炭消费量及变化情况

从月度分布情况看，7—8月是电力行业煤炭消费高峰。2022年7月、8月，电力行业消费煤炭分别为2.3亿、2.4亿吨，同比分别增长9.5%、14.3%，如图2-2-5所示。

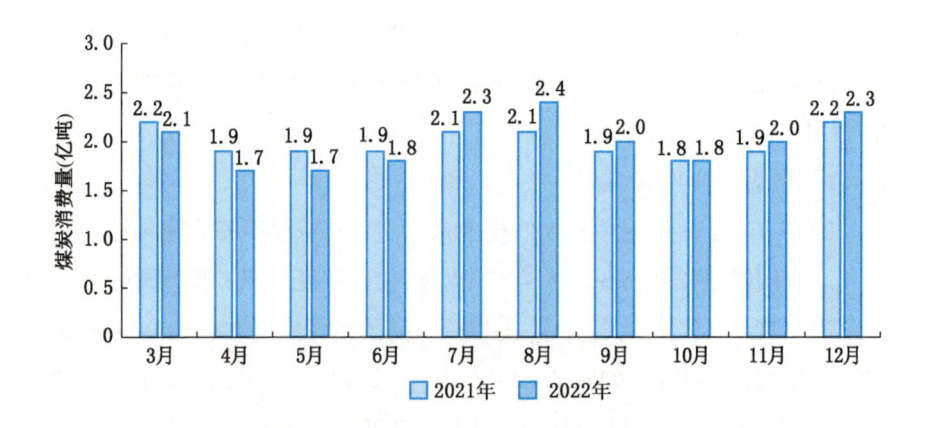

数据来源：中国煤炭市场网

图2-2-5　2021年、2022年3—12月全国电力行业煤炭消费量及变化情况

2.2 钢铁行业

2.2.1 钢铁行业运行情况

2022 年，全国生铁产量 8.6 亿吨，较上年下降 0.5%，如图 2-2-6 所示。2012 年以来，全国生铁产量总体保持增长态势，由 2012 年的 6.6 亿吨增长至 2022 年的 8.6 亿吨，2012—2022 年平均增速为 2.8%。

数据来源：根据国家统计局数据整理

图 2-2-6　2012—2022 年全国生铁产量及变化情况

2022 年，全国粗钢产量 10.2 亿吨，较上年度下降 1.7%，如图 2-2-7 所示。2012 年以来，全国粗钢产量总体保持增长态势，由 2012 年的 7.2 亿吨增长至 2022 年的 10.2 亿吨，2012—2022 年平均增速为 3.7%。

2022 年，全国钢材产量 13.4 亿吨，较上年度增加 0.3%，如图 2-2-8 所示。2012 年以来，全国钢材产量总体保持增长态势，由 2012 年的 9.6 亿吨增长至 2022 年的 13.4 亿吨，2012—2022 年平均增速为 3.8%。

数据来源：根据国家统计局数据整理

图 2-2-7 2012—2022 年全国粗钢产量及变化情况

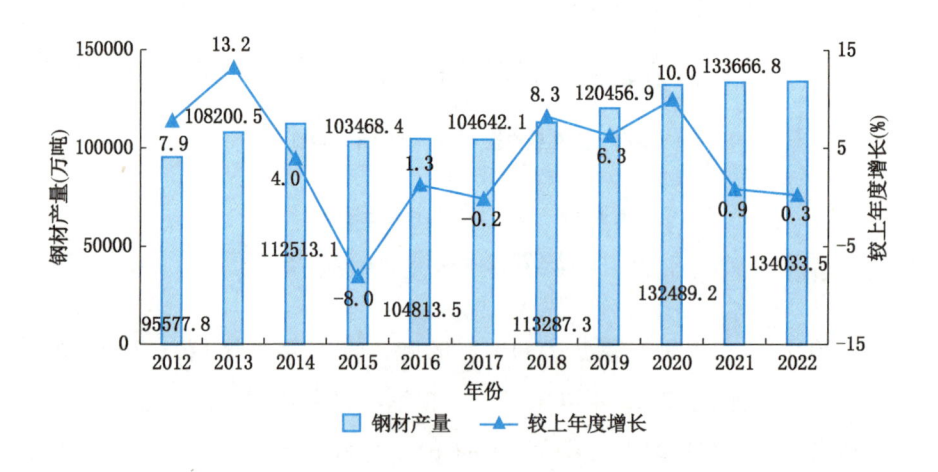

数据来源：根据国家统计局数据整理

图 2-2-8 2012—2022 年全国钢材产量及变化情况

2.2.2 钢铁行业用煤情况

2022年，钢铁行业共消耗煤炭6.8亿吨，同比增长1.5%，如图2-2-9

所示。2012年以来，钢铁行业煤炭消费量保持在5.9亿~7.3亿吨，2012—2022年平均增速为1.5%。

数据来源：中国煤炭市场网，2012年、2013年数据根据《2014中国煤炭工业发展报告》数据整理得出

图2-2-9 2012—2022年全国钢铁行业煤炭消费量及变化情况

2.3 建材行业

2.3.1 建材行业运行情况

2022年，全国水泥产量21.3亿吨，同比降低10.4%，如图2-2-10所示。2012年以来，我国水泥产量保持在21.3亿~24.9亿吨。

2022年，全国平板玻璃产量10.2亿重量箱，同比下降0.1%，如图2-2-11所示。2012年以来，我国平板玻璃产量呈波动上升态势，由2012年的7.5亿重量箱增长至2022年的10.2亿重量箱，2012—2022年平均增速为2.3%。

2.3.2 建材行业用煤情况

2022年，我国建材行业消费煤炭5.2亿吨，同比下降5.5%，如图2-2-12所示。2012年以来，我国建材行业煤炭消费量保持在4.8

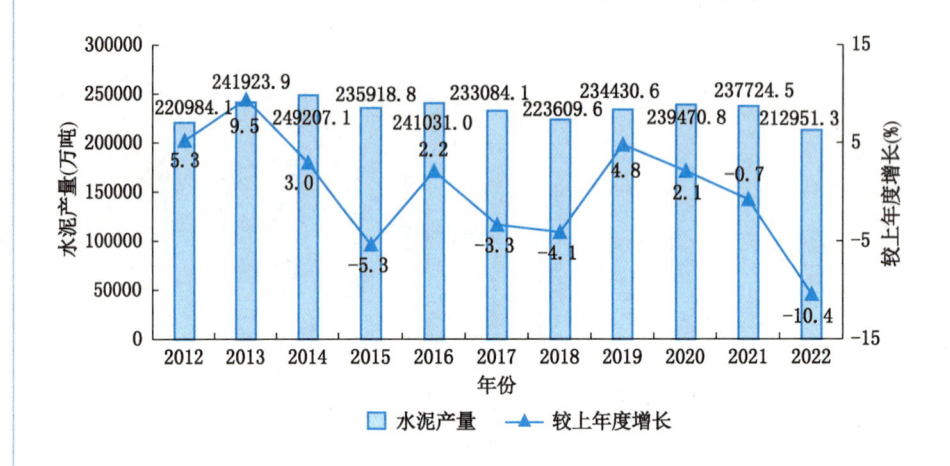

亿~5.7亿吨，2012—2022年平均增速为0.07%。

数据来源：国家统计局

图2-2-10　2012—2022年全国水泥产量及变化情况

数据来源：国家统计局

图2-2-11　2012—2022年全国平板玻璃产量及变化情况

数据来源：中国煤炭市场网，2012 年、2013 年数据根据
《2014 中国煤炭工业发展报告》数据整理

图 2-2-12　2012—2022 年全国建材行业煤炭消费量及变化情况

2.4　化工行业

2.4.1　化工行业运行情况

2021 年，合成氨产量 5189.4 万吨，同比增长 1.4%，如图 2-2-13 所示。2012 年以来，我国合成氨产量总体呈波动下降趋势，2018 年合成氨产量 4587.1 万吨，为近年来最低值。

2.4.2　化工行业用煤情况

2022 年，我国化工行业共消耗煤炭 3.2 亿吨，同比增长 3.2%，如图 2-2-14 所示。2012 年以来，我国化工行业煤炭消费量呈逐年递增趋势，由 2012 年的 1.9 亿吨增长至 2022 年的 3.2 亿吨，2012—2022 年平均增速为 5.92%。

2012 年以来，煤制油中间消费煤炭量呈逐年递增趋势，增长速度较快。受疫情影响，2020 年，煤制油中间消费煤炭 3047 万吨，同比下降6.0%，如图2-2-15所示。

数据来源：国家统计局

图2-2-13 2012—2021年全国合成氨产量及变化情况

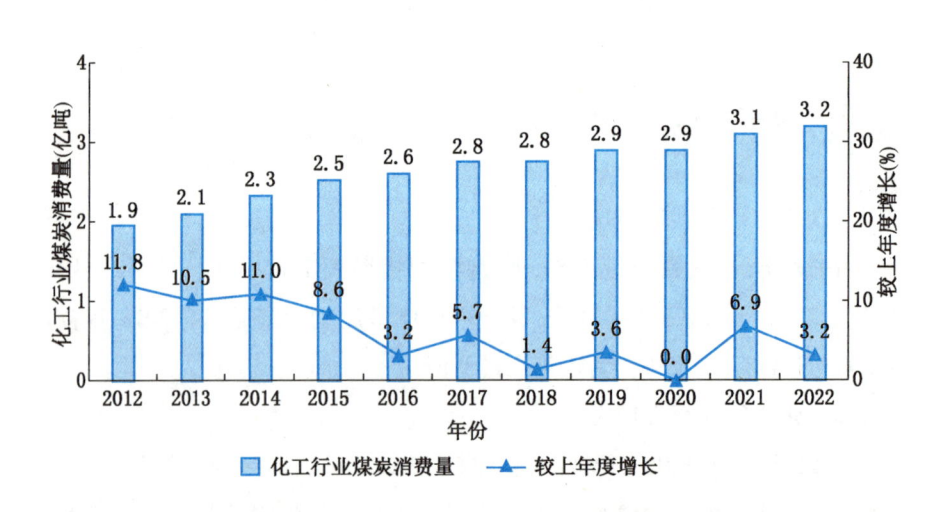

数据来源：中国煤炭市场网，2012年、2013年数据根据
《2014中国煤炭工业发展报告》数据整理

图2-2-14 2012—2022年化工行业煤炭消费量及变化情况

数据来源：国家统计局

图 2-2-15 2012—2020 年全国煤制油中间消费煤炭及变化情况

2012 年以来，制气中间消费煤炭总体呈递增趋势。2020 年，制气中间消费煤炭 3309 万吨，同比增加 34.6%，如图 2-2-16 所示。

数据来源：国家统计局

图 2-2-16 2012—2020 年全国制气中间消费煤炭及变化情况

从全国分行业煤炭消费量来看，电力、钢铁、建材、化工等四大行业是主要耗煤行业；从煤炭消费趋势看，钢铁、建材行业已基本达到煤炭消费峰值区间，未来主要由电力、化工行业拉动煤炭消费增长；其他如居民煤炭消费主要是散煤燃烧，随着散煤治理体系不断完善，散煤消费将进一步降低。

第 3 章 煤炭运输

我国煤炭资源主要分布在西北地区，而消费重点集中在东部和中南部地区，生产和消费的逆向分布决定了"北煤南运、西煤东运"的总体运输格局。经过多年发展，我国铁路、公路、水路等运输能力得到极大提升，煤炭运输基本形成了以铁路运输为主、水路或铁水联运为辅、公路运输作为补充的综合运输体系。

3.1 煤炭铁路运输

3.1.1 煤炭铁路运力

目前，由于煤炭产销区域不平衡分布矛盾进一步加剧，我国多年来形成的煤炭运输格局被打破，煤炭运输格局进行了深度调整，全国煤炭转运能力得到了大幅提升。

目前，我国基本形成了以铁路运输为主、水路或铁水联运为辅、公路运输作为补充的综合煤炭运输体系。全国已形成"七纵五横"的铁路通道，见表 2-3-1。

表 2-3-1 "七纵五横"煤炭铁路运输通道

	铁 路	所属通道
七纵	焦柳、京九、京广、浩吉、包西	晋陕蒙外运
	南昆	贵州外运
	兰新、兰渝	新疆外运

表2-3-1（续）

铁　路		所属通道
五横	北通路（大秦、神朔黄、唐包、丰沙大、集通、京原）	晋陕蒙外运
	中通路（石太、邯长、瓦日、和邢）	
	南通路（侯月、陇海、太焦、宁西）	
	锡乌、巴新横向通路	
	沪昆通路	贵州外运

资料来源：《煤炭工业发展"十三五"规划》。

大秦铁路、朔黄铁路、唐包铁路、瓦日铁路构成了西煤东送的四条大通道，也是最重要的晋陕蒙煤炭外送通道，以上四条西煤东运铁路运力达12亿吨/年以上；浩吉铁路是北煤南运大动脉，铁路运力2亿吨/年。在主要产煤省（区）中，山西省煤炭运输通道相对完备，且运力充足；陕西省纵向路线运力不足；内蒙古横向路线运力相对充足，纵向通路运力匮乏，其中，横向铁路线路有大秦线、朔黄线、唐包线等，运输能力可达10亿吨/年，运力相对充足；纵向通路运力相对匮乏，有浩吉线和包西线，运力约为3亿吨/年。2022年主要铁路线路运输能力详见表2-3-2。

表2-3-2　2022年主要铁路线路运输能力　　　亿吨/年

铁　路	煤运能力
大秦线	4.5
朔黄线	3.5
瓦日线	1.5
侯月线	1.8
陇海线	0.75

资料来源：中国铁路经济规划研究院。

新疆煤炭外运铁路通道呈现"一主两翼"格局。随着新疆铁路的不断建设和完善，已经形成以兰新铁路为主通道、临哈铁路（临河至哈密）为北通道、格库铁路（格尔木至库尔勒）为南通道的"一主两翼"进出疆三大铁路通道。兰新铁路通道由兰新线和兰新高铁共同构成，是疆煤外运的主要通道，设计运输能力在 7000 万~8000 万吨/年，短期运力持续紧张。临哈铁路是疆煤外运的北翼通道，连接临河火车站—额济纳旗达来呼布镇—哈密，主要由东段的临额铁路（临策铁路）和西段的哈额铁路构成，年运力约 2000 万吨。根据内蒙古自治区"十四五"铁路发展规划，临河及哈密内蒙古段将进行扩能改造，项目建成后，临哈铁路运输能力将提升 45%左右。格库铁路起自青海省格尔木市，终到库尔勒市，线路全长 1206 公里，是出入新疆的第三条铁路通道，是疆煤外运南翼通道，主要供青海、西藏、四川地区，年度货运量 2600 万吨/年[1]。

3.1.2 煤炭铁路运量

2022 年，我国铁路煤炭年运量为 26.8 亿吨，同比增长 4.4%（图 2-3-1），约占我国原煤产量的 59.6%，是我国煤炭运输的主要方式。具体来看，2012 年以来，我国煤炭运输量总体呈波动上升趋势。2022 年，我国铁路充分发挥西煤东运、北煤南运、疆煤外运主要通道作用，大力开行万吨列车，畅通铁路与公路、港口等其他运输方式衔接，保供成效显著。

大秦铁路、朔黄铁路、唐包铁路、瓦日铁路是我国最重要的晋陕蒙煤炭外送通道。2022 年，四条铁路线共运输煤炭 9.73 亿吨，相较于 2021 年增加 0.07 亿吨，同比增加 0.7%，详细情况如图 2-3-2 所示。

2022 年，新疆煤炭外运量达 5521.4 万吨。自 2017 年以来，新疆煤炭外运量有了大幅增长，据乌鲁木齐铁路局数据，新疆铁路原煤调出量从 2017 年的 994.7 万吨增加到 2022 年的 5521.4 万吨，增长 4.6 倍。2017—2022 年疆煤外运情况如图 2-3-3 所示。

---

[1] 国际煤炭网. 新疆煤炭外运格局和主要通道. 2023-03-24. https://coal.in-en.com/html/coal-2626239.shtml.

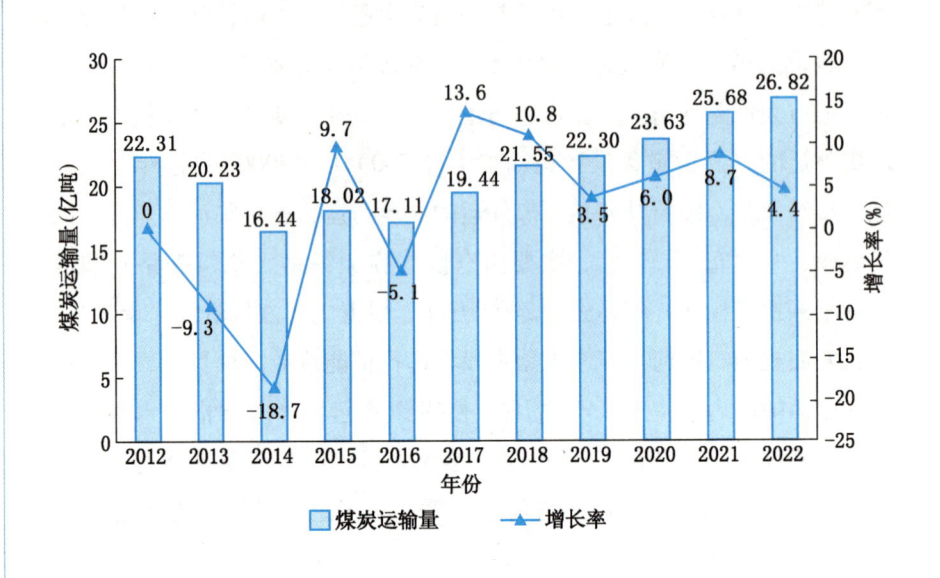

数据来源：中国煤炭市场网

图 2-3-1　2012—2022 年我国煤炭铁路运输量

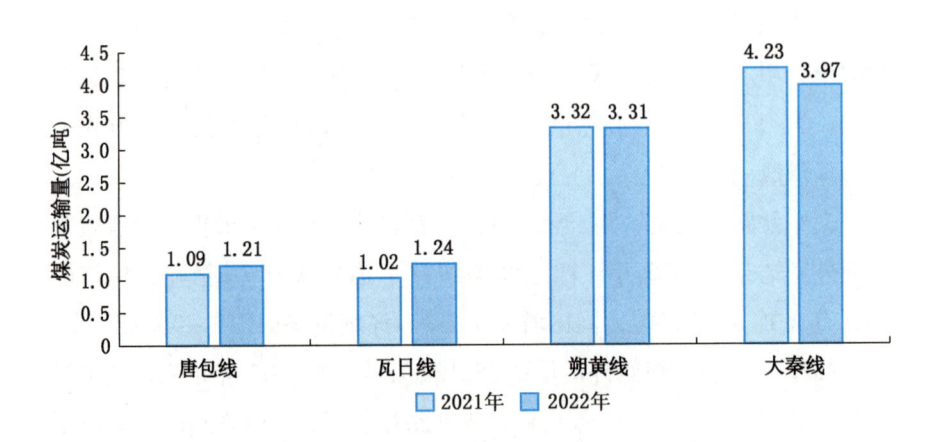

数据来源：中国铁路经济规划研究院

图 2-3-2　晋陕蒙煤炭外送通道煤炭运输量

数据来源：国际煤炭网

图2-3-3　疆煤外运情况

3.2　煤炭转运港口

水路运输作为我国煤炭外运的第二大运输通道，具有运价低、运力大、可直达用煤企业专用码头等优势，主要包括海路运输和内河运输两种方式，详见表2-3-3。其中，秦皇岛港和唐山港是大秦线的两大下水港口，下水能力分别为2.5亿吨/年和2亿吨/年[1]。

表2-3-3　全国水路运输港口布局

水路运输	区　域	主　要　港　口
海路运输	环渤海	大连港、秦皇岛港、唐山港、天津港、青岛港
	长三角	上海港、宁波港、连云港
	东南沿海	福州港、厦门港
	珠三角	广州港、深圳港、珠海港、汕头港
	西南沿海	湛江港、防城港、海口港

---

[1]　大秦铁路每年运煤炭4.5亿吨，有2亿吨被迁曹线分流.2023-03-05.https：//www.163.com/dy/article/HV1HNSKG0552ZQTF.html.

表2-3-3（续）

水路运输	区 域	主 要 港 口
内河运输		长江干线
		京杭运河

我国主要的煤炭装船港为北方七港。其中，秦皇岛港、黄骅港、曹妃甸港是北方七港的主要运输港口，总体港口煤炭运输量呈增长趋势。具体各港的煤炭运输量如下所示。

秦皇岛港。2022年，秦皇岛港煤炭吞吐量达1.98亿吨，较2021年增加0.25亿吨，同比增长14.5%。总体来看，秦皇岛港煤炭吞吐量自2012年以来呈波动下降趋势，如图2-3-4所示。

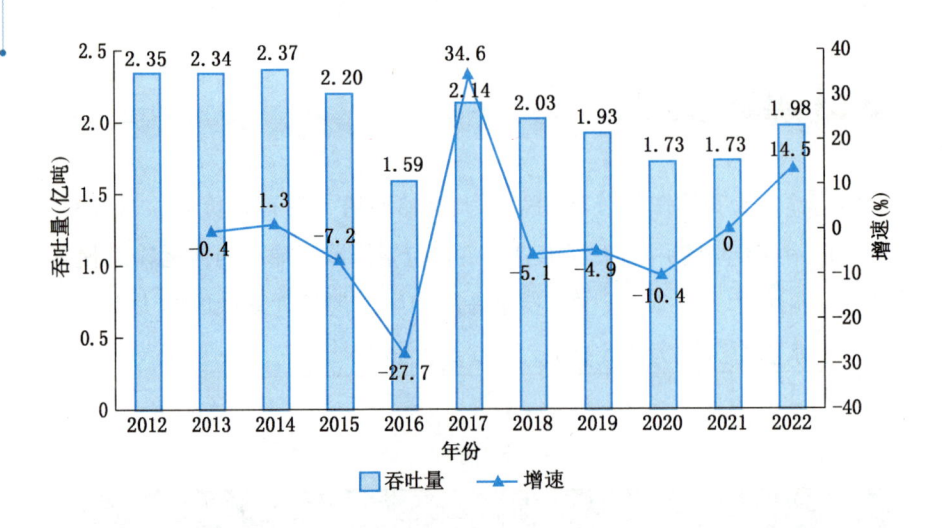

数据来源：中国煤炭市场网

图2-3-4 秦皇岛港2012—2022年煤炭吞吐量

黄骅港。2022年，黄骅港煤炭吞吐量为2.04亿吨，较2021年下降0.11亿吨，同比降低5.1%，但煤炭吞吐量居全国港口首位。总体来看，黄骅港自2016年以来煤炭吞吐量总体呈上升趋势，如图2-3-5所示。

数据来源：中国煤炭市场网

图 2-3-5　黄骅港 2016—2022 年煤炭吞吐量

曹妃甸港。曹妃甸港由华电曹妃甸港、华能曹妃甸港、曹妃甸港二期和曹妃甸港四港组成。2022 年，曹妃甸港煤炭吞吐量共计 1.97 亿吨，较 2021 年增加 0.14 亿吨，同比上升 7.7%，详细情况如图 2-3-6 所示。

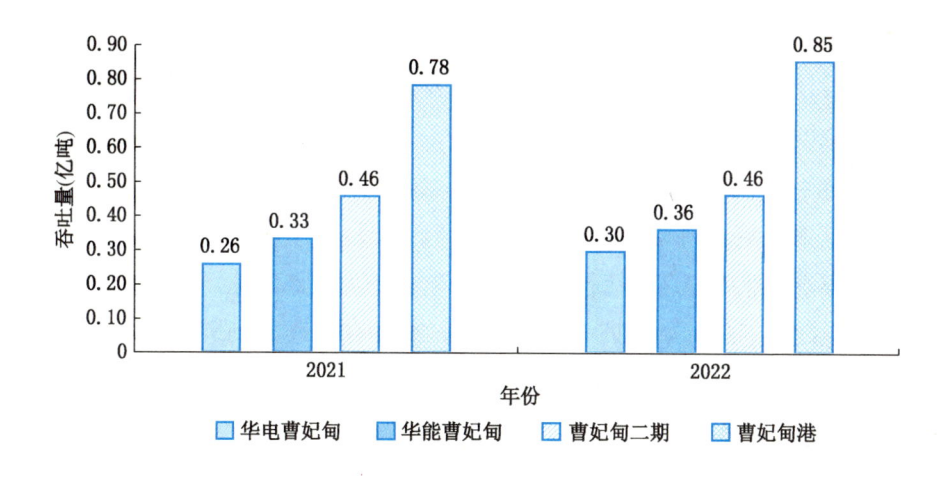

数据来源：中国煤炭市场网

图 2-3-6　曹妃甸港 2021—2022 年煤炭吞吐量

第 4 章
煤 炭 库 存

调控煤炭供应、库存和需求总量的平衡,是保证煤炭市场正常、健康发展的关键。此外,煤炭库存能够调节煤炭供需,对煤炭市场价格波动具有一定的缓冲作用。2022 年,各地区、各有关部门和煤炭企业认真贯彻落实党中央、国务院决策部署,大力推进煤炭保供稳价,全国煤炭产量和市场供应量持续增加,电厂和港口存煤提升。

4.1 煤炭企业库存

"十三五"以来,我国煤炭行业以推动煤炭供给侧结构性改革为主线,行业政策体系逐步完善,去产能工作取得明显成效。从煤炭企业库存来看,2022 年末,我国煤炭企业库存同比上涨 13.8%。2022 年 3—7 月,全国煤炭生产企业煤炭库存持续上涨,8 月出现短暂下降,11 月上涨到全年最高的 6800 万吨,较 3 月末增加了 2100 万吨,增长 44.7%。2021—2022 年全国煤炭企业库存变化情况如图 2-4-1 所示。2016 年,我国煤炭企业库存高位运行,自 2016 年供给侧改革以来,我国煤炭企业库存波动下降,整体处于较低水平。2021 年,在我国着力保障能源供应安全,煤炭增产保供措施持续发力的背景下,全国煤炭企业库存一直处于上升状态。

2022 年,重点煤矿煤炭库存年初出现短暂下降,而后直至 10 月前基本保持上升趋势,年末开始稳步回落。全年最低库存出现在 2 月末的 1739.2 万吨,最高库存为 10 月末的 2348.4 万吨。"十三五"以来,我

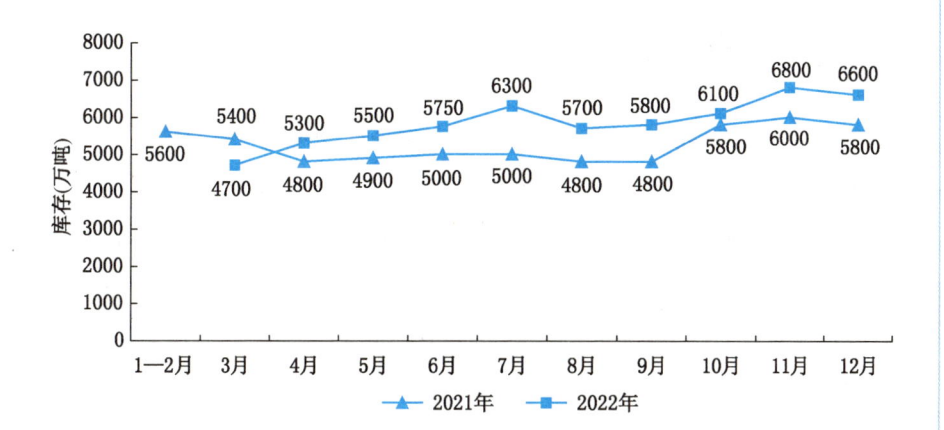

数据来源：中国煤炭市场网

图 2-4-1　2021—2022 年全国煤炭企业库存变化情况

国国有重点煤矿库存变化情况与全国煤炭企业库存变化趋势基本一致。自 2016 年供给侧改革后，我国国有重点煤矿库存大幅下降，目前国有重点煤矿库存处于历史低位。2021—2022 年我国国有重点煤矿库存变化情况如图 2-4-2 所示。

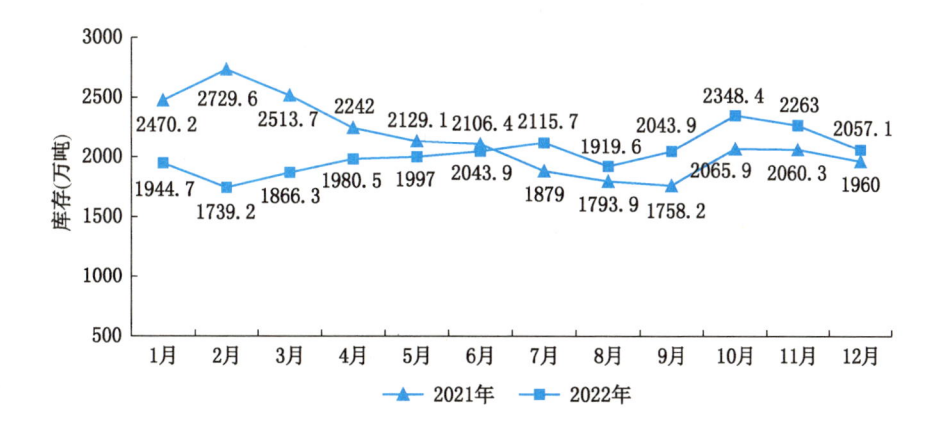

数据来源：中国煤炭市场网

图 2-4-2　2021—2022 年国有重点煤矿库存变化情况

4.2 主要港口库存

"十三五"以来，全国主要港口煤炭库存总量波动幅度较大，如图2-4-3所示。截至2022年12月26日，我国主要港口煤炭库存合计5529.7万吨，比2016年减少了400.9万吨，较去年同期上涨14.5%。其中，北方港口煤炭库存3245.8万吨，存煤量有所回升；南方港口煤炭库存2283.9万吨，同北方港口库存情况相比，南方港口库存较为紧张。

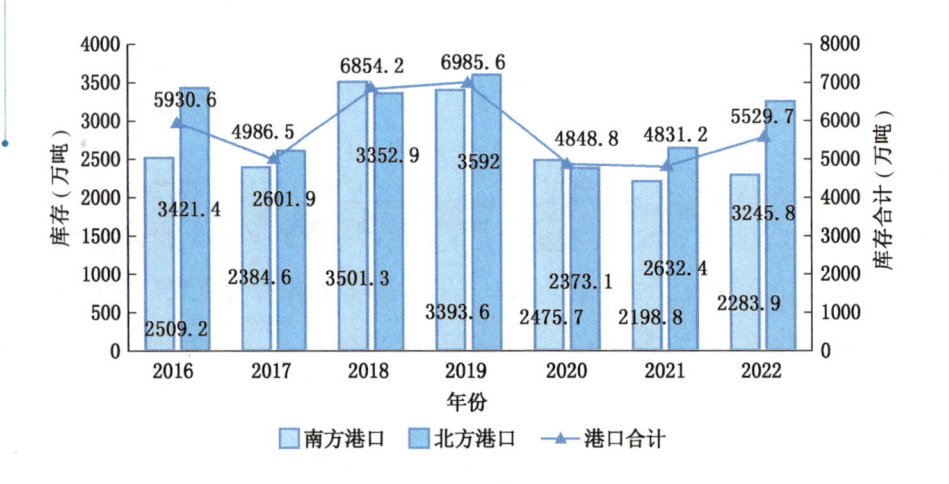

数据来源：中国煤炭市场网

图2-4-3　2016—2022年我国主要港口煤炭库存量变化

煤炭生产和运输格局变化推动了北方下水港格局的加速调整。长期以来煤炭下水量90%以上集中于北通道四港（秦皇岛港、天津港、唐山港、黄骅港）。随着"十三五"时期我国煤炭生产开发布局的加速西移，蒙西核心矿区（鄂尔多斯）在我国煤炭生产格局中地位大幅提升，同时铁路运输新通道的形成，以及公路集港煤炭禁运政策的影响，促使北通道四港传统格局逐步被打破。

天津港月度存煤量整体变动不大，截至2021年12月，天津港存煤量为131.8万吨，较年初同比增长13.7%。秦皇岛港月度存煤量波动幅度较小，截至2022年12月，秦皇岛港存煤量为573.1万吨。此外，由于蒙冀铁路建成，以及受河北调整煤炭布局影响，部分秦皇岛港煤炭下水转移，导致曹妃甸港月度存煤量波动幅度较大，2022年12月曹妃甸港存煤量440.1万吨，较年初同比上升30%，较去年3月港口存煤量高峰同比下降16.6%，其与秦皇岛港已成为目前北方主要的煤炭下水港口。黄骅港、京唐老港煤炭月度库存量则总体保持平稳。2021、2022年北方主要港口煤炭库存变动情况如图2-4-4、图2-4-5所示。

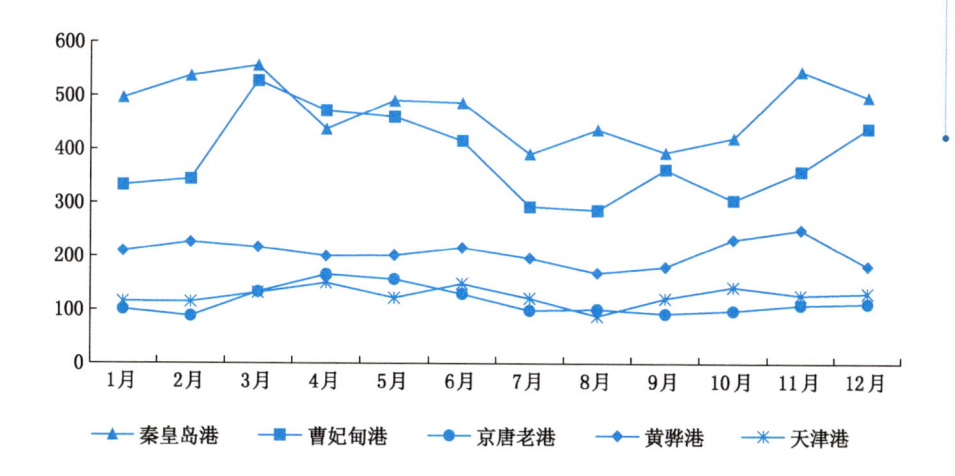

数据来源：中国煤炭市场网

图2-4-4　2021年北方主要港口煤炭库存变动情况

"十三五"以来，受多重因素影响，南方主要港口煤炭成交量波动较大，港口库存变动幅度明显。其中，作为华南地区最大的煤炭接卸港，由于外贸煤炭进口量增加，截至2022年12月，广州港存煤量244.84万吨，较2021年同期上升33.7%。钦州港是我国西南地区重要的煤炭进口大港，2021年钦州港月度存煤量整体呈先升后降趋势，2022年月度存煤量则总体趋于平稳。2021年以来，防城港月度存煤量

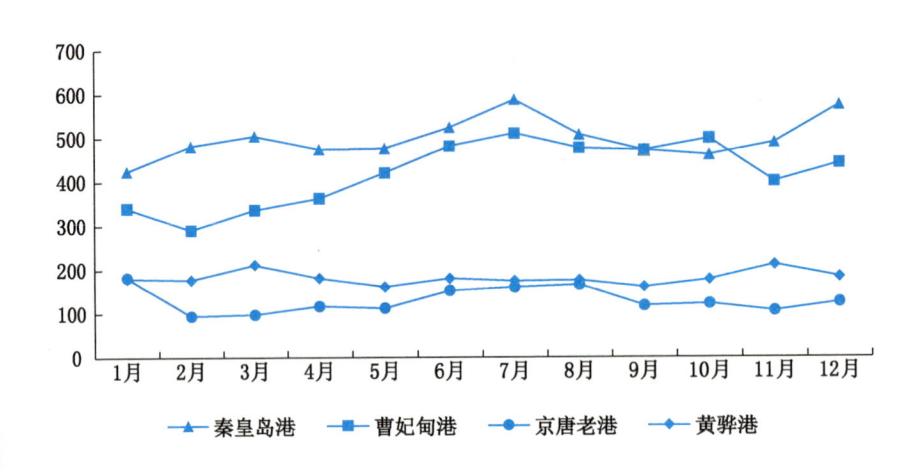

数据来源：中国煤炭市场网

图 2-4-5 2022 年北方主要港口煤炭库存变动情况

波动幅度较大，截至 2022 年 12 月，防城港存煤量 141.4 万吨，较去年同期下降 45.4%。2021 年、2022 年南方主要港口煤炭库存变动情况如图 2-4-6、图 2-4-7 所示。

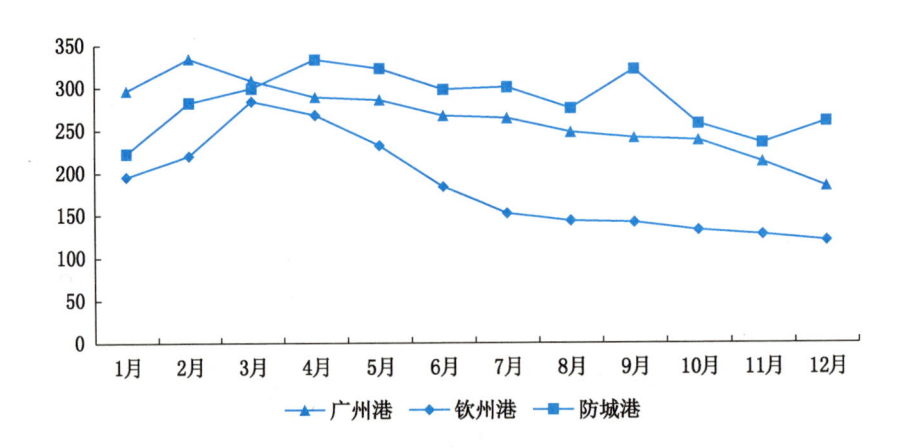

数据来源：中国煤炭市场网

图 2-4-6 2021 年南方主要港口煤炭库存变动情况

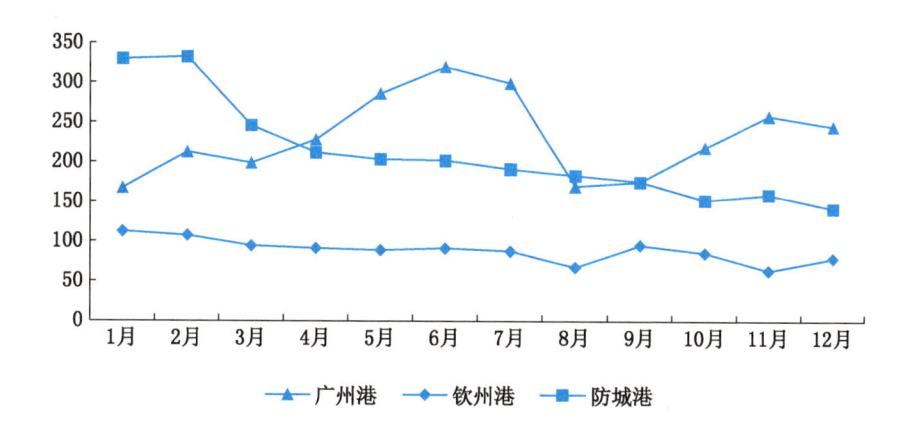

数据来源：中国煤炭市场网

图 2-4-7 2022年南方主要港口煤炭库存变动情况

4.3 重点发电企业库存

重点电厂以全国504家主流电厂为范本，涵盖了大部分主要燃煤电

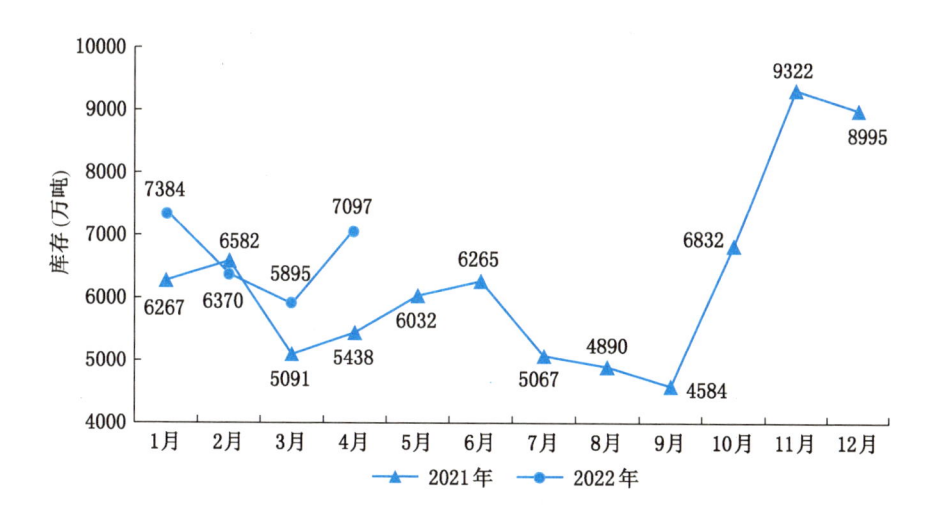

数据来源：中国煤炭市场网

图 2-4-8 2021—2022全国重点电厂煤炭库存变化情况

厂。2022年上半年，煤矿保供增量，铁路港口增运，叠加工业用电、民用电双双不振，电厂存煤处于高位。截至2022年7月7日，全国重点电厂合计存煤9449万吨，日耗476万吨，存煤可用天数20.9天。其中，电厂存煤数较6月末减少了148万吨，但较去年同期增加了3022万吨，如图2-4-8所示。

第5章 煤炭价格

作为能源生产和消费大国，保障我国能源安全，要立足煤炭的能源"压舱石"作用，重点要做好煤炭保供稳价工作。坚持稳中求进、加强统筹协调是做好我国经济工作的重要规律，因而保障国内煤炭供应充足、价格总体稳定，对经济社会发展全局稳定具有重要作用。

5.1 分煤种价格

5.1.1 动力煤价格

2021年初，秦皇岛动力煤（5500大卡）长协价格为581元/吨，年末增长了25.3%。2022年，秦皇岛动力煤（5500大卡）长协价格基本稳定，一直维持在720元/吨上下，如图2-5-1所示。

2022年初环渤海动力煤指数呈现下滑趋势，年末降至737，同比下降5.8%。2012年进入煤炭行业寒冬时期，环渤海动力煤价格指数持续下降，2015年降至427，为2012年以来最低点，2017—2019年基本保持稳定，2021年年末达到十年来最高点，相比2015年增长83.1%。2021年至2022年环渤海动力煤价格指数季度变化趋势如图2-5-2所示。

鄂尔多斯动力煤指数2021年涨幅较大，2022年则呈平稳上升趋势。2021年末鄂尔多斯动力煤指数为763，较年初增长65.9%，2022年末鄂尔多斯动力煤指数较年初增长14.7%。2021—2022年鄂尔多斯动力煤价格指数季度变化趋势如图2-5-3所示。

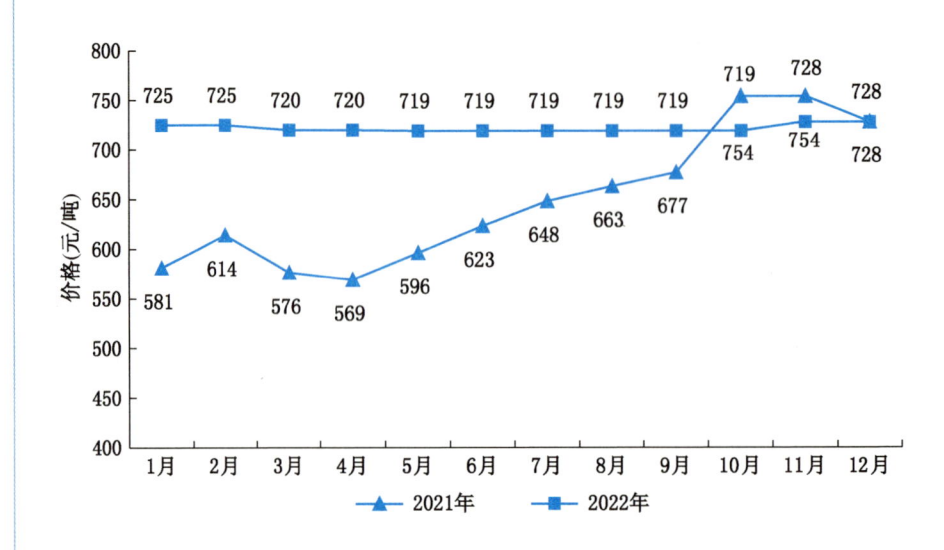

数据来源：中国煤炭市场网

图 2-5-1　2021—2022 年 CCTD 秦皇岛动力煤（5500 大卡）长协价格

数据来源：中国煤炭市场网

图 2-5-2　2021—2022 环渤海动力煤价格指数

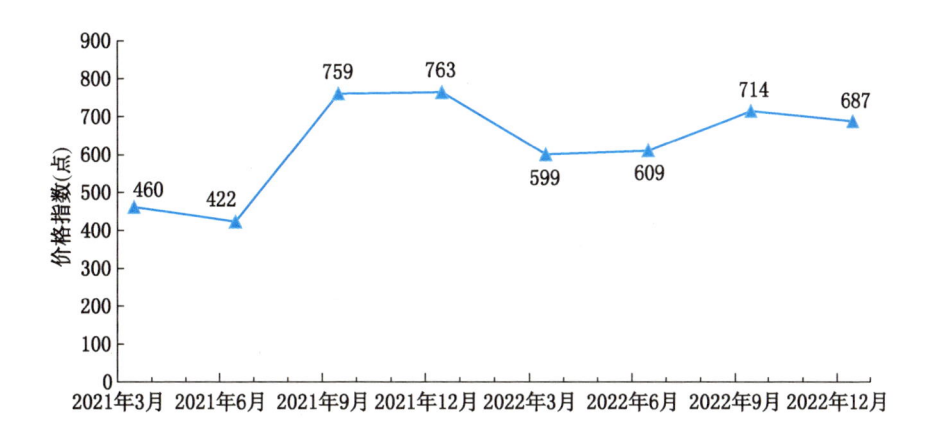

数据来源：中国煤炭市场网

图2-5-3　2021—2022年鄂尔多斯动力煤价格指数

5.1.2　喷吹煤价格

截至2022年12月，本溪有烟喷吹煤（车板价）1868元/吨，与去年同期相比下跌167元/吨，同比下降8.2%。石嘴山有烟喷吹煤（出厂价）2048元/吨，同比下降5.3%。2021—2022年，本溪有烟喷吹煤（车板价）与石嘴山有烟喷吹煤（出厂价）价格变动趋势基本相同，整体呈现波动上升态势，均于2021年底达到峰值。截至2022年12月，长治无烟喷吹煤（车板价）与去年同期相比下跌76元/吨，同比下降3.8%，于2021年末增至十年以来最高点，价格为2020元/吨。2021—2022年各地喷吹煤价格如图2-5-4所示。

5.1.3　焦肥精煤价格

1. 焦精煤

2022年，唐山市和孝义市的焦精煤总体呈波动下降趋势。2022年12月末，孝义市和唐山市焦精煤价格分别为2421元/吨和2590元/吨。具体来看，截至目前，国内焦精煤价格整体呈现先涨后跌态势。其中，唐山市和孝义市的焦精煤价格总体差距不大，孝义市的价格略低于唐山市。唐山市焦精煤由2021年初的1689元/吨上升到2021年12月的

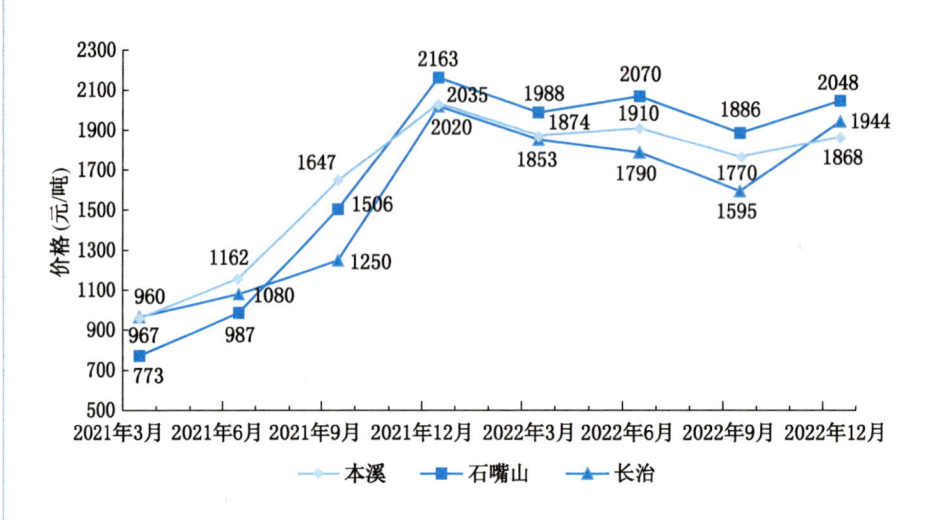

数据来源：中国煤炭市场网

图 2-5-4　2021—2022 年各地喷吹煤价格

3178 元/吨；孝义市由 2021 年初的 1483 元/吨上升到 2021 年 12 月的 3070 元/吨，达到截至目前的最高值，如图 2-5-5 所示。

数据来源：中国煤炭市场网

图 2-5-5　2021—2022 年唐山市及孝义市焦精煤炭车板价

2. 肥精煤

2022 年，临汾市和唐山市肥精煤呈波动下降趋势。2022 年 12 月末，临汾市和唐山市肥精煤分别为 2470 元/吨和 2645 元/吨。具体来看，国内肥精煤价格整体呈现波动上升的趋势。其中，唐山市精煤和临汾市肥精煤价格趋势一致，临汾市肥精煤价格略高于唐山市。其中，2021 年 9 月，临汾市肥精煤价格达到最高点 3266 元/吨；2022 年 6 月，唐山市肥精煤最高价格达到 3222 元/吨，如图 2-5-6 所示。

数据来源：中国煤炭市场网

图 2-5-6　2021—2022 年唐山市及临汾市肥精煤炭车板价

5.2　国际煤炭价格

近年来，国际煤炭市场波折不断，价格也在起伏中上涨。在 2020 年跌至 14 年低点后，动力煤价格在 2021 年强劲反弹。大多数国际动力煤价格在 2021 年 10 月达到历史新高，反映了新冠疫情后的供需失衡。2022 年俄乌冲突爆发后，西方国家对俄罗斯煤炭实施禁运，加上石油天然气供应紧张、煤炭生产国遭遇洪水等因素，共同推高了国际市场的煤炭价格，各大关键煤炭价格一度达到近年来的最高点[1]。澳大利亚纽卡斯尔港、欧洲三港和南非理查德湾的动力煤价格走势呈从低谷快速大幅上涨又回落的态势。

1. 澳大利亚纽卡斯尔港动力煤价格

2022年纽卡斯尔港动力煤均价在359美元/吨左右，相比较2016年的均价66.24美元/吨，增长442.0%。整体来看，2012—2022年澳大利亚纽卡斯尔港动力煤价格整体呈波动上升走势。2020年8月28日，澳大利亚纽卡斯尔港动力煤价格下降到47.99美元/吨，达到历史最低点。之后波动回升，2022年9月9日该价格上涨到452.8美元/吨，创出历史新高，比2020年最低点高出404.81美元/吨，上涨843.5%，2022年12月底回落至402美元/吨，较最高点下降11.2%，如图2-5-7所示。

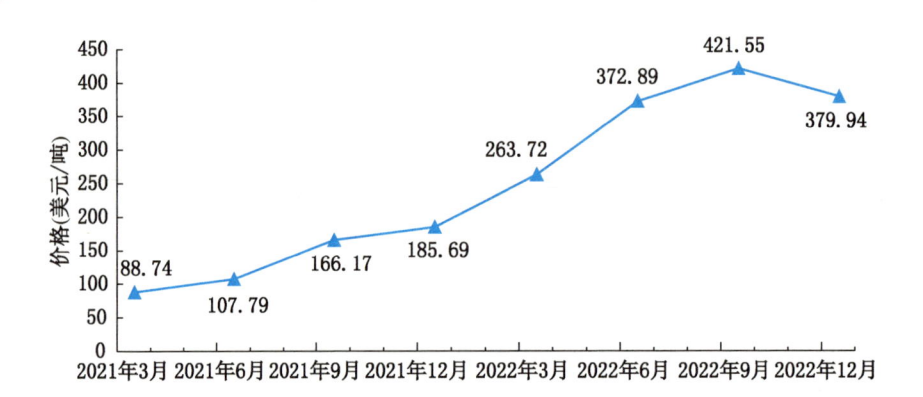

数据来源：中国煤炭市场网

图2-5-7 2021—2022年澳大利亚纽卡斯尔港动力煤价格

2. 欧洲三港动力煤价格

2022年初欧洲三港动力煤价格持续上涨，6月24日该价格上涨到408.9美元/吨，达到历史新高，比2020年最低点上涨981.8%，12月

---

[1] 2022年国际煤价创下历史新高. 2022-12-29. https://mp.weixin.qq.com/s/ysVB3eAALs4bEKIKYTl2Rw.

底回落至 238.5 美元/吨，较最高点下降 41.7%。2022 年欧洲三港动力煤均价在 288.5 美元/吨左右，相比较 2016 年的均价 60.37 美元/吨，增长 377.9%。整体来看，2012—2022 年欧洲三港动力煤价格整体呈波动上升走势，2020 年 5 月 22 日欧洲三港动力煤价格下降到 37.8 美元/吨，达到历史最低点。2021—2022 年欧洲三港动力煤价格如图 2-5-8 所示。

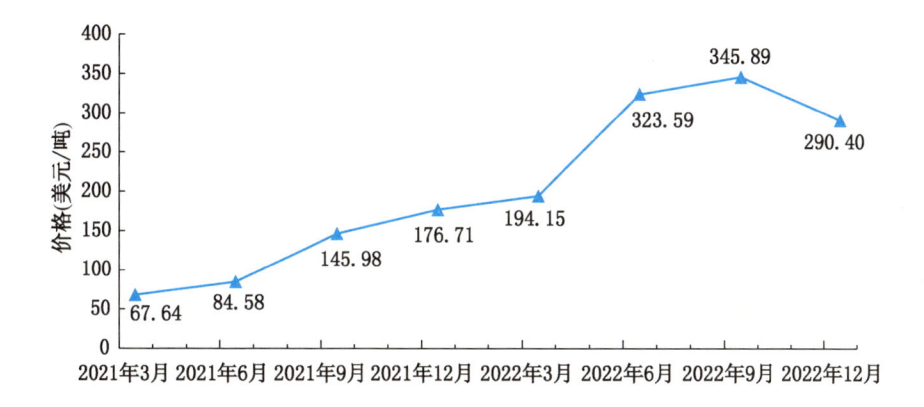

数据来源：中国煤炭市场网

图 2-5-8　2021—2022 年欧洲三港动力煤价格

3. 南非理查德湾动力煤价格

2022 年理查德湾港动力煤价格先升后降，8 月 5 日该价格上涨到 370 美元/吨，创出历史新高，比 2020 年最低点上涨 730.0%，12 月底回落至 188.3 美元/吨。2022 年理查德湾港动力煤均价在 278 美元/吨左右，相比较 2016 年的均价 64.63 美元/吨，增长 330.1%。整体来看，2012—2022 年理查德湾动力煤价格整体呈波动上升走势，2020 年 4 月 24 日南非理查德湾港动力煤价格下降到 44.58 美元/吨，达到历史最低点，之后逐步回升。2021—2022 年南非理查德湾动力煤价格如图 2-5-9 所示。

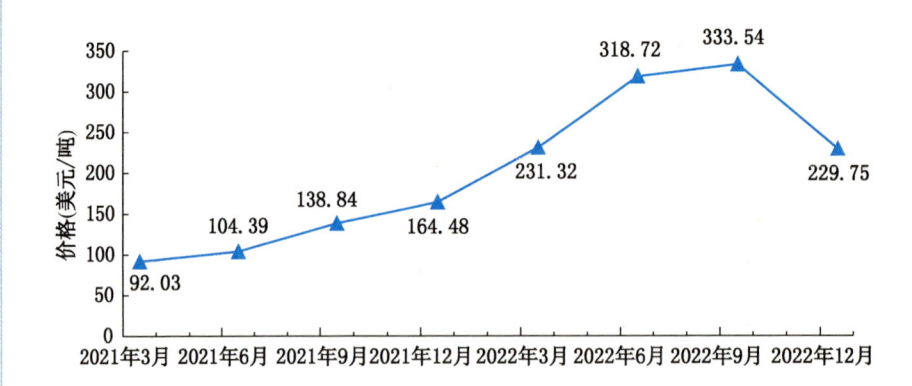

数据来源：中国煤炭市场网

图 2-5-9　2021—2022 年南非理查德湾动力煤价格

第6章 煤炭进出口

2011年，我国成为全球最大的煤炭进口国。2012年以来，受到国际煤价及国内市场供需变化影响，我国煤炭进口一直保持高位，煤炭行业进出口贸易逆差整体呈扩大趋势。2022年，我国煤炭行业贸易逆差规模扩大至413.8亿美元。

6.1 煤炭进口

6.1.1 煤炭进口概况

2022年，我国煤炭进口量2.9亿吨，较上年度下降9.3%，如图2-6-1所示。自2012年以来，我国煤炭进口量增速呈现波动状态，2012年煤

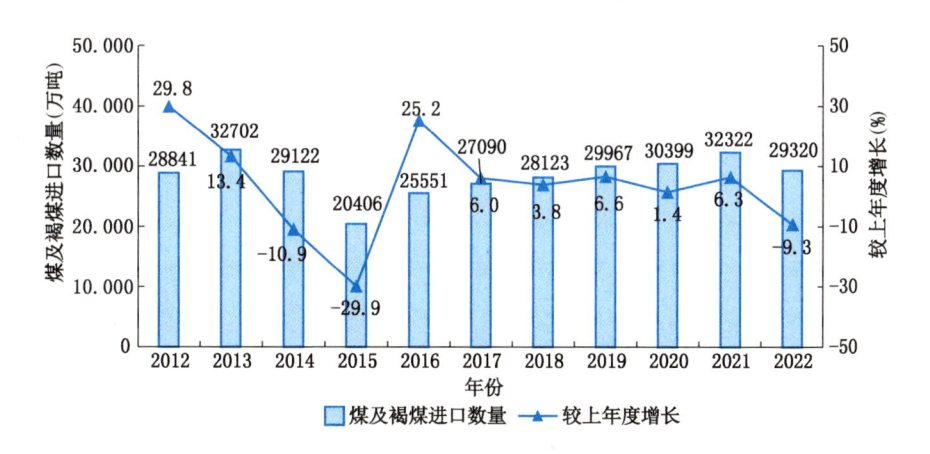

数据来源：根据海关总署发布数据整理

图2-6-1 2012—2022年我国煤炭及褐煤进口量及增长情况

炭进口量较上年度增长29.8%，2015年煤炭进口量较上年度下降29.9%。

2022年，我国煤炭进口额426.2亿美元，较上年度增长18.7%，如图2-6-2所示。自2012年以来，我国煤炭进口额增速呈现波动状态，2012年煤炭进口额较上年度增长20.2%，2015年煤炭进口额较上年度下降45.6%。

数据来源：根据海关总署发布数据整理

图2-6-2 2012—2022年我国煤炭及褐煤进口金额及增长速度

从月度进口量情况看，2022年9月，煤炭进口量达到全年最高峰，为3304.8万吨；2月进口量为全年最低，为1123.0万吨，较1月下降53.5%，如图2-6-3所示。

从月度进口额情况看，2022年11月，煤炭进口额达到全年最高峰，为43.4亿美元，同比下降27.1%；2月进口额全年最低，为17.2亿美元，同比增加21.4%，如图2-6-4所示。

从分煤种进口量情况看，褐煤进口量最多，为13048.5万吨，其次炼焦煤为6383.8万吨，无烟煤、其他煤、其他烟煤的进口量分别为1106.0万吨、3691.0万吨、5103.0万吨。2012年以来，进口量构成变

数据来源：根据海关总署发布数据整理

图 2-6-3　2021—2022 年我国煤炭月度进口量

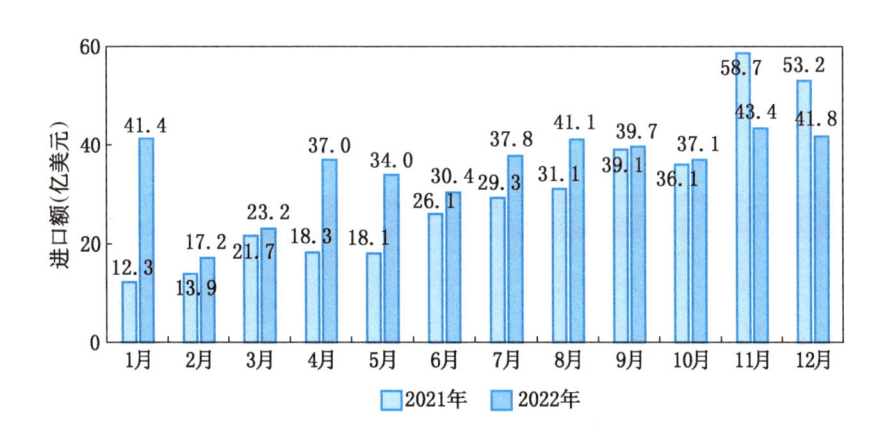

数据来源：根据海关总署发布数据整理

图 2-6-4　2021—2022 年我国煤炭月度进口额

动较大，褐煤占比由 2012 年的 18.8% 上升至 2022 年的 44.5%，其他烟煤占比由 2012 年的 35% 下降至 2022 年的 17.4%，如图 2-6-5 所示。

2022 年，褐煤、炼焦煤 9 月进口量最大，分别为 1590.3 万吨、684.5 万吨；无烟煤 7 月进口量最大，为 164.7 万吨；其他煤 10 月进口

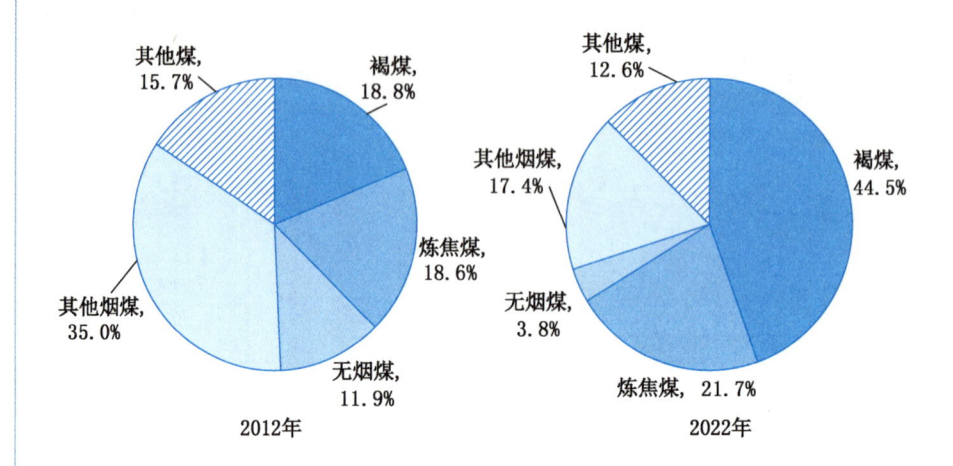

数据来源：根据海关总署数据整理

图 2-6-5 2012 年和 2022 年我国煤炭分煤种进口量情况

量最大，为 515.7 万吨；其他烟煤 1 月进口量最大，为 674.3 万吨，见表 2-6-1。

表 2-6-1 2022 年分煤种进口量　　　　　　　万吨

	褐　煤	炼焦煤	无烟煤	其他煤	其他烟煤
1 月	805.8	551.1	68.4	316.5	674.3
2 月	413.9	298.7	52.8	200.8	156.8
3 月	760.6	376.2	72.7	245.5	187.3
4 月	1187.3	425.6	59.5	357.5	324.9
5 月	999.1	456.5	90.3	191.5	317.5
6 月	875.4	498.3	134.6	116.8	273.1
7 月	1048.0	611.8	164.7	141.6	386.2
8 月	1392.0	640.6	128.1	219.7	565.3
9 月	1590.3	684.5	83.5	450.6	495.9
10 月	1220.7	620.8	71.6	515.7	489.5
11 月	1429.3	573.2	76.1	494.7	658.0
12 月	1326.2	646.5	103.7	440.3	574.1

数据来源：根据海关总署发布数据整理。

2022年，炼焦煤、其他烟煤1月进口额最大，分别为16.4亿美元、11.3亿美元；褐煤9月进口额最大，为13.5亿美元；其他煤11月进口额最大，为6.4亿美元；无烟煤7月进口额最大，为3.6亿美元，见表2-6-2。

表2-6-2 2022年分煤种进口额　　　　　　　　万美元

	炼焦煤	其他烟煤	褐煤	其他煤	无烟煤
1月	164069.2	113060.0	78053.5	44579.9	13933.9
2月	82930.9	24609.4	32770.0	21778.4	10241.2
3月	91589.7	28797.9	66599.4	28889.8	15647.1
4月	115497.4	62076.5	129524.4	52481.3	10642.7
5月	125991.1	52052.5	109655.2	29775.9	22480.0
6月	129125.4	39782.1	88003.4	16734.5	30602.8
7月	156596.6	65070.8	101804.5	18907.4	35981.2
8月	144619.4	82941.8	130983.5	27995.9	24548.1
9月	126970.4	68001.7	134621.7	51489.2	15984.7
10月	119009.4	70536.1	105302.2	61606.7	14430.9
11月	117143.2	104136.6	131841.1	64387.4	16588.0
12月	122296.2	93256.0	121280.7	57519.7	23644.3

数据来源：根据海关总署数据整理。

6.1.2　煤炭进口国别（地区）

2022年，我国煤炭进口国有十多个，其中进口主要来源国有印度尼西亚、俄罗斯、蒙古国、加拿大等。2012年以来，印度尼西亚一直是我国第一大煤炭进口来源国，2022年我国从印度尼西亚进口煤炭17065.4万吨，占进口总量的59.1%，如图2-6-6所示。

6.1.3　煤炭进口煤种

2022年，我国进口煤炭的主要品种为褐煤、炼焦煤、其他烟煤、其他煤。褐煤主要进口国是印度尼西亚、菲律宾和俄罗斯，2022年进口量分别为12180.8万吨、445.2万吨和399.6万吨；炼焦煤主要进

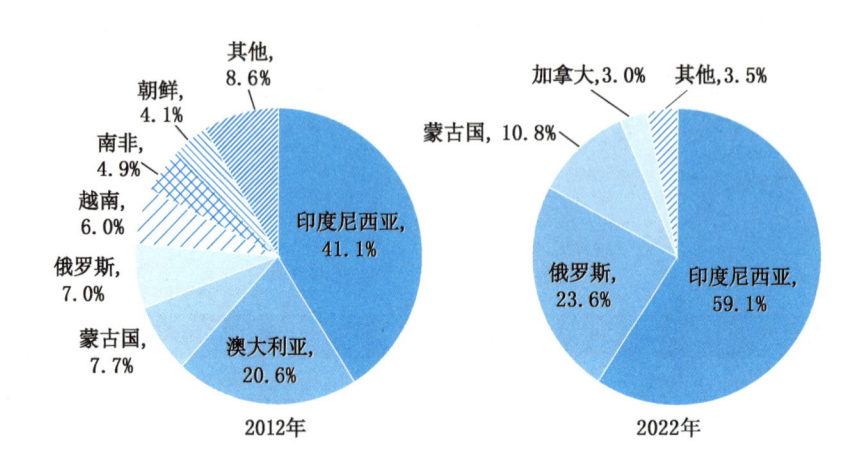

数据来源：根据海关总署数据整理

图 2-6-6 2012 年和 2022 年我国煤炭进口国别和地区

国为蒙古国、俄罗斯和加拿大，其中从俄罗斯的进口量 2022 年比 2021 年增加 95.6%，增长 1026 万吨，从蒙古国的进口量 2022 年比 2021 年增长 82.5%，增长 1157.4 万吨；其他烟煤主要来自俄罗斯和印度尼西亚；其他煤主要来自印度尼西亚。2021 年和 2022 年主要进口国和地区及进口量见表 2-6-3。

表 2-6-3 2021 年和 2022 年主要进口国和地区及进口量　　万吨

国家及地区	褐煤 2021	褐煤 2022	炼焦煤 2021	炼焦煤 2022	其他煤 2021	其他煤 2022	其他烟煤 2021	其他烟煤 2022	无烟煤 2021	无烟煤 2022
印度尼西亚	10771.4	12180.8	251.1	217.2	5510.7	3150.2	3032.8	1517.2	—	—
俄罗斯	221.9	399.5	1073.8	2100.1	235.7	393.5	3276.2	2870.6	891.8	1042.7
蒙古国	41.4	10.3	1403.7	2561.1	41.4	121.0	153.2	409.8	4.6	12.5
菲律宾	848.0	445.1	—	—	—	—	—	—	—	—
老挝	8.9	3.8	—	—	—	—	—	—	0.1	6.6
缅甸	11.6	8.9	—	—	—	—	—	—	—	—
哥伦比亚	—	—	70.6	38.0	14.2	—	334.8	—	—	—
加拿大	—	—	926.7	787.5	—	—	116.6	78.8	—	—

表2-6-3（续） 万吨

国家及地区	褐煤 2021	褐煤 2022	炼焦煤 2021	炼焦煤 2022	其他煤 2021	其他煤 2022	其他烟煤 2021	其他烟煤 2022	无烟煤 2021	无烟煤 2022
美国	—	—	1024.2	436.9	23.2	15.3	12.6	—	—	—
新西兰	—	—	4.4	6.3	—	—	11.0	11.1	—	—
莫桑比克	—	—	97.0	18.7	—	—	—	—	—	—
澳大利亚	—	—	617.4	217.0	—	—	553.7	68.6	—	—
哈萨克斯坦	—	—	8.7	1.2	—	—	45.4	13.5	—	—
吉尔吉斯斯坦	—	—	—	—	0.0252	—	—	10.9	—	0.1
伊朗	—	—	—	—	—	4.0	3.7	26.8	—	0.4
越南	—	—	—	—	—	—	—	—	0.3	10.6
马来西亚	—	—	—	—	—	7.1	—	—	—	—
秘鲁	—	—	—	—	—	—	—	—	17.3	21.3
南非	—	—	—	—	—	—	693.7	95.7	9.9	11.7
阿拉伯联合酋长国	—	—	—	—	—	—	4.3	—	—	—

6.1.4 煤炭进口价格

2022年，我国煤炭进口价格见表2-6-4，平均价格为144.6美元/吨。

表2-6-4 2022年我国煤炭进口价格

煤 种	累计金额（千美元）	累计数量（吨）	吨煤价格（美元/吨）
煤炭：	42414705.6	293324070.9	144.6
褐煤	12304393.8	130484835.8	94.3
炼焦煤	14958389.6	63838416.5	234.3
其他烟煤	8043213.1	51029705.1	157.6
其他煤	4761460.4	36910816.0	129.0
无烟煤	2347248.8	11060297.5	212.2

数据来源：根据海关总署发布数据整理。

6.2 煤炭出口

6.2.1 煤炭出口概况

2022 年，我国煤炭出口量 400.0 万吨。自 2012 年以来，我国煤炭出口量呈现波动下降状态，由 2012 年出口 927.8 万吨，下降至 2022 年出口 400 万吨，如图 2-6-7 所示。

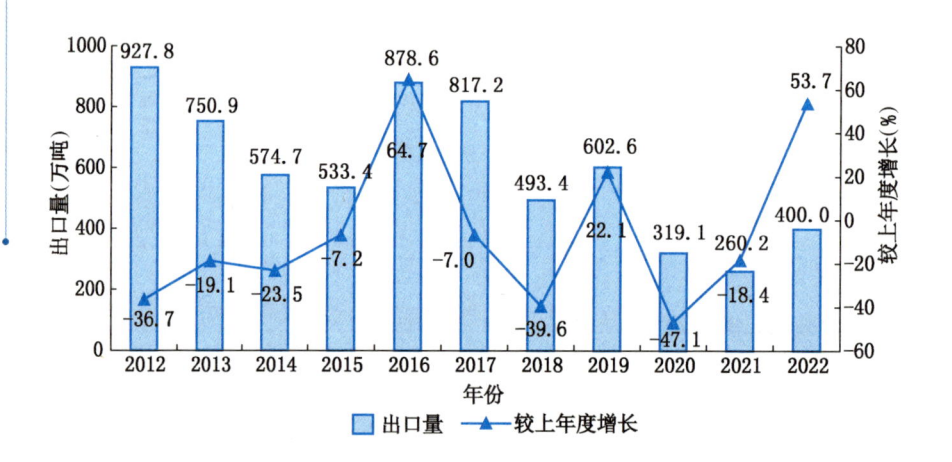

数据来源：根据海关总署数据整理

图 2-6-7 2012—2022 年我国煤炭出口量及增长情况

2022 年，我国煤炭出口额 12.3 亿美元，较上年度增长 144.4%，如图 2-6-8 所示。自 2012 年以来，我国煤炭出口额呈现波动状态，由 2012 年的 15.9 亿美元，下降至 2015 年的 5.0 亿美元，后上升至 2017 年的 11.0 亿美元，后又下降至 2020 年的 4.4 亿美元。

从月度出口量情况看，2022 年 6 月出口量全年最高，为 51.8 万吨；3 月出口量最低，为 6.5 万吨（图 2-6-9）。

从月度出口额情况看，2022 年 12 月煤炭出口额达到全年最高峰，为 3.2 亿美元；3 月出口额全年最低，为 2342.1 万美元（图 2-6-10）。

2022 年，我国出口煤炭的品种主要为无烟煤、其他烟煤和炼焦煤。

数据来源：根据海关总署数据整理

图2-6-8　2012—2022年我国煤炭出口额及增长情况

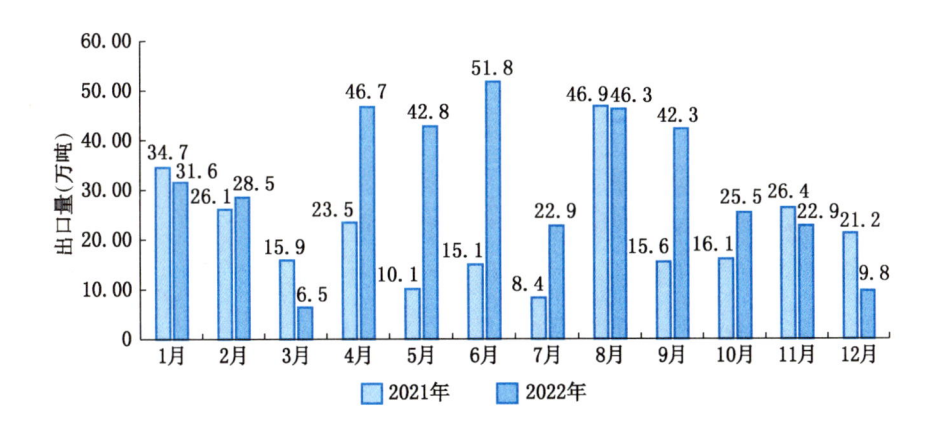

数据来源：根据海关总署数据整理

图2-6-9　2021—2022年我国煤炭月度出口量

其中，无烟煤出口量为200.0万吨，占总出口量的53.0%，所占比重最大；其次为其他烟煤，出口量为149.0万吨，占总出口量的39.5%；炼焦煤出口量为25.3万吨，占总出口量的6.7%。2012年以来，我国无

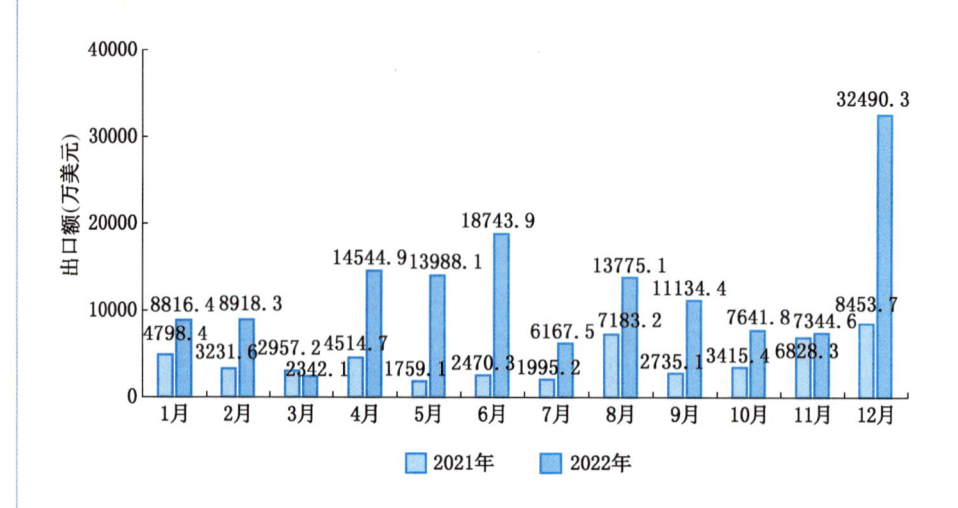

数据来源：根据海关总署数据整理

图2-6-10　2021—2022年我国煤炭月度出口额

烟煤出口比重逐渐上升，由2012年的34.7%上升至2022年的53%，炼焦煤、其他烟煤出口比重逐渐下降，由2012年的14.1%、48.8%分别下降至2022年的6.7%、39.5%（图2-6-11）。

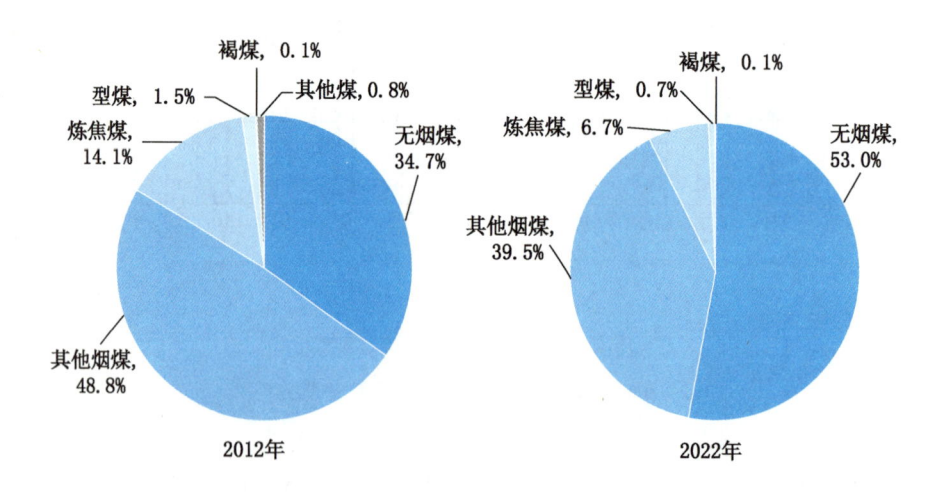

数据来源：根据海关总署发布数据整理

图2-6-11　2012年和2022年我国煤炭分煤种出口量情况

6.2.2 煤炭出口国家（地区）

2022年，我国煤炭出口的国家和地区总数在35个左右，主要出口市场以周边国家（地区）为主，出口量前三名的国家（地区）分别为印度尼西亚、日本、韩国，其出口量之和占总出口量的84.4%，共计318.6万吨。自2012年以来，印度尼西亚先后超越日本、韩国，成为我国煤炭出口的第一出口国（图2-6-12）。

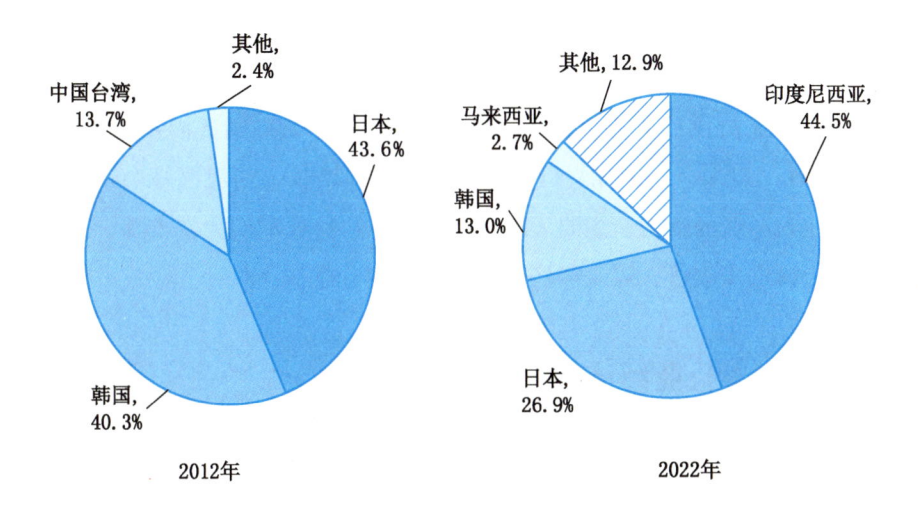

2012年
- 其他，2.4%
- 中国台湾，13.7%
- 日本，43.6%
- 韩国，40.3%

2022年
- 其他，12.9%
- 马来西亚，2.7%
- 韩国，13.0%
- 印度尼西亚，44.5%
- 日本，26.9%

数据来源：根据海关总署数据整理

图2-6-12　2012年和2022年我国煤炭出口国家和地区分布情况

第 7 章 煤炭经济运行

我国煤炭行业深入贯彻落实习近平总书记"夯实国内能源生产基础，保障煤炭供应安全"的重要指示精神和党中央国务院决策部署，"十三五"以来，我国煤炭行业经济效益大幅增长，为我国社会经济的发展注入了新的活力，主要表现为行业收入、行业利润大幅上涨，主要效率指标逐步改善，煤炭经济运行总体平稳有序。

7.1 煤炭行业经济运行

7.1.1 营业收入

2022 年，全国规模以上煤炭企业营业收入 40222.2 亿元，较 2021 年增长 22.3%。整体来看，2012—2016 年，我国规模以上煤炭企业营业收入呈现明显下降趋势，2016 年较 2012 年下降 34.4%；2016—2020 年出现小幅波动，我国规模以上煤炭企业营业收入于 2017 年同比增长 11.4% 后又开始下降，2020 年降至 20002 亿元；2020—2022 年我国规模以上煤炭企业营业收入又快速回升，如图 2-7-1 所示。

7.1.2 行业成本

我国煤炭生产成本总体呈上涨趋势。2022 年我国规模以上煤炭企业营业成本达 24117.4 亿元，较 2016 年上涨 37.8%。"十三五"以来，我国规模以上煤炭企业营业成本呈波动上升趋势。2016 年，我国规模以上煤炭企业营业成本 17496.8 亿元，2017 年同比增长 16.8%，2018—2019 年基本保持稳定，继 2020 年短暂下降后我国规模以上煤炭

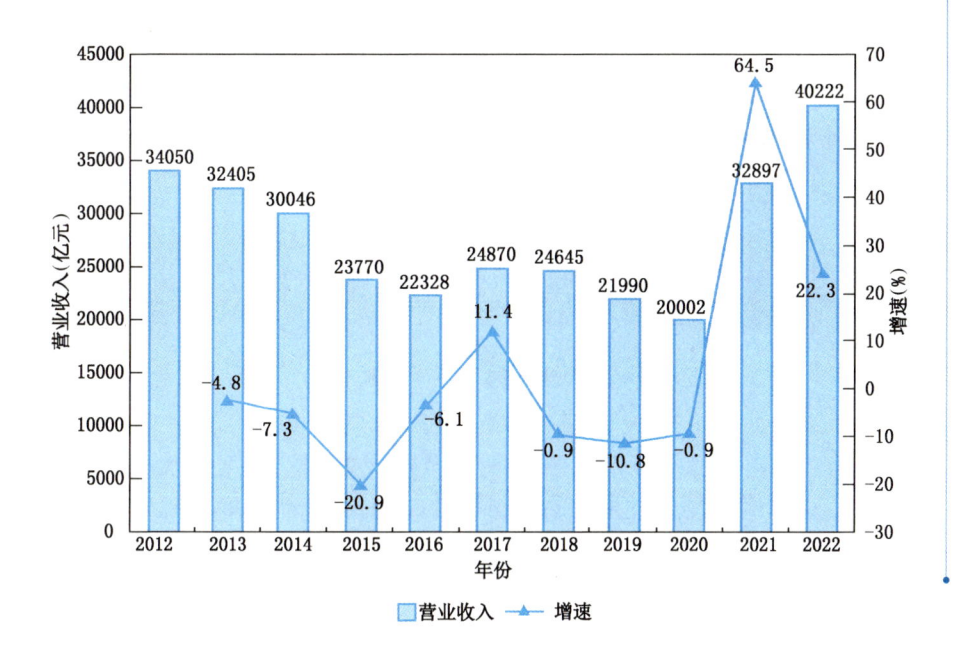

数据来源：根据国家统计局数据分析整理

图 2-7-1　2012—2022 年全国规模以上煤炭企业营业收入情况

企业营业成本开始逐渐上升，如图 2-7-2 所示。近年我国规模以上煤炭企业营业成本的上升主要归因于以下几点：一是随着开采深度增加，煤炭生产成本刚性增长；二是生产材料和各种生产要素的价格上涨；三是矿业权资源价款大幅增加导致成本的上升；四是信息化智能化建设安全改造成本上升；五是近年来我国对生态环保投入的加大；六是工人工资上涨导致人力资源成本升高。

7.1.3　行业利润

2022 年，我国规模以上煤炭企业利润总额大幅提升至 10200 亿元，同比增长达 45.2%。具体来看，自 2012 年以来，我国规模以上煤炭企业利润总额总体呈波动上升趋势（图 2-7-3），其中，2015 年因煤炭价格最低导致该年企业利润总额最低，2017—2020 年煤炭价格稳定，企

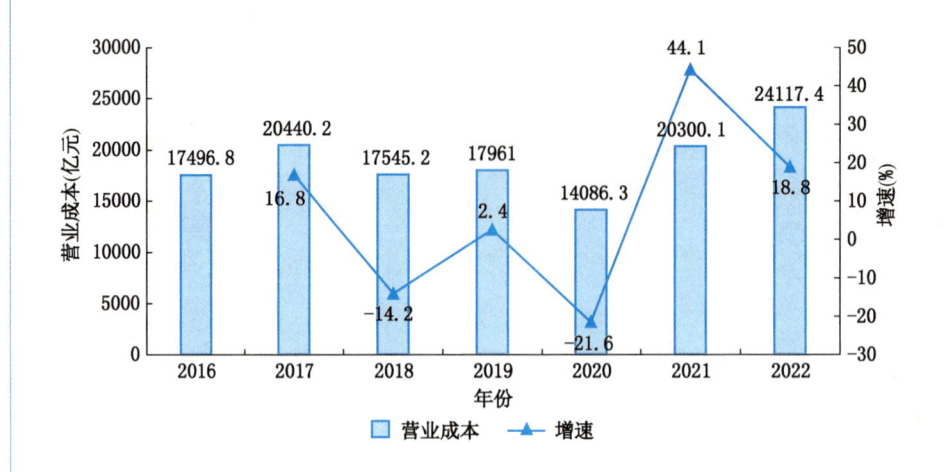

数据来源：根据国家统计局数据分析整理

图 2-7-2　2016—2022 年全国规模以上煤炭企业营业成本情况

数据来源：中国煤炭工业协会

图 2-7-3　2012—2022 年全国规模以上煤炭企业利润总额

业利润总额变化平稳；2021 年下半年，受国际能源产品和大宗物资价格大幅上涨影响，煤炭价格波动上升。为促进煤炭经济平稳运行，国家有关部门出台相关政策，发电用煤等主要品种价格实现平稳运行。2022年，商品煤综合售价稳中有升，行业利润总额增长。

7.1.4 固定资产投资

2022年，我国煤炭开采及洗选业固定资产投资增幅进一步扩大至24.4%。具体来看，自2012年以来，我国煤炭开采及洗选业固定资产投资总体呈先降后升的趋势（图2-7-4）。2020年略有下降，2021年煤炭开采和洗选业固定资产投资完成额达4010亿元，同比增速为11.1%。

数据来源：根据国家统计局数据分析整理

图2-7-4 2012—2022年煤炭开采和洗选业固定资产投资及同比增速

7.1.5 资产负债率

2022年，全国规模以上煤炭企业资产负债率为60.7%，较上年度同期的64.9%降低了4.2个百分点。2012—2022年全国规模以上煤炭企业资产负债率呈现先升后降走势，如图2-7-5所示。

7.1.6 主要效率指标

目前，我国经济发展已经进入了新时代，基本特征就是已由高速增长阶段转向高质量发展阶段，而不断推进供给侧结构性改革则是引领经济高质量发展的应有之意。作为我国工业的能源基石，煤炭行业的供给侧改革意义深远。"十三五"以来，我国煤炭行业供给侧改革已初具成效，行业整体效益逐步回升，主要效率指标逐步改善。

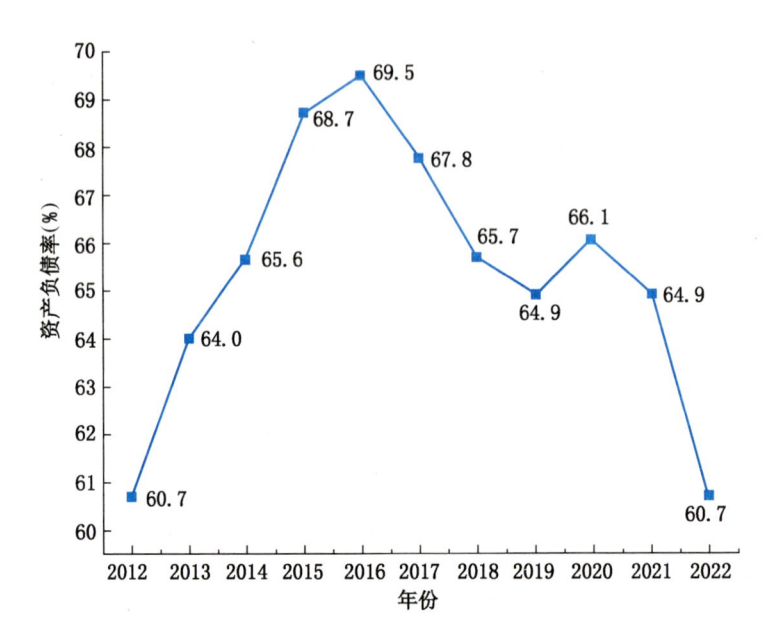

数据来源：中国煤炭工业协会

图 2-7-5　2012—2022 年全国规模以上煤炭企业资产负债率

生产工艺稳步提升。截至 2022 年，大型煤炭企业回采工作面单产达到 89735 吨，同比去年上升 0.9%。2016—2020 年，大型煤炭企业回采工作面单产量小幅波动，平均稳定在 80000 吨左右，如图 2-7-6 所示。

综合能耗下降。2022 年，大型煤炭企业原煤生产综合能耗达到 9.7 千克标准煤/吨，比 2016 年下降约 17.9 个百分点。2016—2021 年大型煤炭企业原煤生产综合能耗逐步减少、大型煤炭企业原煤生产电耗逐步增加，如图 2-7-7 所示。

原煤生产人员效率提升。截至 2022 年，大型煤炭企业从业人员 215.23 万人，比 2016 年减少 85.29 万人，下降 28.4%；2022 年大型煤炭企业原煤生产人员效率达到 8.92 吨/工，较 2021 年的 8.79 吨/工，提高 1.5%，如图 2-7-8 所示。

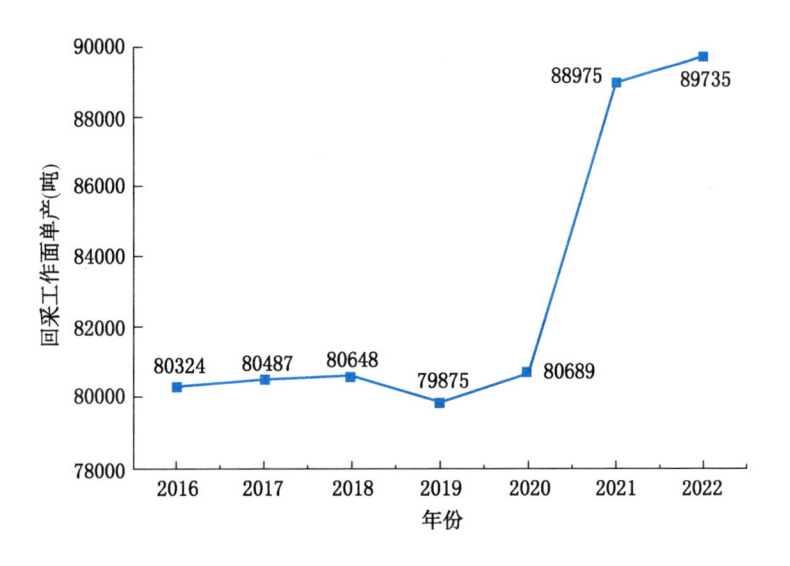

数据来源：煤炭行业发展年度报告

图 2-7-6　2016—2021 年生产工艺指标变化情况

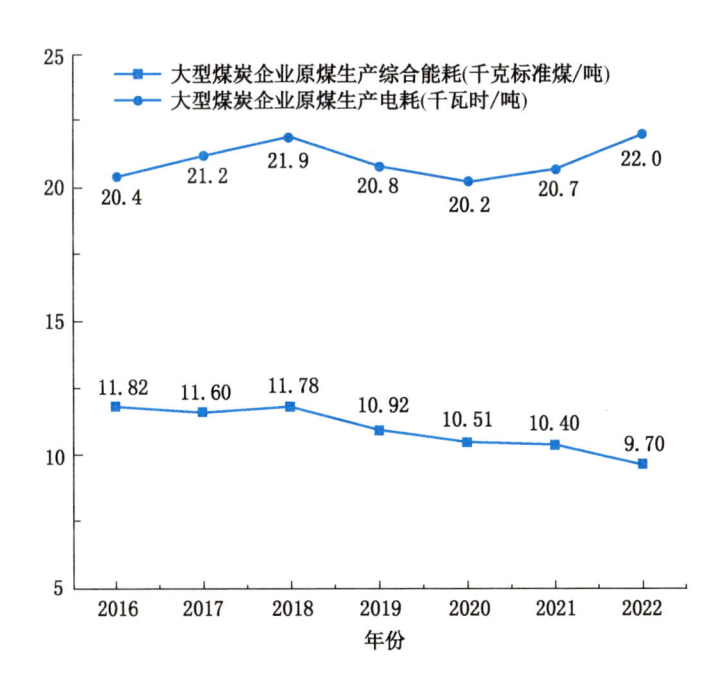

数据来源：煤炭行业发展年度报告

图 2-7-7　2016—2022 年大型煤炭企业原煤生产综合能耗变化情况

数据来源：煤炭行业发展年度报告

图 2-7-8 2016—2022 年大型煤炭企业从业人员、
原煤生产人员效率变化情况

7.2 煤炭上市公司经济运行

7.2.1 2022 年概况

1. 区域分布集中

2022 年煤炭行业上市公司 37 家，占沪深两市上市公司总数的 0.74%，主要分布于山西、北京、河南、安徽、河北等地，具体如图 2-7-9 所示。其中，山西、北京、河南、河北四地区的上市公司数占煤炭上市公司总数的 68%。

2. 市值同比增加

2022 年煤炭上市公司市值总计 16883 亿元，占沪深两市上市公司总市值的 2.14%。其中，五千亿元以上市值公司有 1 家，为中国神华；1000 亿~4999 亿元市值公司有 3 家，分别为兖矿能源、陕西煤业、中煤能源；500 亿~999 亿元市值公司 2 家，分别为广汇能源、潞安环能；

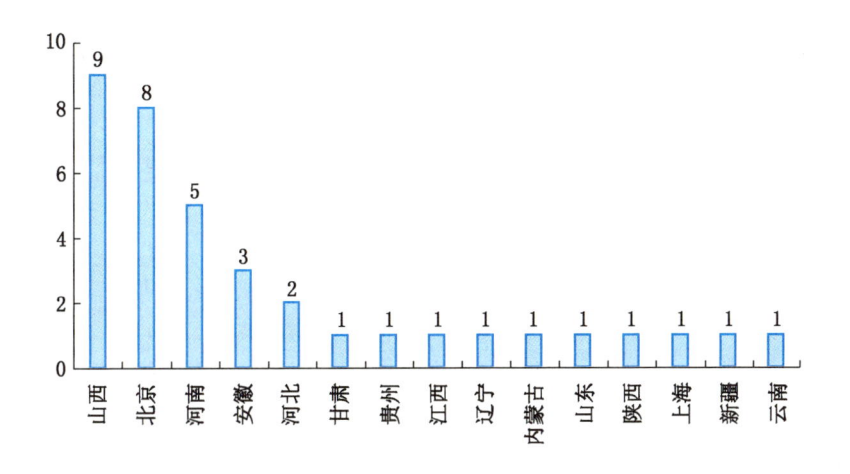

数据来源：wind

图2-7-9　煤炭行业上市公司地域分布情况

100亿~499亿元市值公司19家，100亿元以下市值公司12家，具体见表2-7-1。

表2-7-1　2021—2022年煤炭行业上市公司市值　　　亿元

序号	公司名称	2021年	2022年	序号	公司名称	2021年	2022年
1	中国神华	4739	5914	13	平煤股份	197	250
2	兖矿能源	1189	1831	14	电投能源	285	237
3	陕西煤业	1183	1801	15	冀中能源	195	225
4	中煤能源	883	1254	16	天地科技	181	215
5	广汇能源	429	592	17	郑煤机	211	201
6	潞安环能	338	504	18	晋控煤业	161	200
7	山西焦煤	339	477	19	兰花科创	107	152
8	华阳股份	285	343	20	盘江股份	120	144
9	神火股份	205	337	21	山西焦化	159	139
10	淮北矿业	277	318	22	大有能源	101	110
11	伊泰煤炭	165	292	23	新集能源	118	109
12	山煤国际	163	287	24	开滦股份	113	108

表 2-7-1（续） 亿元

序号	公司名称	2021年	2022年	序号	公司名称	2021年	2022年
25	上海能源	82	104	32	郑州煤电	58	61
26	淮河能源	93	94	33	辽宁能源	50	51
27	昊华能源	89	89	34	创力集团	39	35
28	恒源煤电	78	86	35	云煤能源	41	34
29	蓝焰控股	90	84	36	安源煤业	29	30
30	甘肃能化	81	79	37	龙软科技	41	23
31	阳煤化工	122	75	38	总计	13036	16883

数据来源：wind。

3. 经营情况向好

1）营业收入同比明显增加

2022年煤炭上市公司营业总收入1.74万亿元，同比增长11.6%。2022年营业收入前三家公司分别为中国神华3445亿元、中煤能源2206亿元、兖矿能源2008亿元、陕西煤业1668亿元；营业收入增速前三家公司分别是广汇能源、山西焦煤、郑州煤电，增速分别是138.9%、43.9%、37.7%。另外，2022年营收增速为正的公司有29家，营收增速为负的公司有8家，见表2-7-2。

表 2-7-2　2021—2022年煤炭行业上市公司营业收入　　亿元

公司名称	2021年	2022年	同比增速	公司名称	2021年	2022年	同比增速
中国神华	3352.2	3445.3	2.8%	山煤国际	480.5	463.9	-3.5%
中煤能源	2311.3	2205.8	-4.6%	神火股份	344.5	427.0	24.0%
兖矿能源	1519.9	2008.3	32.1%	平煤股份	297.0	360.4	21.4%
陕西煤业	1522.7	1668.5	9.6%	冀中能源	314.2	360.4	14.7%
淮北矿业	650.4	692.3	6.4%	华阳股份	380.1	350.4	-7.8%
山西焦煤	452.9	651.8	43.9%	郑煤机	292.9	320.4	9.4%
伊泰煤炭	506.8	606.5	19.7%	天地科技	235.7	274.2	16.3%
广汇能源	248.7	594.1	138.9%	电投能源	246.5	267.9	8.7%
潞安环能	451.5	543.0	20.3%	开滦股份	223.5	260.0	16.3%

表2-7-2（续）　　　　　　　　　　　　　　　　　　亿元

公司名称	2021年	2022年	同比增速	公司名称	2021年	2022年	同比增速
淮河能源	227.8	253.6	11.3%	安源煤业	93.8	89.2	-5.0%
阳煤化工	187.4	170.4	-9.1%	大有能源	79.1	85.9	8.6%
晋控煤业	182.7	160.8	-12.0%	恒源煤电	67.5	83.9	24.3%
兰花科创	128.6	141.6	10.1%	云煤能源	61.0	75.4	23.6%
上海能源	101.6	126.3	24.4%	辽宁能源	59.2	66.2	11.9%
甘肃能化	100.2	122.6	22.3%	郑州煤电	32.1	44.2	37.7%
山西焦化	112.3	120.8	7.6%	创力集团	26.1	26.1	-0.2%
新集能源	124.9	120.0	-3.9%	蓝焰控股	19.8	25.0	26.5%
盘江股份	97.3	118.4	21.8%	龙软科技	2.9	3.7	25.4%
昊华能源	83.7	92.9	11.0%	合计	15619	17427	11.6%

数据来源：wind。

2）净利润明显增长

2022年煤炭上市公司净利润总额为2750亿元，同比增长55.7%。2022年净利润排名前三家公司分别为中国神华696亿元、陕西煤业351亿元、兖矿能源308亿元，同比分别增长38.5%、66.1%、89.3%。2022年仅有7家上市公司净利润出现同比下降，仅两家上市公司净利润为负，分别为安源煤业和云煤能源，见表2-7-3。

表2-7-3　2021—2022年煤炭行业上市公司净利润　　亿元

公司名称	2021年	2022年	同比增速	公司名称	2021年	2022年	同比增速
中国神华	502.69	696.26	38.5%	山西焦煤	41.66	107.22	157.4%
陕西煤业	211.40	351.23	66.1%	神火股份	32.34	75.71	134.1%
兖矿能源	162.59	307.74	89.3%	华阳股份	35.34	70.26	98.8%
中煤能源	132.82	182.41	37.3%	淮北矿业	47.80	70.10	46.7%
潞安环能	67.08	141.68	111.2%	山煤国际	49.38	69.81	41.4%
广汇能源	50.03	113.38	126.6%	平煤股份	29.22	57.25	95.9%
伊泰煤炭	86.43	109.75	27.0%	冀中能源	27.39	44.58	62.8%

表2-7-3（续） 亿元

公司名称	2021年	2022年	同比增速	公司名称	2021年	2022年	同比增速
电投能源	35.60	39.87	12.0%	大有能源	12.89	15.55	20.6%
兰花科创	23.53	32.24	37.0%	昊华能源	20.14	13.44	-33.3%
甘肃能化	17.34	31.69	82.8%	蓝焰控股	3.05	5.63	84.6%
晋控煤业	46.58	30.44	-34.7%	创力集团	3.08	4.04	31.2%
山西焦化	12.60	25.82	104.9%	淮河能源	4.36	3.47	-20.4%
郑煤机	19.48	25.38	30.3%	辽宁能源	0.27	1.95	632.5%
恒源煤电	13.87	25.13	81.2%	龙软科技	0.63	0.80	26.9%
盘江股份	11.72	21.94	87.2%	阳煤化工	4.32	0.70	-83.8%
新集能源	24.34	20.64	-15.2%	郑州煤电	-2.15	0.68	—
天地科技	16.20	19.52	20.5%	安源煤业	0.55	-0.77	-238.8%
开滦股份	18.15	18.51	2.0%	云煤能源	-0.30	-1.81	—
上海能源	3.73	17.40	366.5%	合计	1766.15	2749.64	55.7%

数据来源：wind。

3）资产负债率下降

资产方面。2022年煤炭上市公司资产合计数为2.75万亿元，同比增长7.1%。2022年资产排名前三家公司分别为：中国神华6217亿元、中煤能源3401亿元、兖矿能源2958亿元，同比分别增长2.5%、5.7%、2.5%。

负债方面。2022年煤炭上市公司负债合计数为1.26万亿元，同比下降1.5%。2022年负债额排名前三家公司分别为中煤能源1751亿元、兖矿能源1677亿元、中国神华1625亿元，同比增长-2.4%、-12.7%、0.7%。

资产负债率方面。根据煤炭上市公司的总资产、总负债，计算可得2022年总体的资产负债率为45.8%，同比2021年下降4.1个百分点。分公司来看，37家煤炭上市公司中，2022年资产负债率同比增加的有8家，占比21.6%；同比下降的有29家，占比78.4%，如

表 2 - 7 - 4。

表 2 - 7 - 4　2021—2022 年煤炭行业上市公司资产负债率

公司名称	2021 年	2022 年	同比增幅	公司名称	2021 年	2022 年	同比增幅
云煤能源	45.0%	65.4%	20.5%	盘江股份	61.2%	58.1%	-3.1%
甘肃能化	38.7%	51.0%	12.2%	淮河能源	38.8%	35.7%	-3.1%
昊华能源	51.3%	54.0%	2.6%	大有能源	64.4%	61.2%	-3.2%
安源煤业	92.9%	94.7%	1.8%	上海能源	40.5%	37.2%	-3.3%
龙软科技	17.9%	19.1%	1.2%	平煤股份	69.9%	66.6%	-3.3%
郑煤机	57.3%	57.9%	0.6%	中煤能源	55.7%	51.5%	-4.3%
冀中能源	51.0%	51.6%	0.6%	新集能源	68.0%	63.2%	-4.8%
阳煤化工	72.1%	72.6%	0.6%	蓝焰控股	59.3%	54.4%	-4.9%
中国神华	26.6%	26.1%	-0.5%	华阳股份	63.1%	57.7%	-5.5%
恒源煤电	43.4%	42.9%	-0.5%	兰花科创	55.1%	49.6%	-5.5%
郑州煤电	81.3%	80.7%	-0.7%	晋控煤业	55.8%	49.8%	-6.0%
天地科技	44.0%	42.3%	-1.7%	山西焦煤	63.1%	55.0%	-8.1%
开滦股份	47.6%	45.8%	-1.7%	神火股份	73.1%	65.0%	-8.2%
淮北矿业	56.7%	54.8%	-1.9%	兖矿能源	66.6%	56.7%	-9.9%
陕西煤业	38.2%	35.9%	-2.3%	山煤国际	68.8%	58.7%	-10.1%
辽宁能源	66.8%	64.5%	-2.3%	伊泰煤炭	46.3%	36.0%	-10.3%
山西焦化	39.8%	37.5%	-2.3%	广汇能源	65.2%	53.5%	-11.7%
电投能源	37.6%	35.2%	-2.4%	潞安环能	64.8%	48.1%	-16.7%
创力集团	48.7%	46.0%	-2.7%				

数据来源：wind。

4）资产盈利能力进一步增强

净资产收益率数据显示，2022 年 37 家煤炭上市公司中，7 家公司的净资产收益率出现同比下降，30 家公司出现同比增长，见表 2 - 7 - 5。同比增幅最大的两家公司为神火股份和甘肃能化，增幅均达到 19.9%。

表2-7-5 2021—2022年煤炭行业上市公司净资产收益率

公司名称	2021年	2022年	同比增幅	公司名称	2021年	2022年	同比增幅
神火股份	37.6%	57.5%	19.9%	辽宁能源	0.5%	3.7%	3.2%
甘肃能化	8.4%	28.3%	19.9%	创力集团	10.3%	13.2%	2.9%
广汇能源	26.8%	45.1%	18.3%	兰花科创	19.8%	22.6%	2.8%
郑州煤电	-12.7%	4.2%	16.9%	中煤能源	12.3%	14.9%	2.6%
山西焦煤	20.2%	36.7%	16.6%	大有能源	17.3%	19.3%	2.0%
平煤股份	17.1%	29.2%	12.1%	郑煤机	14.1%	15.7%	1.7%
潞安环能	22.0%	34.0%	12.0%	龙软科技	11.8%	13.3%	1.5%
华阳股份	19.4%	31.4%	11.9%	天地科技	8.8%	9.9%	1.2%
上海能源	3.6%	15.4%	11.8%	伊泰煤炭	23.4%	24.3%	0.9%
兖矿能源	27.8%	38.7%	10.9%	电投能源	18.8%	18.2%	-0.6%
恒源煤电	14.5%	23.2%	8.7%	开滦股份	14.3%	13.3%	-1.0%
山西焦化	10.8%	19.4%	8.6%	淮河能源	4.5%	3.5%	-1.0%
山煤国际	43.6%	52.1%	8.5%	云煤能源	-0.9%	-5.5%	-4.7%
陕西煤业	27.2%	35.3%	8.0%	阳煤化工	7.5%	1.2%	-6.3%
冀中能源	13.6%	21.4%	7.8%	昊华能源	23.3%	13.4%	-10.0%
盘江股份	16.5%	22.2%	5.7%	新集能源	29.8%	19.6%	-10.2%
蓝焰控股	6.7%	11.4%	4.7%	安源煤业	7.8%	-12.4%	-20.2%
中国神华	13.6%	18.1%	4.4%	晋控煤业	48.6%	23.0%	-25.5%
淮北矿业	19.7%	23.1%	3.5%				

数据来源：wind。

7.2.2 "十三五"以来煤炭上市公司快速发展

2016年供给侧结构性改革启动。2016年2月5日，国务院印发了《国务院关于煤炭行业化解过剩产能实现脱困发展的意见》（国发〔2016〕7号），要求从2016年开始，用3～5年的时间，再退出煤炭产能5亿吨左右、减量重组5亿吨左右，进而化解过剩产能、优化产业结构、推动企业转型升级。在一系列供给侧结构性改革政策作用下，煤炭企业扭转了从 2012 年以来业绩逐年下滑的趋势，煤炭行业迎来发展的黄金机遇期，煤炭上市公司呈现出规模持续扩大、质量不断提升、多元化稳步推进的发展趋势。

1. 企业规模持续扩大

1）营业收入大幅提升

供给侧结构性改革以来煤炭行业上市公司发展迅速，37 家上市公司营业收入总和从 2016 年的 6842 亿元增长到 2022 年的 17427 亿元，增幅达到 154.7%，而同时期国内 GDP 增幅为 62.1%，如图 2-7-10 所示。

数据来源：wind

图 2-7-10　2016—2022 年煤炭上市公司间营业收入与 GDP 增速变化情况

根据表 2-7-6，37 家上市公司中有 34 家在此期间实现营业收入增长，其中广汇能源、郑煤机和陕西煤业营收增幅均超过 400%。2022 年营业收入过千亿的煤炭行业上市公司有 4 家，营业收入超过 500 亿元的上市公司有 9 家。而 2016 年营业收入过千亿和超过 500 亿元的煤炭行业上市公司分别为 2 家和 3 家，以上数据显示供给侧结构性改革以来，煤炭行业上市公司普遍进入快速发展周期，尤其是行业头部企业规模化发展成效明显。

表2-7-6 2016年和2022年煤炭行业上市公司间营业收入对比

亿元

公司名称	2016年	2022年	期间增幅	公司名称	2016年	2022年	期间增幅
中国神华	1831.3	3445.3	88.1%	阳煤化工	165.9	170.4	2.7%
中煤能源	606.6	2205.8	263.6%	晋控煤业	73.9	160.8	117.6%
兖矿能源	1022.8	2008.3	96.3%	兰花科创	43.6	141.6	224.8%
陕西煤业	331.3	1668.5	403.6%	上海能源	51.8	126.3	143.9%
淮北矿业	—	692.3	—	甘肃能化	29.8	122.6	311.7%
山西焦煤	196.1	651.8	232.4%	山西焦化	40.4	120.8	199.0%
伊泰煤炭	223.2	606.5	171.8%	新集能源	54.0	120.0	122.1%
广汇能源	41.9	594.1	1316.5%	盘江股份	39.1	118.4	202.6%
潞安环能	142.3	543.0	281.6%	昊华能源	51.0	92.9	82.0%
山煤国际	491.6	463.9	-5.6%	安源煤业	32.6	89.2	173.4%
神火股份	169.0	427.0	152.7%	大有能源	51.8	85.9	65.8%
平煤股份	153.6	360.4	134.6%	恒源煤电	46.3	83.9	81.3%
冀中能源	136.4	360.4	164.3%	云煤能源	33.8	75.4	123.4%
华阳股份	187.0	350.4	87.4%	辽宁能源	71.6	66.2	-7.6%
郑煤机	36.3	320.4	783.0%	郑州煤电	94.9	44.2	-53.4%
天地科技	129.4	274.2	111.9%	创力集团	9.0	26.1	189.5%
电投能源	55.0	267.9	387.1%	蓝焰控股	12.5	25.0	100.0%
开滦股份	117.3	260.0	121.7%	龙软科技	0.8	3.7	362.0%
淮河能源	67.5	253.6	275.4%	总计	6841.5	17427.0	154.7%

数据来源：wind。

2）市值规模增长显著

37家煤炭行业上市公司市值总和从2016年的9241.0亿元增长到2022年的16883.4亿元，增幅达到82.7%，而同期沪深300指数增幅约为17%（图2-7-11）。

图 2-7-11 煤炭行业上市公司 2016—2022 年间市值情况

另根据表 2-7-7，2016—2022 年 37 家上市公司中仅有 8 家在此期间出现市值规模下滑的情况，而陕西煤业、兖矿能源、山煤国际、神火股份的市值增长幅度均超过了 200%。2022 年市值规模达到千亿以上的煤炭行业上市公司有 4 家，500 亿以上的上市公司有 6 家；而 2016 年市值规模超过千亿和 500 亿的上市公司分别为 1 家和 3 家。市值规模扩大，资本实力增强体现了煤炭行业上市公司规模增长、发展成果显著。

表 2-7-7　2016 年、2022 年煤炭行业上市公司市值对比　　亿元

公司名称	2016 年	2022 年	期间增幅	公司名称	2016 年	2022 年	期间增幅
中国神华	3554.1	5913.7	66.4%	山西焦煤	266.6	477.2	79.0%
兖矿能源	503.9	1830.6	263.3%	华阳股份	161.9	342.7	111.7%
陕西煤业	485.0	1801.3	271.4%	神火股份	105.5	336.8	219.3%
中煤能源	802.4	1254.2	56.3%	淮北矿业	—	317.6	—
广汇能源	243.8	592.2	142.9%	伊泰煤炭	181.1	291.6	61.0%
潞安环能	240.8	504.1	109.3%	山煤国际	80.7	287.3	256.0%

表 2-7-7（续） 亿元

公司名称	2016 年	2022 年	期间增幅	公司名称	2016 年	2022 年	期间增幅
平煤股份	115.0	250.3	117.6%	淮河能源	224.7	93.7	-58.3%
电投能源	140.6	237.1	68.7%	昊华能源	80.2	89.0	11.0%
冀中能源	238.2	224.7	-5.6%	恒源煤电	62.7	85.9	37.0%
天地科技	205.7	215.2	4.6%	蓝焰控股	53.3	84.1	57.7%
郑煤机	114.5	201.1	75.6%	甘肃能化	86.7	78.7	-9.2%
晋控煤业	102.3	200.2	95.8%	阳煤化工	67.5	74.6	10.6%
兰花科创	91.9	152.4	65.8%	郑州煤电	55.3	61.4	11.0%
盘江股份	133.6	144.3	8.0%	辽宁能源	143.8	50.6	-64.8%
山西焦化	60.6	138.6	128.8%	创力集团	66.0	35.1	-46.9%
大有能源	136.3	110.2	-19.1%	云煤能源	57.3	34.4	-40.1%
新集能源	122.3	108.5	-11.2%	安源煤业	51.1	30.0	-41.3%
开滦股份	88.3	107.7	21.9%	龙软科技	—	22.8	—
上海能源	78.5	103.6	32.0%	总计	16883.4	9241.0	82.7%

数据来源：wind。

2. 发展质量不断提升

1）净利润大幅增长

2016—2022 年，37 家煤炭行业上市公司净利润总和从 2016 年的 338.85 亿元增长到 2022 年的 2749.64 亿元，增幅达到 711.5%，而同期上市公司平均利润增幅为 81.2%。2017 年、2021 年和 2022 年煤炭行业上市公司整体净利润同比增速都在 50% 以上，显示行业进入高度景气的发展周期，如图 2-7-12 所示。

根据表 2-7-8 显示，2016—2022 年，37 家上市公司中有 35 家在此期间实现净利润增长，其中陕西煤业、中煤能源、淮北矿业、郑煤机、天地科技、龙软科技更是实现了净利润连续六年增长。2022 年净利润超过百亿的煤炭行业上市公司有 8 家，而 2016 年净利润超过百亿的上市公司仅有 1 家，显示近年来煤炭行业上市公司盈利水平大幅提升。

数据来源：wind

图 2-7-12　煤炭行业上市公司净利润合计表（亿元）

表 2-7-8　2016 年、2022 年煤炭行业上市公司净利润对比　　亿元

公司名称	2016 年	2022 年	期间增幅	公司名称	2016 年	2022 年	期间增幅
中国神华	227.1	696.3	206.6%	冀中能源	2.4	44.6	1727.0%
陕西煤业	27.6	351.2	1174.9%	电投能源	8.2	39.9	383.9%
兖矿能源	21.6	307.7	1323.4%	兰花科创	-6.6	32.2	—
中煤能源	20.3	182.4	799.5%	甘肃能化	2.2	31.7	1327.5%
潞安环能	8.6	141.7	1553.2%	晋控煤业	1.9	30.4	1536.6%
广汇能源	2.1	113.4	5403.9%	山西焦化	0.4	25.8	5768.2%
伊泰煤炭	19.9	109.8	452.6%	郑煤机	0.6	25.4	3993.5%
山西焦煤	4.3	107.2	2370.5%	恒源煤电	0.4	25.1	7080.0%
神火股份	3.4	75.7	2113.7%	盘江股份	2.0	21.9	1019.4%
华阳股份	4.3	70.3	1537.8%	新集能源	2.4	20.6	752.9%
淮北矿业	—	70.1	—	天地科技	9.3	19.5	109.4%
山煤国际	3.1	69.8	2166.6%	开滦股份	4.3	18.5	328.5%
平煤股份	8.4	57.3	581.5%	上海能源	4.5	17.4	285.0%

表2-7-8（续） 亿元

公司名称	2016年	2022年	期间增幅	公司名称	2016年	2022年	期间增幅
大有能源	-19.6	15.6	—	龙软科技	0.0	0.8	2566.7%
昊华能源	-0.1	13.4	—	阳煤化工	-9.1	0.7	—
蓝焰控股	3.8	5.6	46.6%	郑州煤电	-6.3	0.7	—
创力集团	1.0	4.0	320.8%	安源煤业	-20.6	-0.8	—
淮河能源	4.7	3.5	-26.6%	云煤能源	0.5	-1.8	-469.4%
辽宁能源	1.7	2.0	12.1%	总计	338.9	2749.6	711.5%

数据来源：wind。

2）资产盈利能力增强

2016—2022年，37家煤炭行业上市公司净资产收益率的算术平均值从2016年的-0.1%增长到2022年的20.5%，净资产收益率中位数从2016年的3.7%提升到2022年的19.6%，资产盈利能力提升明显，如图2-7-13所示。

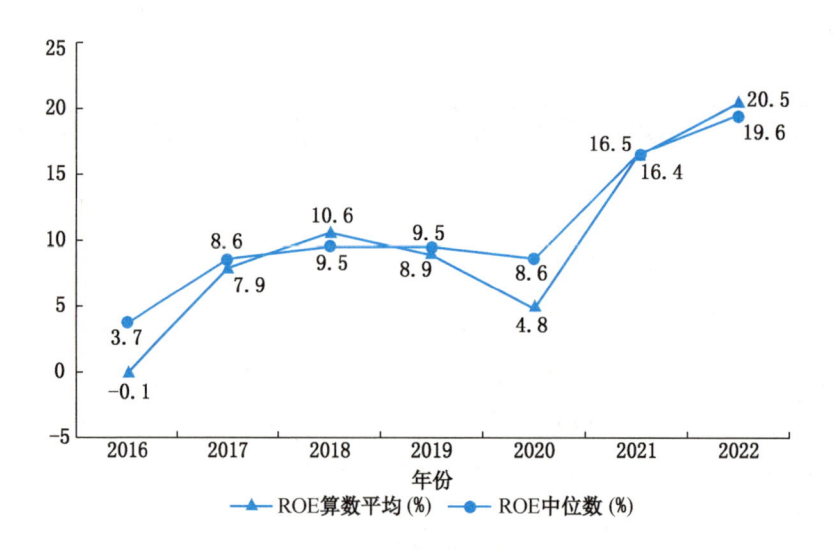

数据来源：wind

图2-7-13 煤炭行业上市公司整体净资产收益率（ROE）情况（添加了数据标签）

根据表2-7-9，37家上市公司中有34家2022年的净资产收益率相比2016年实现正增长，其中郑煤机和中煤能源实现了净资产收益率连续六年增长，神火股份和山煤国际2022年的净资产收益率均超过50%，均进入两市全部上市公司的前50名，显示出企业极强的盈利能力。

表2-7-9 2016年、2022年煤炭行业上市公司净资产收益率（ROE）

公司名称	2016年	2022年	期间增幅	公司名称	2016年	2022年	期间增幅
中国神华	7.51%	18.07%	10.60%	郑煤机	0.64%	15.74%	15.10%
陕西煤业	8.35%	35.28%	26.90%	恒源煤电	0.63%	23.19%	22.60%
兖矿能源	5.05%	38.67%	33.60%	盘江股份	3.35%	22.23%	18.90%
中煤能源	2.40%	14.88%	12.50%	新集能源	5.48%	19.56%	14.10%
潞安环能	4.75%	33.98%	29.20%	天地科技	6.82%	9.91%	3.10%
广汇能源	1.86%	45.05%	43.20%	开滦股份	6.36%	13.29%	6.90%
伊泰煤炭	8.60%	24.27%	15.70%	上海能源	5.48%	15.37%	9.90%
山西焦煤	2.67%	36.73%	34.10%	大有能源	-26.13%	19.33%	45.50%
神火股份	6.29%	57.52%	51.20%	昊华能源	-0.13%	13.36%	13.50%
华阳股份	3.14%	31.36%	28.20%	蓝焰控股	15.32%	11.44%	-3.90%
淮北矿业	—	23.11%	—	创力集团	4.03%	13.22%	9.20%
山煤国际	7.90%	52.07%	44.20%	淮河能源	10.48%	3.46%	-7.00%
平煤股份	7.68%	29.21%	21.50%	辽宁能源	3.42%	3.71%	0.30%
冀中能源	1.32%	21.42%	20.10%	龙软科技	2.88%	13.26%	10.40%
电投能源	9.00%	18.22%	9.20%	阳煤化工	-21.92%	1.17%	23.10%
兰花科创	-7.37%	22.57%	29.90%	郑州煤电	20.09%	4.21%	24.30%
甘肃能化	3.69%	28.29%	24.60%	安源煤业	-81.95%	-12.36%	69.60%
晋控煤业	3.74%	23.03%	19.30%	云煤能源	1.65%	-5.53%	-7.20%
山西焦化	2.19%	19.44%	17.30%	算数平均	-0.10%	20.50%	20.6%

数据来源：wind。

3）资产负债率稳定下降

2016—2022年，37家煤炭行业上市公司资产负债率的算术平均值从2016年的57.8%下降到2022年的52.3%，资产负债率中位数从2016年的57.8%下降到2022年的53.5%，体现行业整体负债率趋于下降，经营状况越来越健康，抗风险能力增强，如图2-7-14所示。

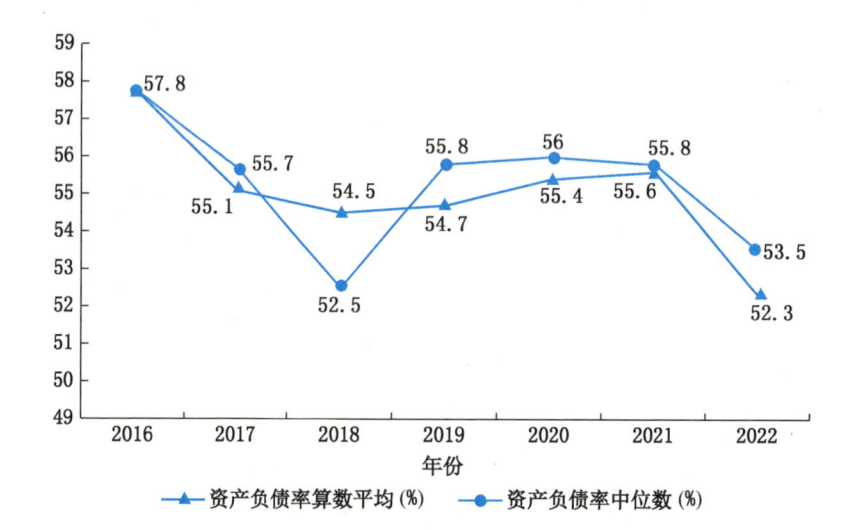

数据来源：wind

图2-7-14 2016—2022年煤炭行业上市公司资产负债率

分公司来看，37家上市公司中有26家2022年的资产负债率相较2016年实现下降（表2-7-10），考虑到存在部分上市公司寻求业务转型，进行跨界并购，主动增加财务杠杆，进而提升资产负债率的情况，行业内企业实际资产负债率改善情况超过数据所体现，即煤炭行业上市公司抗风险能力整体增强。

表2-7-10 2016年、2022年煤炭行业上市公司资产负债率

公司名称	2016年	2022年	期间增幅	公司名称	2016年	2022年	期间增幅
龙软科技	39.4%	19.1%	-20.3%	淮河能源	49.5%	35.7%	-13.9%
中国神华	33.5%	26.1%	-7.4%	陕西煤业	52.4%	35.9%	-16.5%
电投能源	31.5%	35.2%	3.7%	伊泰煤炭	59.7%	36.0%	-23.7%

表 2-7-10（续）

公司名称	2016 年	2022 年	期间增幅	公司名称	2016 年	2022 年	期间增幅
上海能源	36.1%	37.2%	1.2%	山西焦煤	64.0%	55.0%	-9.0%
山西焦化	75.5%	37.5%	-38.1%	兖矿能源	64.9%	56.7%	-8.2%
天地科技	47.2%	42.3%	-4.8%	华阳股份	66.4%	57.7%	-8.8%
恒源煤电	57.2%	42.9%	-14.4%	郑煤机	16.9%	57.9%	41.0%
开滦股份	57.0%	45.8%	-11.1%	盘江股份	43.9%	58.1%	14.3%
创力集团	28.3%	46.0%	17.7%	山煤国际	83.4%	58.7%	-24.8%
潞安环能	68.9%	48.1%	-20.8%	大有能源	54.4%	61.2%	6.8%
兰花科创	60.9%	49.6%	-11.3%	新集能源	84.4%	63.2%	-21.3%
晋控煤业	61.7%	49.8%	-11.9%	辽宁能源	68.9%	64.5%	-4.4%
甘肃能化	30.5%	51.0%	20.5%	神火股份	85.2%	65.0%	-20.2%
中煤能源	57.8%	51.5%	-6.4%	云煤能源	52.6%	65.4%	12.8%
冀中能源	53.8%	51.6%	-2.3%	平煤股份	69.7%	66.6%	-3.1%
广汇能源	70.0%	53.5%	-16.5%	阳煤化工	87.3%	72.6%	-14.7%
昊华能源	45.9%	54.0%	8.0%	郑州煤电	65.3%	80.7%	15.4%
蓝焰控股	76.1%	54.4%	-21.7%	安源煤业	81.0%	94.7%	13.7%
淮北矿业	—	54.8%	—	算数平均	57.8%	52.3%	-5.5%

数据来源：wind。

第 8 章 科技与装备

《煤炭工业"十四五"科技发展指导意见》指出，科技创新是煤炭工业高质量发展的根本动力，是构建煤炭产业新格局的核心支撑。"十三五"以来，我国煤机装备制造水平位于世界先列，引领了国际煤炭智能化开采和清洁高效转化的发展方向。煤炭行业科技与装备的快速发展是推动煤炭行业转型升级和发展的强大动力，对提升我国煤炭工业国际竞争力起到重大作用。

8.1 科技创新

8.1.1 科技创新体系不断完善

"十三五"以来，煤炭行业健全完善以企业为主体、市场为导向、产学研深度融合的科技创新体系，自主创新能力大幅提升，实现了从跟踪、模仿到部分领域并跑、领跑的转变。

煤炭地质勘查与建井理论体系不断完善，关键技术取得突破。完善了具有中国特色的煤炭地质学新理论，建立了煤系多能源、多资源的综合勘查技术体系；丰富了以冻结、钻井、注浆为主的建井理论与技术体系，研制出超大直径深立井建井技术和大型成套装备。煤炭绿色安全智能开采格局初步形成，煤炭绿色开发与智能精准开采技术体系逐步建立。提出了采煤区地质环境保护新理念以及不同分区保护水位开采新方法。矿井复杂地质构造与灾害源探测、深部开采突水动力灾害防治、大空间采空区防灭火、井下瓦斯高效抽采等技术取得突破，井下定向钻进最大成孔深度达3353m。截至2022年底，建成智能化煤矿572处、智能化采掘工作面1019处，31种煤矿机器人在煤矿现场应用。煤炭清洁利用技术体系逐步完善。千万吨级湿法全重介选煤、大型干法选煤技术成功应用。高效煤粉工业锅炉、水煤浆浆体化CFB供热供暖锅炉、民用新型燃煤炉具、低阶煤热解分质分级利用等技术取得突破。燃煤电厂超低排放和节能改造9.5亿千瓦，占全国燃煤电厂总装机的76%左右。现代煤化工产业关键技术和核心装备自主化取得重大突破，煤制油、煤制天然气、煤制烯烃、煤制甲醇制汽油等示范项目取得成功，污废水实现循环利用和"近零"排放。建立了煤矿区生态修复与水资源保护技术体系。研发推广了矿区土地生态环境损害监测与构造土壤介质和恢复植被相结合的综合复垦技术，中东部煤矿井下煤矸石固废充填开采减沉置换技术，地面沉陷区水域景观、养殖、果蔬、旅游、光伏立体生态复垦技术，西部煤矿区采煤塌陷地和矸石山的微生物修复植被绿化技术，以"导储用"为特征的地下水库技术，矿区生态环境取得明显改善。

科技基础工作不断加强。当前，围绕煤炭生产、加工、利用等需求，已形成包括煤矿开采、安全、装备、应急救援、选煤、矿山生态、煤化工等多个专业领域在内的，由国家标准、行业标准、团体标准等各类标准组成的煤炭领域标准体系。目前，煤炭行业现行有效的国家标准有426项，行业标准1430项[1]。国家、省部和行业级研发机构已达170余家，形成一批从事知识产权、检验检测认证等专业化服务的科技服务机构，培育了开放共享、创新活跃的行业"双创"新模式新业态，涌现出一批科技创新领军人才和优秀青年人才，培养了一支高技能人才队伍。煤炭行业已建立多种创新联盟，主要包括煤机装备智能化产业联盟、煤矿智能化技术创新联盟、中国煤炭行业安全生产人工智能联盟等（表2-8-1）。

---

[1] 刘峰，张建明，杨扬，等. 煤炭领域新型标准体系高质量建设策略研究[J]. 中国煤炭，2022，48（6）：1-4.

表2-8-1 煤炭行业部分科技创新联盟

名　称	联盟成员	成立年份
煤炭开发利用技术创新战略联盟	由神华集团公司牵头组建。中国航天科技集团、上海电气等大型企业，上海交大、哈工大、中国矿大等重点高校以及煤科总院等科研院所共18家单位成为首批联盟成员	2007
新疆现代煤化工产业技术创新战略联盟	已有成员单位40家，主要包括落地新疆的煤化工产业大中型企业、国内一流从事煤化工产业技术研发的科研院所、大专院校和疆内从事煤化工科学研究和技术推广的高等院校、科研院所	2013
中国煤炭行业安全生产人工智能联盟	在中国安全生产协会指导下，由人民日报、中国煤炭城市发展联合促进会、中国煤炭机电联合会、电子科技大学、中国科学院软件研究所、上海智能制造研究院临港荷福人工智能研究中心、上海临港经济发展集团、上海荷福人工智能科技集团以及多个省市的矿务局和多家大型煤炭生产企业共同联合发起成立	2017
煤矿智能化技术创新联盟	由国家能源局、国家煤监局指导，中国煤炭学会、中国煤炭科工集团发起，联合相关企业、科研机构、高等院校等27家理事单位共同组建成立	2019
煤机装备智能化产业联盟	由中国煤炭机械工业协会、中国煤矿机械有限责任公司发起，联合郑州煤矿机械集团股份有限公司、中煤张家口煤矿机械有限责任公司等27家联盟单位组建成立	2020
山西省智能煤机装备产业技术联盟	由晋能控股装备制造集团、太原理工大学、山西天地煤机装备公司、太重煤机有限公司等52家业内知名的企业、高校、科研机构组成。作为山西省最大的煤机装备制造企业，晋能控股装备制造集团当选为联盟第一届理事长单位	2021

8.1.2 科技投入

1. 科技经费投入

在国家统计局公布的2019—2021年全国科技经费投入统计公报中，2021年煤炭开采和洗选业的研发经费投入为143.3亿元，较2019年增长34.1亿元。2019—2021年煤炭工业研发经费投入详情如图2-8-1所示。

煤炭开采和洗选业每年的研发经费投入强度低于全社会水平，2021年煤炭开采和洗选业研发经费投入强度为0.43%，较2019年降低0.01%。2019—2021年煤炭工业研发经费投入强度如图2-8-2所示。

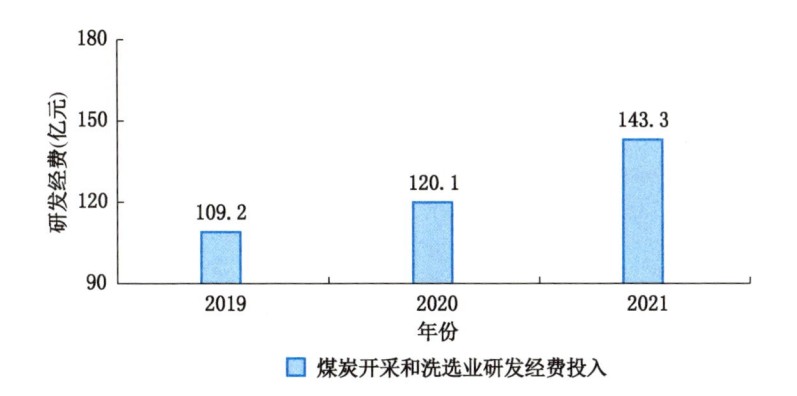

数据来源：国家统计局2012—2021年全国科技经费投入统计公报

图2-8-1 2019—2021年煤炭工业研发经费投入

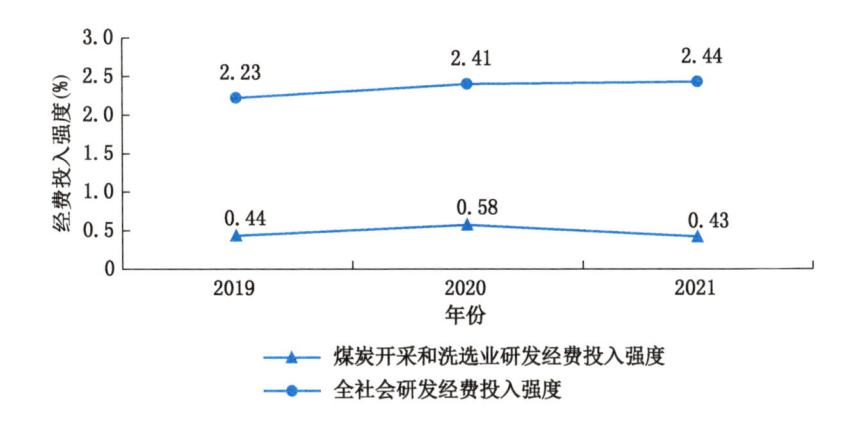

数据来源：国家统计局2012—2021年全国科技经费投入统计公报

图2-8-2 2019—2021年煤炭工业及全社会研发经费投入强度

2. 科技机构及科技活动投入

煤炭工业有科技机构及科技活动的企业数近三年有较大增长。2021年，煤炭开采和洗选业有科技机构的企业数247个，煤炭开采和洗选业有科技活动企业数509个，分别较2019年增长145个和191个。2019—2021年煤炭工业有科技机构及科技活动的企业数如图2-8-3所示。

第8章 科技与装备

131

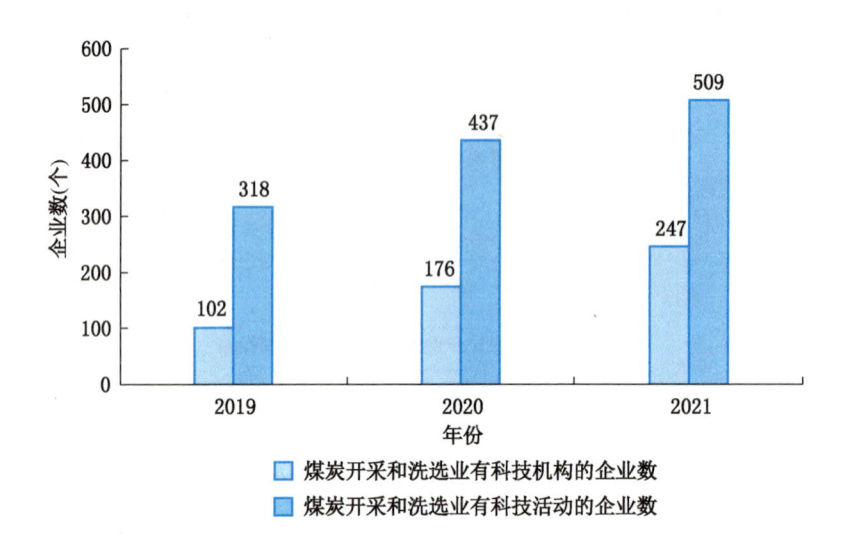

数据来源：国家统计局. 中国科技统计年鉴［M］. 北京：中国统计出版社，2020—2022

图2-8-3 2019—2021年煤炭工业有科技机构及科技活动的企业数

3. 科技人员数量

2021年，煤炭开采和洗选业科技人员数达75066人，较2019年增长15834人。2019—2021年煤炭工业科技人员数量如图2-8-4所示。

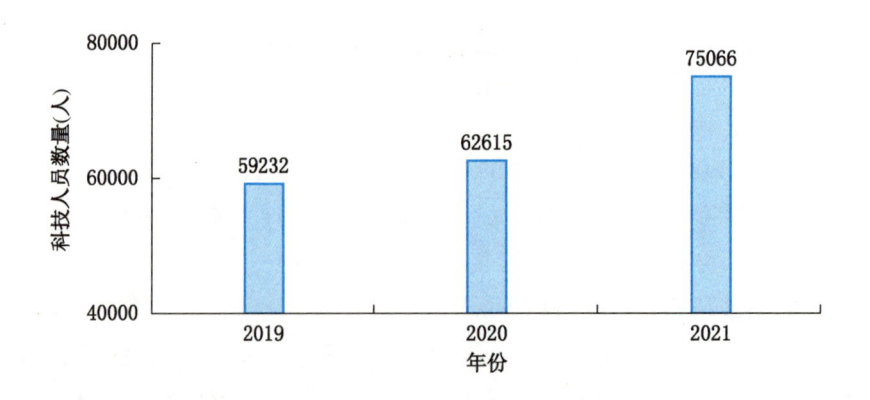

数据来源：国家统计局. 中国科技统计年鉴［M］. 北京：中国统计出版社，2020—2022

图2-8-4 2019—2021年煤炭工业科技人员数量

8.1.3 科技成果

2022年，中国煤炭工业协会科学技术奖共评出获奖项目386项，其中：特等奖3项（表2-8-2）、一等奖49项、二等奖178项、三等奖146项、创新团队10个。"智能化煤矿巨系统关键技术装备研发与示范应用"项目在张家峁矿业公司的成功应用和示范，实现了全矿井多个子系统的信息化、自动化和智能化，实现井下作业人员减少50人以上，工人平均作业时间下降20%，每年节约各类成本3000万元、直接经济效益5亿元[1]。"陕北煤矿区水资源保护利用及生态重建关键技术与示范"针对不同的地形地貌，建立了采动覆岩结构与含水层富水性演化的时移综合立体探测方法。创建了基于导水裂隙带高度的桥式含水结构分区方法，确立以导水裂隙带高度作为桥式含水结构划分的准则，从空间上实现对桥式含水结构分区，提出了不同的生态修复治理措施[2]。

表2-8-2 2022年度中国煤炭工业协会科学技术奖特等奖（3项）

序号	项目名称	完成单位	完成人
1	矿井水灾高效防控成套技术与装备	中煤科工集团西安研究院有限公司 中国矿业大学（北京） 中国矿业大学 国家能源集团 合肥恒大江海泵业股份有限公司 华北科技学院 淮北矿业（集团）有限责任公司 冀中能源股份有限公司 陕西陕煤韩城矿业有限公司	董书宁 刘其声 靳德武 朱明诚 董东林 张光德 金 雷 尹尚先 杨伟峰 柴建禄 赵春虎 刘建林 段建华 葛 春 王玺瑞 刘新民 刘生优 胡 薇 隋旺华 孙文洁 张文忠
2	智能化煤矿巨系统关键技术装备研发与示范应用	陕煤集团神木张家峁矿业有限公司 中煤科工开采研究院有限公司 陕西陕煤陕北矿业有限公司 辽宁工程技术大学 北京龙软科技股份有限公司 北京华宇工程有限公司 西安科技大学	吴群英 任怀伟 郭佐宁 张建安 马 英 王国法 呼少平 张德生 胡 俭 迟宝锁 赵国瑞 薛忠新 侯 刚 陈洪月 牛虎明 李 军 赵叔吉 范生军 李 梅 毛小娃 毛 浩

---

[1] 张家峁矿业公司"智能化煤矿巨系统关键技术装备研发与示范应用"达到国际领先水平. 2023-01-04. https://www.shccig.com/detail/1414534.

[2] 《陕北煤矿区水资源保护与利用及生态重建关键技术研究与示范》项目完成科技成果鉴定. 2021-11-30. https：//coal.in-en.com/html/coal-2608740.shtml.

表 2-8-2（续）

序号	项目名称	完成单位	完成人
3	陕北煤矿区水资源保护利用及生态重建关键技术与示范	陕西煤业化工集团有限责任公司 中国矿业大学（北京） 陕西陕煤陕北矿业有限公司 西安科技大学 安徽理工大学 陕煤集团神木柠条塔矿业有限公司 陕煤集团神木张家峁矿业有限公司 陕煤集团神木红柳林矿业有限公司 陕西陕北矿业韩家湾煤炭有限公司 陕西涌鑫矿业有限责任公司	尚建选　毕银丽　彭苏萍 吴群英　杜文凤　郭佐宁 胡振琪　闫敬旺　侯恩科 张　宏　左建平　张建安 王苏健　王宏科　张平松 刘　辉　姬文龙　冯泽伟 谢党虎　王建文　谢　沛

8.1.4 科技成果转化

为加快推动煤炭行业科技成果转移转化和推广应用，促进煤炭工业高质量发展，中国煤炭工业协会生产力促进中心发布《煤炭科技创新成果转化与先进技术推广项目目录（第二批）》，我国煤炭科技创新转化在地质保障、矿井建设、煤炭开采、装备制造、灾害防治、煤矿智能化、煤炭清洁加工、煤炭转化利用、矿山生态环保等 10 个领域取得了显著成果。

在煤炭开采方面，神东公司与中国煤炭科工集团太原研究院有限公司合作完成快速掘进后配套装备。该装备解决了神东公司因采掘比例失调严重影响正常生产接续的问题，设备使用后实现了快速掘进、掘锚分离、平行作业、连续运输，形成采、支、碎、运相结合的高效掘进生产线，改变了传统掘进工艺，大幅提高了巷道掘进效率。目前已在神东煤炭集团大柳塔煤矿、布尔台煤矿、补连塔煤矿推广应用。近三年累计掘进巷道 58200 多米，累计新增税收 14115 万元，新增利润 16869 万元。

在装备制造方面，中国煤炭科工集团太原研究院有限公司研制的 EBZ260W 型小断面岩巷掘进机。EBZ260W 掘进机填补了国内空白，实现了巷道高度最低 2.5 米全岩巷道的机械化掘进作业，突破了小体积掘进机无法用于岩巷掘进的技术瓶颈，对提高煤矿和企业的综合经济效益，提高我国煤矿井下掘进机械化装备研制水平具有重要的意义。目前该成果已在四川煤业集团、阳泉煤业集团、国投新集集团、平顶山煤矿集团、山西焦煤集团、晋煤集团等大型煤矿集团应用，并成功解决这些集团小断面瓦抽煤岩巷道的掘进问题[1]。

8.2 主要煤机装备

煤矿采掘装备是煤炭生产的物质基础和重要保障，和先进开采工艺配套的重大采掘装备研制开发取得新的突破，冷热加工、高强度高性能材料、数控机床、机器人与自动化生产线等先进制造技术达到先进水平。我国煤机制造业形成了产业布局基本合理、产品门类齐全、技术和质量体系完善、生产技术先进的完整体系。"十三五"以来，煤炭行业综采装备、巷道掘进装备、主要运输装备和辅助运输装备的重大革新，保障了煤炭资源的安全高效开采。2019年9月17日，习近平在郑州煤矿机械集团股份有限公司视察时强调，制造业是实体经济的基础，实体经济是我国发展的本钱，是构筑未来发展战略优势的重要支撑；要坚定推进产业转型升级，加强自主创新，发展高端制造、智能制造，把我国制造业和实体经济搞上去，推动我国经济由量大转向质强，一定要把我国制造业搞上去，把实体经济搞上去，扎扎实实实现"两个一百年"奋斗目标。

8.2.1 掘进机

2022年，掘进机产量达到3048台、21.19万吨。2012—2022年掘进机产品产量17888台、110.089万吨，分别占累积产品产量的62.8%和70.3%。

2012年以来，我国在巷道掘进装备研发方面，研制出各种掘锚机一体化装备，制造了大功率全断面自动截割成形远控掘进机，发明了掘支运三位一体巷道掘进方法，开发了智能快速掘进成套装备，形成了掘进、支护、运输一体化智能快速掘进生产线，我国已经成为世界最大的

---

[1] 中国煤炭工业协会生产力促进中心.关于发布2020第二批煤炭科技成果转化与先进技术推广项目目录的通知.2020-09-22. http://mtkj.org/tzgg/detail.asp?articleId=10490.

掘进机制造基地及应用市场。

我国掘进机基本满足国内煤炭市场需求，结束了我国煤矿掘进机依靠进口的局面，极大地提高了煤矿掘进机械化程度。已形成年产2000余台的加工制造能力，截割功率30~418千瓦的全系列产品[1]。随着我国对竖井施工领域机械化、自动化、智能化需求的不断提高，竖井掘进机技术开始应用于竖井施工项目[2]，主要形成了SBM竖井掘进机、沉井掘进机、扩孔式竖井掘进机等几种新型竖井掘进机[3]。

从生产企业看，我国可以生产掘进机的企业约有85家，其中，约80家企业以生产各类悬臂式掘进机为主，其余为生产全断面掘进机、掘锚机以及连采机的企业。

悬臂式掘进机。近年来，三一重型装备有限公司研制的双截头EBH418悬臂式掘进机截割高度3.8~5.5米，截割宽度4.8~8米，最大截割硬度可达到$f=12$。2017年10月，国内最大悬式纵轴掘进机——XTR7/360悬臂式隧道掘进机在徐州工程机械集团有限公司成功下线，标志着我国隧道掘进机技术跻身世界前列。

全断面高效掘进机。2014年5月，北方重工集团有限公司研制出首台套全断面煤巷高效掘进机——OMJ4260全断面煤巷高效掘进机。该机系统总长约210米，总重达630余吨，总装机功率2400千瓦。该机行走速度能够达到0.3米/分钟，运输煤炭能力突破1500吨/小时。掘进断面达到25平方米，可以实现50米无线遥控，日进尺将突破150米，月进尺4000米以上，实现了掘锚平行作业、多臂同时支护、连续破碎运输和智能远程操控的高效一体化作业，成为煤矿掘进生产工艺的一次技术跨越。2014年12月，中国铁建重工集团股份有限公司研发制造的ZTE6420复合式盾构机在神华新疆涝坝湾煤矿副井盾构隧道工程施工，共掘进5845米后，整条隧道宣告成功贯通，这是我国首次将国

---

[1] 铁旭初. 我国煤机装备制造70年发展成就与展望 [J]. 中国煤炭, 2019, 45 (11): 5-12.

[2] 刘志强. 竖井掘进机凿井技术及装备研究 [J]. 中国矿业, 2017, 26 (5): 137.

[3] 李建斌. 我国掘进机研制现状、问题和展望 [J]. 隧道建设 (中英文), 2021, 41 (6): 877-896.

产盾构机应用于煤矿巷道掘进的试点工程。2017年5月，由中国煤炭科工集团上海有限公司和国家能源集团神东煤炭集团联合研制的全断面矩形快速掘进机应用于神东布尔台煤矿。该掘进机由矩形掘进机截割部壳体、后支撑平台、鞍架调向机构、超前支护锚杆机组、推进机构以及测量导向系统、通风、冷却和除尘等十几套设备构成。组装硐室设计长度25米、宽度9.5米、高度6.8米。该装备为国内首台套，具有世界先进水平。2017年9月，辽宁通用重型机械股份有限公司自主研制"神盾重庆一号"（KSZ-2800）型全断面硬岩快速掘进机正式下线。该掘进机直径2.8米，长17米，是首台用于高瓦斯矿井岩石巷道掘进的小直径矿用TBM产品。该设备融合了工程TBM、煤矿防爆、自动化测量等先进技术，具有远程控制、发生故障自动报警的特点，实现了圆形巷道快速掘进一次成巷、掘锚同步作业和巷道快速掘进，解决了煤巷、岩巷掘进效率低的难题。

2019年4月，具有自主知识产权的直径为6.33米的煤矿巷道岩巷全断面掘进机"新矿一号"在北方重工集团有限公司正式下线。该产品是国内首台应用于煤矿岩巷施工的全断面掘进机，也是我国首台引领世界煤矿岩巷施工重大技术变革的技术装备，并应用于山东新巨龙能源有限责任公司980米水平巷道施工。

掘锚机。2017年10月，中国铁建重工集团股份有限公司自主研制ZJM4200护盾式掘锚机，是我国首台套实现掘进、锚护同步施工作业的煤巷掘锚设备，采用护盾防护的煤巷掘锚设备，同时具备超前钻探与疏放的煤巷掘锚设备，并集掘进、支护、超前钻探与疏放等多功能一体的煤巷掘锚设备。2019年，北方重工集团有限公司自主研制的直径6.33米的煤矿巷道岩巷全断面掘进机"新矿一号"正式下线，重700吨，总功率2500千瓦，设计掘进速度可达500~800米/月[1]。中国煤炭科工集团太原研究院有限公司与山西天地煤机装备有限公司等单位联合完成的"掘支运一体化快速掘进关键技术与装备"，开创了掘支运"三位一

---

[1] 铁旭初. 我国煤机装备制造70年发展成就与展望［J］. 中国煤炭，2019，45（11）：5-12.

体"、分段支护、连续运输快速掘进新模式，攻克了全宽截割、自动支护、柔性运输、协同控制等核心技术，研制出掘锚一体机、锚杆转载机、柔性连续运输系统等核心装备，形成具有自主知识产权的快掘成套系统。

连采机。2009年5月中国煤炭科工集团太原研究院有限公司设计制造了国产首台EML340型连采机样机，在神东乌兰木伦煤矿进行短壁开采试验，用于不规则块段的开采。从5月3日到12月15日，共生产227天，过煤量达 48.5×10^4 吨。此外，天地科技股份有限公司上海分公司和平朔煤炭工业公司共同承担研制成功了MLE250/500-M型掘锚连续采煤机。2012年底，三一国际控股有限公司生产ML400连续采煤机下线并运用于榆林能源榆阳矿。该连采机配套开滦集团广汇公司自主研发的KCS-260-JZ机载湿式除尘器，取代德国CFT公司的产品，填补了国内空白。

目前，中国煤炭科工集团太原研究院有限公司（山西天地煤机）装备有限公司研制完成适应薄、中、厚各种煤层厚度的连续采煤机系列产品，推广应用4种型号，适应巷道高度1.3~5.5米，最高月产原煤12万吨，已累积销售100余台。

8.2.2 采煤机

2022年，采煤机产量达到818台、4.5158万吨。2012—2022年采煤机产品产量8957台、46.7793万吨，分别占累积产品产量的45.5%和52.4%。

从单机重量看，采煤机逐步向大型化方向发展，已从1978年的14.84吨增长到2019年的220~230吨。目前，我国已可生产出截高0.8~9米煤层倾角0°~60°，总装机功率最大达到3450千瓦，牵引速度超过20米/分钟的采煤机系列产品。其中，交流变频采煤机电气调速技术已达到国际先进水平。

从生产企业看，我国可以生产采煤机企业约有35家，其中，天地科技股份有限公司上海分公司、西安煤矿机械有限公司、上海创力集团股份有限公司、太重煤机有限公司等企业为采煤机生产制造龙头企业。

大采高采煤机。2012年11月，山西晋煤集团金鼎煤机矿有限责任公司研制国内具有自主知识产权、170千瓦单滚筒、一次采全高短壁采煤机，该项目是世界首创的"割放联合"采煤工艺，即以"机械截割为辅、矿压为主"，利用直径2米的滚筒实现7.5米厚煤层一次采全高开采，能够有效解决我国目前厚煤层开采存在的突出问题。"小滚筒大采高采煤工艺研究及装备研制"项目获2014年度中国煤炭工业协会科学技术特等奖。2015年12月，太重煤机有限公司等单位研制成功"MG1100/2860-WD大功率大采高电牵引采煤机"，该采煤机滚筒直径3.5米，装机总功率达到2860千瓦，生产能力大于4500吨/小时，是当时我国自主研发的首台切割功率（1100千瓦）最大、能够一次采全高7.2米的采煤机，并在山西潞安王庄煤矿通过了工业性试验，相关技术指标达到世界先进水平。2017年11月，西安煤矿机械有限公司成功研制8米大采高采煤机。采煤机型号为MG1000/2800-GWD，总装机功率2800千瓦，滚筒直径4米，重约190吨，可满足采高4.8～8米的煤炭开采需求。2019年，天地科技股份有限公司上海分公司、西安煤矿机械有限公司分别自主研制成功超大采高智能化采煤机。超大采高采煤机逐步攻克了采煤机结构刚性和可靠性、摇臂润滑和冷却、智能感知和控制等技术难题。在采煤机自动化与智能化方面，自动化采煤技术应用水平不断提高，采煤机自动化和智能化技术应用已经取得较好的效果[1]，现阶段，我国采煤机智能化技术水平处于世界前列，应用大功率采煤机设备能使年采煤量达到千万吨[2]。

急倾斜采煤机。 2012年，山东科技大学、天地科技股份有限公司、西安煤矿机械有限公司等单位围绕大倾角煤层综采综放开采中的共性技术难题，综合应用多学科协同设计、协同仿真与协同优化技术，研制的电牵引采煤机等综采装备，实现了35°～55°大倾角煤层的安全高效开采，达到国际领先水平。该项目曾获国家科学技术进步奖二等奖。该成

---

[1] 常伟. 煤矿采煤机自动化与智能化技术探讨［J］. 现代工业经济和信息化，2022，12（11）：325－326.

[2] 邢忠会，艾川. 煤矿采煤机智能化关键技术分析［J］. 内蒙古煤炭经济，2022，356（15）：26－28.

果成功解决了采煤机牵引、制动困难和可靠性差的技术难题，取得重要突破。研制的成套装备已在全国30多个矿井的大倾角煤层推广，同类设备已出口到俄罗斯、印度孟加拉国等国家。2013年7月，林州重机集团股份有限公司与中国矿业大学研制MG－2×125/580－WD型电磁调速电牵引采煤机用于龙煤集团七台河煤炭公司新强煤矿五采区急倾斜煤层综采工作面，该技术与设备达到国际先进水平。2014年，天地科技股份有限公司上海分公司、山东矿机集团股份有限公司等单位合作研发的"急倾斜薄煤层俯伪斜综采机械化开采及应用"项目，解决了急倾斜煤层开采的技术难题，彻底改变了急倾斜煤层回采工艺落后的现状，成功攻克了煤炭开采技术上的一个世界性难题。该项目经鉴定为国际领先水平，曾获得2017年度中国煤炭工业协会科学技术一等奖。2022年12月，中国煤炭科工集团上海研究院有限公司研制的适应急倾斜较薄煤层开采MG2×160/730－WD3型采煤机，在贵州小牛煤矿65°急倾斜工作面完成试生产，该型采煤机实现了重载调速和负荷平衡，保证了急倾斜工作面采煤机启停的运行平稳，制动有效，保证了急倾斜工作面采煤机安全停车要求和摇臂传动系统可靠性要求。

薄煤层采煤机。2013年11月，西安煤矿机械有限公司成功研制了适应薄煤层开采的MG2×200/925－AWD型智能化交流电牵引采煤机，并投入陕西黄陵矿业公司一号煤矿使用。该装备首次实现了无人化开采，探索了一条智能化开采的路子，其整体技术经鉴定达到国际领先水平。目前，我国薄煤层安全高效综采技术与成套装备已在西南、华东、东北、西北等全国18个矿区使用。近年来，中国煤炭科工集团上海有限公司研制MG2×100/456系列薄煤层采煤机适应截割高度1.2～1.9米。MG450/1050－WD型采煤机可靠性高，装备效果好，有效解决1.1～1.3米薄煤层高效开采难题，成功应用于伊泰宝山煤矿，最高日产4500吨，月产达12万吨。MG2×250/1200－WD型采煤机有效解决1.3～1.8米较薄煤层的高效开采难题，年生产能力达到250万吨，成功应用于陕西朱家峁煤矿，平均日产8000吨，平均月产22万吨。

单滚筒采煤机。2022年10月，中国煤炭科工集团上海有限公司研发的新一代大采高单滚筒短壁采煤装备暨 MG300/395 – NWD 型采煤机顺利完成出厂试验。MG300/395 – NWD 型采煤机最大采高从原来的 3.8 米提升至 5.1 米，填补了 5 米采高的短壁采煤机国内外空白。可广泛应用于"三下"特厚难采煤层，超长大采高工作面开机窝、大型煤柱回收和非规则边角煤开采及急倾斜特厚煤层水平分层开采。

8.2.3 液压支架

2022 年，液压支架产量达到 89112 架、203.8239 万吨。2012—2022 年液压支架产品产量 735823 台、1671.7427 万吨，分别占累积产品产量的 61.2% 和 66.5%。

我国不断加大自主研发力度，可以生产 0.5 ~ 8.8 米采高、最大倾角 70°、最大工作阻力 26000 千牛、寿命试验可达 6 万次以上的研发了 500 多种不同类型与支护参数的系列化液压支架，突破了液压支架煤炭综采重大设备的制造行业的限制，创造了目前世界上最大采高 8.8 米、最大工作阻力 26000 千牛和最大支护中心距 2.4 米的世界纪录，并取得良好成效。我国液压支架正逐步向大型化、高端化方向发展，一批重大高端液压支架相继研制成功[1]。目前，我国在高端液压支架制造领域已完全替代进口，内部的综采放顶煤支架技术已经超前于欧美等国，大采高液压支架的主要技术参数基本已经达到先进国家的水平[2]。但是，在液压支架精准推移与快速跟机技术方面，虽然通过研制新型阀件、优化控制策略、完善跟机工艺、改进液压系统等方式提高液压支架推移动作的精度与跟机速度，但相关技术在现场应用时，由于地质条件复杂多变，乳化液泵站、液压支架等煤机装备适应性不强，导致装备与采场耦合关系差，出现液压支架跟随采煤机运行速度慢、推移不到位、丢架等现象[3]。就总体发展水平而言，我国在支架材料、焊接与加工工艺、液

---

[1] 铁旭初. 我国煤机装备制造 70 年发展成就与展望 [J]. 中国煤炭, 2019, 45 (11): 5 – 12.

[2] 史佩玉. 煤矿液压支架现状及发展趋势 [J]. 当代化工研究, 2020, 61 (8): 7 – 8.

[3] 任怀伟, 张帅, 张德生, 等. 液压支架精准推移与快速跟机技术研究现状及发展趋势 [J]. 工矿自动化, 2022, 48 (8): 1 – 9 + 15.

压元器件等方面与国外相比尚有一定差距[1]。

从制造企业看，国内约有 75 家液压支架生产企业，其中郑州煤矿机械集团股份有限公司、中煤北京煤矿机械有限责任公司、平顶山平煤机煤矿机械装备有限公司、山东矿机集团股份有限公司、山东塔高矿业机械装备制造有限公司、三一重型装备有限公司、林州重机集团股份有限公司、山西平阳重工机械有限责任公司、山东天晟煤矿装备有限公司等企业的产量、产值和技术水平居于前列。

大采高及超大采高液压支架。2016 年，兖矿集团金鸡滩煤矿采用世界首套 8.2 米超大采高综采技术与装备，成套设备配套合理、性能先进，自主研发的超大采高 8.2 米液压支架及过渡和端头支架结构合理、控制先进、加工精良。与该大采高液压支架配套的 BRW500/37.5K 型高压智能乳化液泵站成套装备具有智能化、大流量、高压力特点，实现了具备单面年产 15 兆吨的生产能力，实现了国产化替代。2018 年，郑州煤矿机械集团股份有限公司 ZY26000/40/88D 型 8.8 米超大采高液压支架在神东矿区投入应用，取得较好的技术经济效益。国产最新的 ZY29000/45/100D 两柱掩护式液压支架也已经研发成功[1]。2019 年 1 月，金鸡滩煤矿完成了 12-2 上 117 超大采高综放工作面安装工作，世界首套 7 米超大采高智能化综放成套技术和装备单面年产能具备 1800 万~2000 万吨能力。

急倾斜煤层开采液压支架。2016 年，山东矿机集团股份有限公司研制的 ZJY2400/8.5/15.5D 电液控自动化液压支架在重庆能源集团逢春煤矿急倾斜薄煤层俯伪斜综采中应用成功，解决了既不能采用放炮落煤工艺又无法使用综采工艺的难题，为国际首创。

研制超大伸缩比跨界开采支架方面，2019 年，中煤北京煤矿机械有限责任公司成功研发 ZY12000/18/50D 型超大伸缩比跨界开采支架，该产品采用"压力平衡杆式三伸缩立柱""超大伸缩比四连杆机构""双位平衡机构""超薄式伸缩梁护帮装置""可伸缩式推移框架""刀把式掩

---

[1] 闫少宏，徐刚，范志忠. 我国综合机械化开采 50 年发展历程与展望［J］. 煤炭科学技术，2021，49（11）：1-9.

护梁""轻型活动式连杆侧护板"7项创新专利技术，是专门针对煤层厚度变化大的工作面研制的创新产品，支护高度从1.8m到5m，伸缩比达到世界之最，可实现薄、中、厚煤层的跨界开采。

8.2.4 刮板输送机

2022年，刮板输送机产量达到1899台，34.5819万吨。2012年至2022年刮板输送机产品产量28214台，293.7271万吨，分别占累积产品产量的19.2%和43.1%。

国产刮板输送机系列品种多种多样，已经做到全槽宽、全功率覆盖，并且在关键性能指标上比肩进口设备，最大过煤量可达20兆吨/年，适应了采高0.8~8.8米（一次采全高）、20米（放顶煤）的机械化综采工作面开采需求。近年来，刮板输送机进一步向重型化、智能化方向发展，通过对引进设备的消化、吸收和国产化举措，集成应用与自主研发了驱动、中部槽、圆环链、自动伸缩机尾、动力学分析与控制、工况在线监测监控等技术，已研制出一系列的重型、超重型刮板输送机成套装备[1]。

从生产企业看，中煤张家口煤矿机械有限责任公司、中国煤炭科工集团宁夏天地奔牛实业集团有限公司、山西煤矿机械股份有限公司等名列前茅。具备智能化、大功率、高产出、高强度、高稳定、低能耗的"智能化刮板输送机成套设备"系列产品已逐渐替代进口设备。2014年，中国煤炭科工集团宁夏天地奔牛实业集团有限公司研制了世界首套智能控制刮板输送机。该装备打破了工作面输送系统自问世以来的恒速工作制方式，全面降低了刮板输送机的能耗和无功磨损，显著提高生产效率的同时提高了设备的可靠性，延长了使用寿命。

在高端刮板输送机领域，针对超大采高等极限负荷工况，我国对刮板输送机运量、运距、寿命、高可靠性等方面进行技术攻关，相继研制了高强耐磨材料及端头拼焊中部槽，强度较常规结构提高20%，寿命增加30%以上，大修周期过煤量高达20兆吨；此外，还研发了工作面

---

[1] 赵巧芝. 我国刮板输送机发展现状、趋势及关键技术［J］. 煤炭工程，2020，52(8)：183-187.

"三机"智能监控系统，具备智能控制、自动调速、机尾自动张紧、链轮自动润滑、系统故障智能诊断等功能，系统可靠性大幅度提高。满足大型煤矿厚煤层、大采高、高产高效集约化、智能化综采生产要求的国际首创"8.8米大采高工作面智能刮板输送机成套设备"，最大过煤量可达6000吨/时，具备变频自动调速、在线智能监测、在线故障诊断、断链自动检测、煤流量实时监测等智能化功能，是大型煤矿千万吨矿井超长工作面实现高产高效、智能、安全、绿色开采的主流重型装备，成为目前世界上总装机功率、生产能力最大的高可靠性智能井工输送装备之一，综合性能指标达到国际领先水平。2022年3月，由中国煤炭科工集团天地奔牛实业集团有限公司研制的SGZ1100/4800超长工作面智能刮板输送装备顺利通过中国煤炭工业协会组织的专家评议。该成套输送装备在精准调速和多向协同控制的智能控制系统基础上，创新研发了基于链条变形补偿技术的链条张力动态管理策略，首次采用多电机驱动的功率分时段多参数协同控制，针对性研制了具有减磨降阻特性的轻量化刮板链组件，具备中厚煤层矿井工作面年产千万吨的能力。该型设备在陕煤小保当煤矿全国首个国产中厚煤层450米超长智能综采工作面使用，2022年8月煤炭产量突破100万吨，单日最高产量达到4.6万吨，标志着我国煤矿已具备2~3米中厚煤层智能化开采年产千万吨水平。2022年8月，由中煤张家口煤矿机械有限责任公司自主研发的国内首台SGZ1000/5000型超长工作面智能刮板输送机下线，在山东能源内蒙古矿业公司新上海一号煤矿应用，首次突破了500米长运距工作面智能刮板输送技术瓶颈，设备全生命周期平均输送能力达3000吨，能够满足单一工作面年产1000万吨的配套开采需求，设备的投资收益比、吨煤设备损耗率大幅降低，综采工作面数量可缩减约30%，国产化率达100%，主要技术参数和性能指标达到国际领先水平。此外，阳煤忻州通用机械有限责任公司和德国布朗公司合作，成功研制了直角转弯大功率重型刮板输送机。该装备采用直角转盘、新型双面溜槽和单链沙克链轮简化了装载环节，提高了中部槽的使用寿命和可靠性，解决了可更换轮齿防松、加工制造及材料热处理等技术难题。

8.3 选煤装备

我国选煤能力不断增大，原煤入选量、原煤入选比例大幅度提高，2022年原煤入选率达到69.7%，选煤能力和实际入选量居世界第一位。基本拥有了世界上最先进的选煤工艺和选煤装备，建成了世界上规模最大的选煤厂，选煤工艺的应用日趋成熟。2021年，我国选煤方法的比重分布约为：湿法重介选煤80%，湿法跳汰选煤8%，湿法浮游选煤6%，干法选煤和其他选煤方法6%[1]。

我国实现了年产千万吨及以上选煤成套设备国产化自主研制，新建了一大批采用先进技术和装备的现代化选煤厂。自主研制的重介质三产品选煤技术和装备、复合式干法选煤成套装备、大型高效压滤机、浮选机和浮选柱、离心脱水机、TDS智能选矸系统等达到了世界一流水平；具有自主知识产权的三产品重介质选煤工艺及设备、浮选成套技术装备、干法选煤成套技术装备、大型全自动快开压滤机等已出口到矿业发达的国家。创建的重介、跳汰、浮选、干选及细粒级煤泥脱水、回收工艺技术基本满足了各种煤质分选的需要，主要生产环节实现了自动测控和集中控制。

目前，我国能够自主研发世界上最大的单机系统——年产4 Mt的跳汰工艺成套装备，研发成功具有自主知识产权的三产品重介质选煤工艺及主选设备、多供介三产品重介质旋流器、大型全自动快速隔膜压滤机、干法选煤成套技术，并达到国际领先水平，已经得到大规模推广应用；跳汰机、搅拌式浮选机、微泡浮选柱、加压过滤机，总体技术达到国际先进水平；研发成功接近国际先进水平的各种离心脱水机、分级破碎机、振动筛、磁选机、干扰床分选机等并开始得到推广应用。研制了具备单段、双段、三段等多种结构形式的跳汰机，最大跳汰面积为42平方米、处理能力为20 吨/(时·米^2) 的SKT系列跳汰机，可供不同

---

[1] 程子曌，马剑."双碳"背景下选煤高质量发展研究[J]. 中国煤炭，2022，48(7)：10-16.

跳汰选煤工艺选煤厂选用；研制了大型水平筛3.6米×7.5米，最大生产能力可达650吨/时；开发了用于深度分级的弛张筛，筛宽也由3.0米提高到4.9米；湿式磁选机筒体表面磁通密度达到600毫特斯拉，磁性物回收率达到99.9%，入料最大粒度为3毫米，设备运行的可靠性显著提升；研制了超大型无压给料三产品重介旋流器，处理量达到550吨/时以上，主要技术指标国际领先；研制了新一代干法重介质流化床分选机，建成了世界上首座模块式干法重介质流化床选煤厂，取得了世界选煤技术装备的重大突破；研制的全自动板式压滤机过滤面积已达550平方米，加压过滤机过滤面积已达200平方米，大型高效压滤机突破了国外先进压滤设备的束缚，并成功出口30多个国家；研制的SSC分级破碎机最大入料粒度可达1200毫米，破碎强度250兆帕，并成功开发出井下分级破碎机及单驱动分级破碎机。在自动控制方面，研制了悬浮液密度计、磁性物含量计、料液位计、ZTHY型智能测灰仪、煤炭发热量在线自动快速测量装置、ZTLY-1型智能同位素X荧光硫分仪等自动检测装置，构建了生产过程自动控制系统。此外，近年我国还研制出新型跳汰机、给料机、矿浆准备器、浮选机、过滤机、离心脱水机、高效浓缩机、破碎机、重介旋流器等选煤专用设备。除了主要设备外，辅助设施也在向大型化、自动化方向发展。原煤及产品煤筒仓最大直径可达45米，单仓储量5×10^4吨；半地下式槽仓储量可达2×10^5吨；单个封闭式储煤场总储量可达5×10^5 t圆形储煤场直径120米，条形储煤场长度达350米；原煤及产品配煤已实现自动化；火车、汽车快速装车站的广泛应用，使产品外运的装车、计量实现快速化、自动化、智能化。

智能化技术与装备在安全性、高效性方面使企业的生产、管理迈向新台阶。目前，我国新建的选煤厂绝大部分都设置了集控系统，其配置标准根据选煤厂的建厂时间和选煤厂的规模大小有所不同，集控系统主要分为两个层面：一个是PLC控制层，另一个是工控机监控层。2018年1月16日，亚洲最大的炼焦煤智能化选煤厂全面开工建设，淮北临涣选煤厂计划分步实现原煤系统、重介系统、浮选系统、压滤系统、储装运系统五大模块的智能化，以及设备管理、人员定位系统等。

8.3.1　重介质选煤技术装备

应用计算流体力学模拟技术以及高速摄像、激光多普勒测速仪等手段，研制成功了国际首创、节能、高效的多供介无压给料三产品重介质旋流器，最大直径达到1500毫米，并在选煤厂用一套低密度悬浮液实现了80(100)~0毫米原煤的分级分选和全部粗煤泥的重介质旋流器分选，使按"等基元灰分"分选成为可能，解决了既保持重介质选煤高效、先进性又降低基本建设投资和运行费用的难题，使我国的重介质选煤技术跃居国际领先水平，成果已在多座选煤厂推广应用。在此基础上，开发了高效节能双锥型三产品重介质旋流器，应用于高密度矿物的分选，取得了良好的经济效益和社会效益。

利用粒子成像测速系统和数值模拟软件对浅槽重介质分选机内的流场特性进行了分析和数值模拟，对重介质浅槽分选机的参数进行了优化设计，研制了大型浅槽重介质分选机，并在神华集团、陕煤集团、同煤煤矿集团、淮南矿业集团等近40个选煤厂广泛应用。同时，重介浅槽分选机也采用先进合理的检测和控制技术，可实现洗选工艺中重介质悬浮液密度的自动跟踪控制及分流量的自动调节，提高了分选精度和稳定性，降低了重介质的损耗及生产成本，降低了工人巡视的劳动强度。

8.3.2　跳汰选煤技术装备

近年来，应用较为广泛的跳汰机是SKT系列、X系列等，其中SKT智能跳汰机筛选煤技术在市场上已经占据了相当大的份额。在不断完善的过程中，SKT跳汰机技术已经发展得越来越好，其中SKTZD-14型跳汰机已经实现了自动化控制[1]。开发的27~36平方米系列产品已广泛应用于生产现场，取得了良好的经济效益和社会效益。同时，将跳汰机推广应用到了矿井和垃圾的分选领域，并取得了预期的效果。

---

[1]　知乎网. 跳汰机选煤技术. 2022-10-12. https://zhuanlan.zhihu.com/p/572999061.

8.3.3 浮选技术装备

煤泥浮选设备种类繁多，结构形式多样，工作原理差异较大，区别主要在气泡产生形式和机械结构等方面，按充气和搅拌方式的不同将浮选设备分为两大类：机械搅拌式和非机械搅拌式。根据供气方式的不同又分为机械搅拌自吸式和机械搅拌压气式2种。

机械搅拌式浮选机。机械搅拌式浮选机主要以 XJM－S 系列机械搅拌式浮选机为主，占各类浮选设备的 80% 以上。XJM－S 系列浮选机包括 XJM－S、XJM－KS 和 XJM－(K)S"3+2" 3 个系列，各个系列已形成 4、6、8、10、12、14、16、20、24、28、36、45、60 立方米和 90 立方米共 14 个规格[1]。

在已有 XJM－KS28 系列浮选机技术的基础上，自主创新，研制成功 XJM－KS45 型机械搅拌式浮洗机，其单槽容积为 45 立方米。该机以独创的矿浆预矿化器取代了常规浮选流程中单独设置的矿浆准备作业，简化了矿浆预处理环节，节省了厂房面积和容积，强化了后续分选，提高了浮选机的处理能力。与同类设备相比，单机处理能力提高 30%，电耗降低 60%，单位面积节省 80%。之后，又开发成功 60 立方米同类型浮选机广泛应用于生产现场。在此基础上，开发了升级 XJM－KS 型浮选机和低阶煤浮选技术与大型浮选机，实现了千万吨级特大型长焰煤选煤厂煤泥的单机浮选提质，突破了低阶煤全粒级洗选提质技术瓶颈。

喷射式浮选机。在 XPM－8 型喷射式浮选机的基础上，开发了 FJC 和 FJCA 型喷射式浮选机。喷射式浮选机通过结构和工艺参数的优化，形成了容积为 24 立方米、28 立方米、36 立方米、46 立方米的系列 FJ-CA 型浮选机。

浮选柱。在静态微泡浮选柱的研究基础上，开发了旋流－静态微泡浮选柱，并在制药工艺废水处理中得到应用。之后，矿用旋流－静态微泡浮选柱形成系列产品，最大规格达 6000 毫米，相继在贫杂难选矿

---

[1] 张财，宋云霞. XJM－S 系列浮选机研究现状及应用［J］. 洁净煤技术，2021，27（S2）：127－130.

（有色矿、黑色矿、非金属矿）分选、高灰难选煤泥分选、粉煤灰脱碳、二次资源分选、油水分离、废水处理等领域得到推广应用。

8.3.4 干法选煤技术装备

干选机。在原有干选机基础上，通过深入开展干法分选、分离规律研究，找出影响分选效果的主要因素，研制成功了大型干选机，最大规格达50平方米，振幅达到30毫米，筛板开孔率提高10%，有效分选粒度范围为6～120毫米，外水小于15%时能够稳定、高效地分选入料原煤。配套除尘设备除尘效率不小于99%，外排含尘量不大于50毫克/米^3。同时，将FX大型干选机拓展到了非煤领域，回收含煤岩系中储存着的大量共伴生煤系高岭土矿产资源。2021年，神州机械集团在ZM矿物高效分离机的基础上研制成功了CZM型超级干法选煤机，提升了节能降耗效果。

智能干选机。近些年，国内外开始大力开发大块煤的智能分选系统，用于对300～50毫米粒级块煤进行分选。常见的块煤分选系统按分选机理分为γ射线识别、X射线识别、色差智能识别三种。采用智能识别方法，针对不同的煤质特征建立与之相适应的分析模型，通过大数据分析，对煤与矸石进行数字化识别，最终通过智能排矸系统将矸石排出。TDS智能干选系统不仅应用在选煤厂，而且还应用于煤矿井下块煤分选，在煤矿主井提升能力不变的情况下，工作面原煤产量得到提升，出井原煤质量得到相应改善，国内已有数套此类系统成功运用[1]。

空气重介质流化床分选机。空气重介干法选煤是由中国工程院院士、中国矿业大学教授陈清如主持研究，突破了传统的选煤理论，发明了空气重介质流化床选煤方法和设备，创立了气固浓相高密度稳态流化的选煤理论，对分选刮板、布风装置、循环系统等技术环节做了进一步完善和创新，研制了KZX-40型空气重介质流化床，2013年在新疆宽沟煤矿建立了世界上首座模块式空气重介流化床选煤厂，以磁铁矿粉和煤粉为二元加重质，达成了对6～100毫米原煤的分选，可能偏差E_p为

---

[1] 张振红. 我国干法选煤技术发展现状与应用前景[J]. 选煤技术，2019（1）：43-47，52.

0.055克/厘米³，数量效率大于95%，实现精煤超低灰分3.46%。空气重介流化床选煤技术工艺的工业应用具有节水效果好、选煤效率高、占地面积小、投资低、建设周期短、设备稳定可靠、运行平稳等优点。

8.3.5　破碎筛分技术装备

大型中碎分级破碎装备具有高可靠性、高耐磨性、可更换破碎齿板等特点，可对分级破碎机运动状态进行实时监测。在润滑控制系统之上进行优化改进，达到按需调节，节能节油，提高运行可靠性的要求。

在筛机振动参数优化的基础上，研发成功SXJ系列香蕉筛、ZK系列直线振动筛、YK系列圆运动筛、QZK系列高频振动筛以及高频振网筛等，已广泛应用于选煤厂分级、脱水、脱介和脱泥作业。新开发的SXJ4261香蕉筛、ZK3642直线振动筛和QZK2041高频振动筛均达到了国际先进水平。

8.3.6　脱水技术装备

离心脱水技术装备。开发出的1.6米大型卧式振动卸料离心脱水机与国内外现有的卧式振动离心机相比，具有结构简单、拆装方便、主振弹簧易更换等特点，经过调试、试验和生产实践表明：在入料浓度不小于30%，入料粒度0.5~50毫米的条件下，产品的处理量高达300吨/时，产品水分保持在9%以下，已达到国内外同类设备先进水平。同时，针对选煤厂运营中出现的易损件多、易损件消耗量大等问题，研制立式离心机，可单独更换易磨损部位的刮刀、钟形罩，并保证易损件的动平衡，实现刮刀、钟形罩易磨损部位单独更换，使立式离心机使用成本进一步降低。同时，通过对卧式振动卸料离心脱水机进行智能监控技术研究，提高了国产卧式振动卸料离心机整体智能化水平。

沉降过滤式离心脱水机。沉降过滤式离心脱水机是一种连续生产的固液分离设备，煤浆在离心机内分别经历了离心沉降和离心过滤两个过程。沉降过滤式离心脱水机用于-0.5毫米细煤泥脱水，处理浮选精煤和尾煤的脱水。沉降过滤式离心脱水机与加压过滤机、板框压滤机等粉煤脱水设备相比，具有处理能力大、产品水分低、连续排料、自动化程度高等优点，但固体回收率相对于其他设备较低。"十三五"期间，对其传动系统进行了改进，并对部分规格离心机的离心强度进行了调整，同时多处采用人性化设计结构，使整机性能进一步优化。同时，成功研制了 WLC1600×2400 大型卧式沉降过滤式离心机，标志着我国沉降离心机的大型化技术水平迈上了新台阶。

8.3.7 智能洗选装备

中煤科工集团南京设计研究院有限公司自主研发了一系列适用于煤炭洗选领域的技术与设备。

1. 数字孪生选煤智能控制系统（三代）

基于 Unity 3D 为选煤厂打造数字孪生平台，创新性地将 BIM、仿真、管理、控制等领域技术进行有效融合，以选煤厂各项实际运行参数为基础，构建了 1 套提前模拟预测的仿真选煤厂运行模型，并为工作人员提供人性化的窗口前端进行使用，有效地指导了现场生产和管理。第一代数字孪生平台达到了"数化"，即实现了对物理世界数字化的过程；第二代数字孪生平台达到了"互动"，即数字对象间及其与物理对象之间实现了实时动态互动；第三代数字孪生平台可达到"先知、先觉"，即利用仿真技术对物理世界实现 1 个全周期的动态预测，同时依据不完整的信息和不明确的机理，通过工业大数据和机器学习技术预测数字孪生体的未来。数字孪生选煤智能控制系统如图 2-8-5 所示。

图 2-8-5 数字孪生选煤智能控制系统

数字孪生平台应用方面，平台已在山东能源集团鲁西煤矿选煤厂、陕煤集团曹家滩煤矿选煤厂和小保当煤矿选煤厂等项目中得到了充分应用，为选煤厂智能化建设提供了助力。数字孪生选煤智能控制系统应用如图2-8-6所示。

图2-8-6 数字孪生选煤智能控制系统

2. RADS煤矸干式洗选机（一代）

RADS煤矸干式洗选机应用智能识别技术和机械洗选装置，具有智能、安全、高效、节能、环保等优势，可满足实际生产需求；并可根据洗选需求进行组合或独立配置，既可选矸也可除杂。RADS煤矸干式洗选机的识别系统包括应用于大块和杂物识别的视觉识别系统以及中小块矸石识别的光电识别系统（难选矸配合视觉识别）。RADS洗选执行机构包括机器人和高压吹气装置。RADS煤矸干式洗选机技术参数见表2-8-3。

表2-8-3 RADS煤矸干式洗选机技术参数

项目	数值	备注
洗选来料粒级（毫米）	50~500	超范围定制，最小到25
处理能力（吨/小时）	130~280	受煤质粒度、带宽等影响
洗选精度（%）	>95	受机器人数量影响，可布置的机器人数量越多，精度越高
输送机速度（米/秒）	0.3~0.7（一级）/ 2.0~2.5（二级）	两级输送

原煤进入选矸系统后经过视觉识别区域，视觉识别装置可根据煤炭

和煤矸石在图像中灰度、纹理等不同而识别出煤矸石和杂物，识别出目标物后会将位置信息发至控制装置，控制装置根据该位置信息调控机器人和机械夹爪进行初分拣。初分拣后的原煤再经过射线识别区域，识别出煤流中较小的煤矸石，然后控制高压气阀吹动目标物，使得煤矸石和煤的落料轨迹不同，进而完成精细筛选。RADS煤矸干式洗选机机器人如图2-8-7所示。

图2-8-7　RADS煤矸干式洗选机机器人

8.4　煤矿智能化装备系统

煤矿智能化是5G、大数据、物联网、人工智能等新一代信息技术与煤矿采、掘、机、运、通等全生产工艺流程的深度融合[1]。随着煤矿

---

[1]　王国法，任怀伟，赵国瑞，等.煤矿智能化十大"痛点"解析及对策[J].工矿自动化，2021，47（6）：2-3.

智能化装备系统的推广应用，煤炭开采装备实现了升级换代。

8.4.1 掘支运一体化快速掘进智能成套装备

基于煤矿掘进工作面智能化和快速成巷的迫切需求，中国煤炭科工集团太原研究院有限公司研制出世界首套掘支运一体化快速掘进智能成套装备，主要包括掘锚一体机、锚杆转载机、连续运输系统、远程集控系统等，通过远程集控系统对成套装备协同控制，形成了掘进、支护、运输一体化、自动化作业线，开创了人机高效协同智能掘进新模式，填补了国际上该领域的空白。掘支运一体化快速掘进智能成套装备不仅可适用于稳定、中等稳定的围岩条件，也适用于"三软"煤层等复杂地质条件，适用于高度为2.0~6.0米、宽度为5.0~7.2米的巷道。掘锚一体机有EJM340/4-2H、EJM340/4-2D、EJM340/4-4E等8种机型，涵盖轻型到重型，可适应薄煤层到厚煤层，其中轻型机截割功率为340千瓦、钻箱转矩400牛·米、除尘系统处理风量400米^3/分；锚杆转载机有MZHB4-1200/25、MZHB6-1200/20等10种机型，具备煤流缓冲、转载、破碎、锚杆（索）支护多重功能，集成自动锚索钻机可实现锚索自动连续钻孔；连续运输系统主要有柔性连续运输系统、大跨距桥式转载系统、自动延伸系统三类，根据带式输送机带宽、底板条件、进尺要求、采购成本等因素综合配套。掘支运一体化快速掘进智能成套装备如图2-8-8所示。

图2-8-8 掘支运一体化快速掘进智能成套装备

1. 关键技术

掘支运一体化快速掘进智能成套装备主要包括以下创新技术：

(1) 掘锚一体机关键技术。研制的双驱高速合流截割减速器及截割系统,与进口机型相比,功率提高了1倍,截割能力强,有效解决了半煤岩全宽截割的难题;限矩器、转矩轴、电气三重截割过载保护技术,有效地提升了开机率;千伏级履带交流变频调速技术,有效提升了逃逸性能,且整机接地比压低至0.2兆帕,破解了该类机型底板适应性难题;EJM340/4-4E等机型采用多钻机大行程整体滑移技术可较好地适应"三软"等复杂地质条件,永久垂直支护空顶距达1.1米,外顶锚回转实现了侧帮支护,内顶锚钻机滑移实现巷中支护,4台侧帮钻机实现了1.4米以上水平侧帮支护全覆盖,有效解决高、低片帮等施工难题;集成超前临时支护、超前钻探、辅助自动上网、泡沫除尘、钻箱集水等功能,临时支护空顶距缩短至0.4米、超前钻机转矩超2000牛·米,相关技术指标全面领先。

(2) 锚杆转载机关键技术。创新研发了锚索自动连续钻孔技术,钻杆由旋转式大容量锚杆仓存储,通过机械手实现钻杆自动抓取、接杆、拆杆、回仓等动作,智能判断钻进深度和锚固状态。大容积料斗缓冲+下入料单滚筒式破碎+低速转载组合破碎转载技术,破碎效率高,不易产生循环煤,形成了掘锚一体机和带式输送机的"缓冲带",有效防止输送带撒煤,且通过掘锚一体机和锚杆转载机的长距离搭接,实现了锚索支护不影响二次掘进循环,掘支平行作业率由不足25%提升至50%。

(3) 连续运输系统创新技术。研发的柔性连续运输技术,采用位姿锁定的蛇形关节架体、偏置摆动式油气悬挂等机构,实现半径为8米的输送带可进行90°的转弯输送,通过移动式带式输送机、迈步式自移机尾、穿梭动力站组合实现输送带150米的往复搭接、连续转载,保障了圆班连续掘进。

(4) 远程集控系统关键技术。研发的高精度激光惯导+全站仪组合导航技术,通过适应性修正和补偿算法,实现掘进高精度定位定向,具有无辅助导航源条件下航向角、姿态角保持精度高、高精度自对准等优势,融合毫米波雷达、测距传感器等多感知技术,开发多机协同控制系统，采掘工序高阶自动、少人作业，辅助工序协同控制、无人操作，实现成套装备自动截割、锚索遥控钻孔、自动跟机、一键启停；地面和井下远程集控中心，通过构建多信息融合网络，实现多机协同控制、设备状态可视监控与健康诊断、环境智能检测、主动安全防护、无线数据网络管理、供配电等功能。

（5）掘进工作面除尘关键技术。控尘方面，研发了固液气三幕控尘法，阻断粉尘扩散；除尘方面，与专业除尘技术企业 CFT 合作开发高效湿式除尘技术，掘锚一体机机载除尘处理风量由 250 米^3/分增加至 400 米^3/分，综合除尘效率达 97%，全方位净化工作面环境，保障掘进工作面人员的职业健康。

2. 实践应用及推广

掘支运一体化快速掘进智能成套装备已在国家能源投资集团有限责任公司、中国中煤能源集团有限公司、陕西煤业化工集团有限责任公司、山东能源集团有限公司等大型煤炭企业多种地质条件下推广应用 60 余套，成功打造了稳定围岩条件月进 3000 米、中等稳定围岩月进 2000 米、复杂围岩月进 800 米三种智能快掘模式，市场占有率连续 2 年为国内第一。掘支运一体化快速掘进智能成套装备的应用使掘进速度提高了 2~3 倍，有效缓解了采掘失衡，实现了掘进技术与装备的重大突破，保障了我国煤炭资源的稳定供应；同时，掘支运一体化快速掘进智能成套装备的推广应用减少了掘进作业人员，提升了掘进工作面智能化和安全保障水平，有效化解了地质隐患、机械伤害等安全风险，为煤矿智能化建设和安全生产提供了核心装备支撑。

掘支运一体化快速掘进智能成套装备突破了我国煤炭生产中巷道掘进的技术瓶颈，技术成果经中国煤炭工业协会组织鉴定达到国际领先水平，获得 2019 年中国煤炭工业科学技术特等奖、2021 年山西省科技进步一等奖、2021 年中国职业安全健康协会科学技术一等奖等省部级奖励 10 余项，并先后入选国务院国资委《中央企业科技成果推荐目录（2020 年版）》（全国总计 178 项）、中国煤炭工业协会《2019—2020 年度全国煤炭行业两化深度融合优秀项目》（全国总计 100 项）、中国科协

2021年"科创中国"先导技术榜单（全国总计100项），有力地支撑了我国能源生产革命、煤矿智能化建设，实现了我国巷道掘进技术与装备从"跟踪"为主向"领跑"为主、价值链由中低端向中高端的转变，引领了煤矿掘进技术与装备的发展方向。

8.4.2　智能综采控制系统

SAM2.0新一代无人化开采系统是面向煤矿综采工作面自动化控制与智能化开采的软硬件结合的成套系统。该系统以透明开采平台为感知基础，基于井下环网、工作面WiFi及5G专网构成的高速网络通道，利用网络型液压支架控制器对支架群组实现自动化跟机；通过打造包含井下监控中心、三岗合一分控中心、运维巡检系统及地面太空舱为一体的开采中心，构建了涵盖工作面级、煤矿级和集团级的多维度数据中心，实现了开采的智能规划和综采装备的协同控制，集成了工况监测、远程控制、视频识别、基于透明地质的自主规划截割、数字孪生等功能，并拓展了APP移动客户端的应用，实现了工作面"自动跟机、远程干预、无人巡视、自主割煤"的新一代无人化开采模式。SAM2.0新一代无人化开采系统架构如图2-8-9所示。

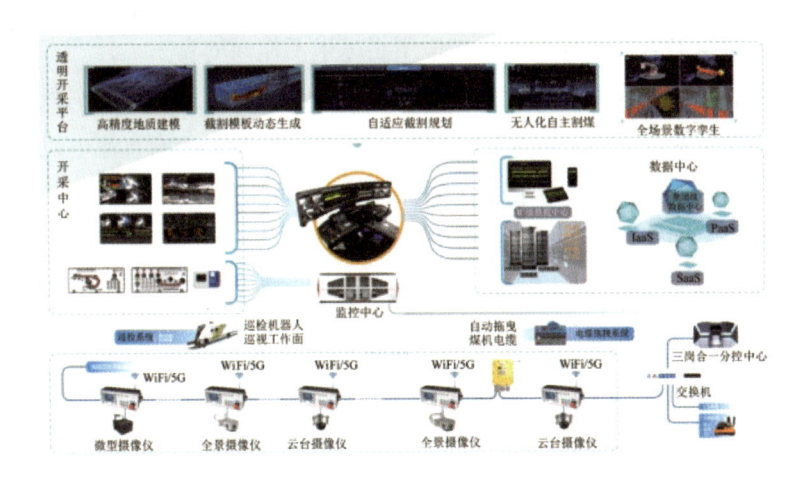

图2-8-9　SAM2.0新一代无人化开采系统架构

1. 核心技术

透明开采平台。透明开采平台是无人化开采系统的空间感知依据和数据建模基础。该平台利用地质勘探、地理信息、三维仿真等技术手段，探测煤层结构，构建煤岩关系，将真实的回采煤层转换为一个基于绝对三维坐标的数字化煤层，实现地质透明化。透明开采平台通过对综采装备的位姿信息及推进过程中的运动状态感知与测量，建立综采装备集群的空间状态模型及综采装备与煤层之间的坐标定位转换机制和数据交互模型，将装备集群与数字化煤层在三维空间场的多维度强耦合关联，实现综采装备的透明化，提升综采装备对开采条件的全面适应性，建立可自适应开采的透明工作面。

远程集控。由井下监控中心、三岗合一分控中心和地面太空舱 3 个位置独立且数据互通的集控室，实现对综采装备的远程集中控制。井下监控中心和三岗合一分控中心作为井下的远程集控单元，在巷道实现了对综采装备的远程集中控制。为了保证上下级系统之间通信的可靠性，采用矿井环网和无线网络冗余配置的网络拓扑方案。地面一体化太空舱集成了多种终端设备可操控的井下装备，并与井下监控中心和三岗合一分控中心互联互通。

巡检机器人。巡检机器人是适用于综采工作面的自主运行、多传感器融合、高精度探测和实时响应的巡检装备。巡检轨道采用沿刮板输送机电缆槽帮布置，机器人采用轮式行走机构，配置了无刷直流电机，搭载有摄像机、惯性导航、传感监测装置，可沿综采工作面跟随采煤机往复移动并进行全方位的监控，具备自主定位、数据无线上传、避障急停等功能。巡检机器人与集控系统的集成，实现了自动运行和远程控制，替代了人工进行工作面巡检。矿业本安型综采巡检机器人如图 2-8-10 所示。

智能视频系统。智能视频系统利用图像识别技术，基于煤矿井下远程可视化监控视频系统，实现了视频的智能识别功能。智能视频在综采过程中可对工作面环境状态进行实时感知，对煤机滚筒、护帮板状态、井下人员、大块煤等目标进行自动检测识别，以及异常状况智能监测与

图 2-8-10 矿业本安型综采巡检机器人

报警。在视频跟机过程中自动识别出采煤机滚筒和附近支架护帮板的状态，联动控制采煤机和支架，防止滚筒与护帮发生碰撞干涉。自动识别及准确定位工作面液压支架附近的人员目标，基于人员安全保护策略针对人员目标所在的液压支架进行联动闭锁操作。

自主规划截割。基于透明开采平台建立的数字化煤层，利用动态切片技术，对工作面煤层实施分层切片，每层切片对应一刀截割，依据切片模型、滚筒调整量、截割深度、截割断面，精准规划出截割模板。按照截割模板对采煤机路径、滚筒高度等进行智能规划，采用平滑阶梯多级调整控制技术对采煤机滚筒高度、速度、方向等进行自动化控制，以达到智能自主规划截割的目的。

数字孪生。根据综采工作面各个设备之间的机械物理运动学关系，对各个装备之间的协同运作关系进行程序建模，通过三维物理引擎，结合自主开发的装备运动学仿真算法，对综采工作面装备进行三维物理运动学仿真。通过工作面设备的传感器数据结合物理规则，约束、重现工作面设备动作与状态，以数据驱动仿真三维工作面场景。

APP 移动客户端。为方便用户实时监测生产工况，以数据中心作为后端服务平台，拓展了 APP 移动客户端。APP 作为展示层的应用，用户可通过 APP 界面实时查看生产数据和分析结果，该客户端支持鸿蒙、安卓、IOS 主流移动操作系统。APP 移动客户端界面如图 2-8-11 所示。

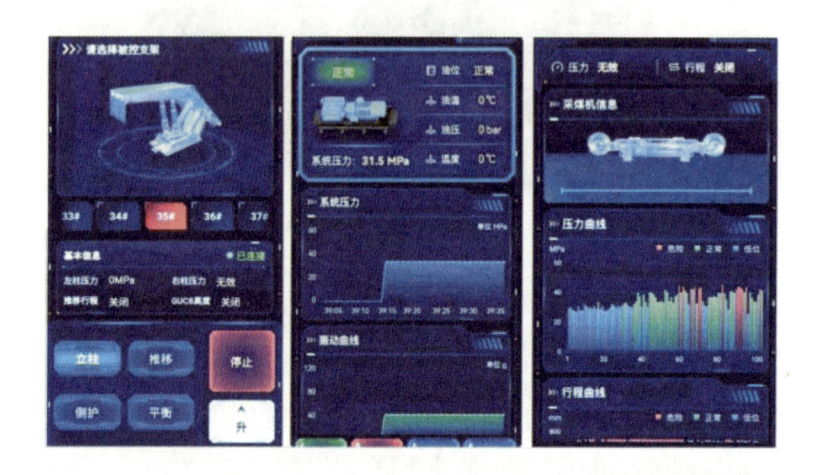

图 2-8-11　APP 移动客户端界面

2. 实践应用及效果

SAM2.0 新一代无人化开采系统在国能神东煤炭集团榆家梁煤矿 43102 工作面成功应用。该工作面设计长度 340 米，推进长度 2199 米，煤层厚度 1.2~1.7 米，平均厚度 1.43 米，设计采高 1.5 米，可采储量 131.7 万吨。通过透明开采平台构建了三维数字煤层，工作面配备了巡检机器人，在刮板输送机电缆槽轨道上运行，最大巡检速度 60 米/分钟，10 分钟内可完成全工作面巡检，并通过自主规划截割技术实现自主智能割煤。SAM2.0 新一代无人化开采系统在神东煤炭集团榆家梁煤矿 43102 工作面的应用，达到了无人巡视、自主割煤的预期目标。

8.4.3　煤矿机器人装备

中煤科工集团沈阳研究院有限公司特种机器人事业部已研发出巡检机器人、辅助作业机器人等近 30 余款煤矿机器人以及机器人集群指挥调度系统，并提炼出60余项共性关键技术，产品覆盖15个煤矿应用场景，形成了"天－地－井"多场景煤矿机器人一体化解决方案。"天－地－井"多场景煤矿机器人一体化解决方案如图2－8－12所示。

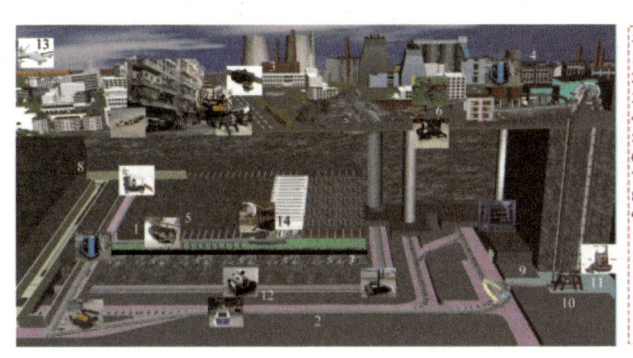

图2－8－12 "天－地－井"多场景煤矿机器人一体化解决方案

将煤矿机器人分为四大类，即巡检类、直接作业类、辅助作业类和救援类机器人。其中，巡检类机器人多为轨道式和轮式行走，同时在固定硐室、选煤厂等场景仍存在大量又迫切的巡检需求，巡检类机器人涵盖了轨道机器人、固定场所巡检机器人、移动机器人和仿生类机器人。

共规划8个产品线，现已研发的产品包括轨道式机器人、固定场所巡检机器人、长距离移动巡检机器人、大型辅助作业机器人、清理类机器人、仿生类机器人及抢险救援机器人等7类。其中，特别针对《煤矿机器人重点研发目录》中没有提到的变电所、水泵房和压风机房等场景巡检，提出了固定场所巡检机器人产品线；针对选煤厂、电缆沟等多层次结构空间提出了仿生类机器人产品线。同时，矿鸿类机器人产品线可根据实际需求将矿鸿系统应用于上述7类机器人。沈阳研究院总计规划了60余款煤矿机器人产品，其中，巡检类机器人共35种，辅助作业类和清理类机器人共15种，救援类机器人规划共10种。煤矿机器人产品线如图2－8－13所示。

图 2-8-13　煤矿机器人产品线

8.4.4　智能一体化管控平台

"煤科云"矿井智能一体化管控平台是为解决煤矿企业数字化转型过程中面临的"信息孤岛"，管理模式落后，设备通信接口不统一，数据协议标准不一致等问题而研发的解决方案，按照"云-边-端"分层架构将煤矿各分控制系统（综采子系统、综掘子系统、运输子系统、安全子系统等）的数据进行汇聚融合，并与矿井相关信息化系统进行互联互通，形成整个矿井级的智能化综合控制系统和业务综合分析系统，以数据为核心驱动整个矿山安全生产和高效运营。

平台基于先进的工业互联网架构，将物联网、大数据、人工智能、三维虚拟仿真等技术与煤矿生产技术充分融合，遵循统一数据、统一模型、统一平台、统一架构的原则，实现矿井各业务系统的设备标准接入、数据融合共享、智能协同管控。平台提供数据采集、边缘计算、协同控制、工业 APP 和人工智能等关键共性技术，全面赋能煤矿智能化解决方案。平台设备层支持接入煤矿各种智能设备、传感器、SCADA 系统等多源异构数据；平台层具备通用 PaaS 能力和煤炭行业 PaaS 能力，提供各类数据库、消息中间件、缓存等基础组件，具备已有应用的上云和新应用的云原生开发能力，通过煤炭工业知识的软件化封装，构建煤炭行业算法模型库和行业知识库，提供三维 GIS 开发平台、组态工具和可视化工具等行业开发组件，实现煤炭工业技术的共享和复用，形成一体化研发模式；应用层集成了"采、掘、机、运、通"等煤矿专项子系统和生产类、安全类、综合管理类煤矿智能化综合应用，打造矿井级工业互联网 APP 生态。

平台七大核心技术分别是：多源异构数据的集成和煤矿全域子系统的数据接入；统一的煤炭行业数据结构模型体系，即 EIP 对象模型；覆盖井上井下作业过程的数据主题和专题库；涵盖生产过程监测、生产管理、设备管理、能耗管理、安全管理等关键主题的煤炭行业专用算法模型库；统一的数据共享标准，保障数据的安全，实现数据资产的统一管理和共享；桌面组态和云组态工具开发一体化，云组态解决监控系统上云的难题，桌面组态保留控制的可靠性、实时性和稳定性；三维 BIM + GIS 服务，采用标准化数据处理及转换流程，可快速便捷地转换矿山基础信息数据，实现全矿井"人-机-环-管-控"等数据的融合与展示。

平台部署架构主要包括大数据服务集群、PaaS 服务集群、采集节点、监控工作站等基础设施。其中，PaaS 服务集群提供容器化资源，为平台各应用系统提供基础的资源调度、运行时服务等环境。

实践应用及效果。在王坡煤矿，矿井智能一体化管控平台集成了 12 个生产控制类子系统、5 个安全监测类子系统和 5 个智能化综合应用，展示矿企高层领导及生产部、机电部、调度中心、安监部、通风部、信息中心等部门领导最关注的生产、经营、安全类综合性指标 130 余个，实现了开采环境数字化、采掘装备智能化、生产过程遥控化、信息传输网络化和经营管理信息化。小保当煤矿，矿井智能一体化管控平台已接入井上井下 19 个子系统的数据，17797 个测点；每日接收数据约 400 万条，支持对传输量、采集频率、传输速率等指标的监测；形成煤炭行业安全生产、生产工艺、生产效能、安全监测保障等九大主题域，为安全类、能耗类、设备类、生产类、过程监测类等 20 个算法模型提供数据支撑。王坡煤矿智能一体化管控平台界面、小保当煤矿安全生产大数据看板界面如图 2-8-14、图 2-8-15 所示。

图 2-8-14　王坡煤矿智能一体化管控平台界面

图 2-8-15　小保当煤矿安全生产大数据看板界面

第 9 章 煤炭清洁高效利用

党的二十大报告指出，深入推进能源革命，加强煤炭清洁高效利用。随着我国经济进入高质量发展阶段，在碳达峰、碳中和背景下，持续推进煤炭清洁高效利用，对保障能源安全稳定供应、推动经济社会高质量发展具有重大意义和巨大潜力。当前形势下，加快煤炭清洁高效利用是支撑能源转型、确保国家能源安全和实现"双碳"目标的必然选择和坚强基石。

9.1 煤炭清洁高效利用现状

9.1.1 清洁燃煤发电

1. 清洁燃煤发电装机现状

我国煤炭清洁高效利用加快推进，通过推进热电联产集中供热替代、上大压小、清洁能源替代等措施淘汰能耗高、排放大的燃煤小锅炉，截至2020年底，京津冀及周边地区、汾渭平原、长三角地区每小时35蒸吨以下燃煤锅炉基本清零，全国县级及以上城市建成区内每小时10蒸吨以下燃煤锅炉基本清零，10.3亿千瓦煤电机组完成超低排放改造，占煤电总装机容量的93%，建成世界最大的清洁煤电体系[1]。截至2022年底，我国煤电装机容量为11.3亿千瓦，占总发电装机容量的43.8%，其中9亿千瓦是高参数、大容量

---

[1] 生态环境部：减污降碳协同增效工作取得积极成效. 2022-06-12. https://www.ndrc.gov.cn/xwdt/ztzl/2022qgjnxcz/bmjncx/202206/t20220612_1327157.html.

煤电机组[1]。2021年煤电以不足50%的装机占比，生产了全国60%的电量，承担了70%的顶峰任务[2]。

充分发挥煤电的基础保障作用和灵活调节作用，对推动煤电清洁低碳高效转型和促进新能源大规模开发消纳至关重要。国家能源局联合科技部印发《"十四五"能源领域科技创新规划》，围绕煤炭清洁高效转化技术以及先进燃煤发电技术等，进一步推动煤电行业清洁低碳、安全高效发展，提出新建项目优先采用大容量、高参数、低能耗、调节能力好的发电机组。2021年10月，国家发展改革委、国家能源局印发《全国煤电机组改造升级实施方案》，统筹煤炭清洁高效利用和新能源开发消纳调峰需要，推动煤电机组节能降碳改造、灵活性改造、供热改造"三改联动"。

2. 火电标准煤耗指标

火电机组容量等级结构持续向大容量、高参数方向发展。2022年全国6000千瓦及以上火电厂供电标准煤耗为300.7克/千瓦时，与2015年的315克/千瓦时相比降低14.3克/千瓦时（由于中国电力企业联合会数据未将火电厂供电标准煤耗数据进行拆分，考虑火电中的燃煤发电占比较高，因此火电厂供电标准煤耗变化情况可以反映燃煤发电供电标准煤耗的变化）。伴随着火力燃煤清洁供电技术的不断提高，全国6000千瓦及以上火电厂供电标准煤耗呈现下降趋势。2015—2022年全国6000千瓦及以上火电厂供电标准煤耗如图2-9-1所示。

3. 超低排放燃煤发电发展现状

2014年6月国务院办公厅印发的《能源发展战略行动计划（2014—2020年）》中首次提出：新建燃煤发电机组污染物排放接近燃气机组排放水平[3]。为确保超低排放改造工程的普遍成功、避免部分工

---

[1] 煤电达峰须加强需求侧管理. 2023-04-23. http://hzj.nea.gov.cn/adminContent/initViewContent.do?pk=4028481a86f9f9bb0187ac44c70e1f0d.

[2] 煤电仍将长时期承担保障电力安全的重要作用. 2022-04-29. http://www.nea.gov.cn/2022-04/29/c_1310579709.htm.

[3] 朱法华. 超低排放：国家专项行动下的技术突破[J]. 中国电力, 2017, 50 (3): 9-10.

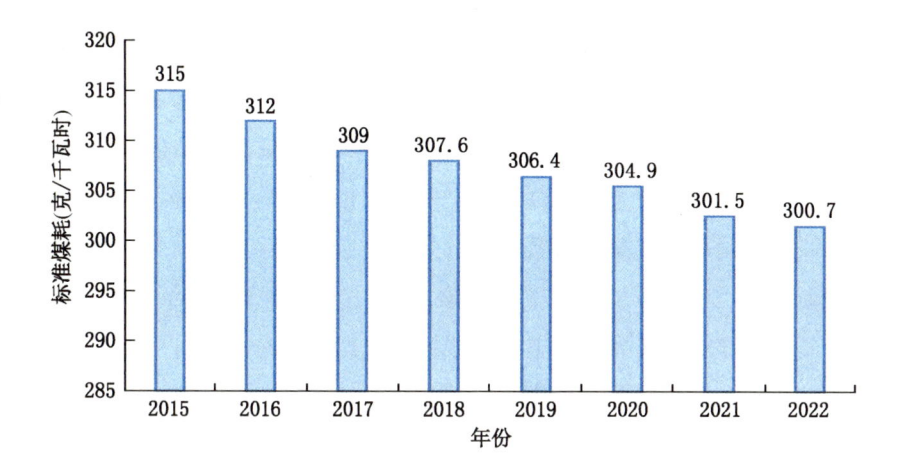

数据来源：中国电力企业联合会

图 2-9-1　2015—2022 年全国 6000 千瓦及以上火电厂供电标准煤耗

程建成后难以运行及被迫拆除重建造成的严重浪费，2016 年 4 月原环境保护部组织编制《火电厂污染防治可行技术指南》，编制组在深入研究的基础上，提出了"因煤制宜、因炉制宜、因地制宜、统筹协同、兼顾发展"的技术路线选择原则，并根据燃煤电厂的实际情况，提供了典型的超低排放技术路线[1]。2017 年 5 月 21 日原环境保护部以国家环保标准 HJ 2301—2017 的形式正式发布了指南，是中国第一个以标准发布的污染防治可行技术指南，在电力行业得到了广泛应用。此后，原环境保护部又组织编制了《燃煤电厂超低排放烟气治理工程技术规范》，于 2018 年 4 月 8 日以国家环保标准 HJ2053—2018 的形式正式发布，进一步支撑了烟气超低排放治理工程的实施[2]。

在燃煤电厂超低排放环境监测评估技术规范方面，修订了煤电机组能效标准和能效最低限值标准，指导各地和各发电企业开展改造工作。

---

[1]　朱法华. 燃煤电厂烟气污染物超低排放技术路线的选择［J］. 中国电力，2017，50(3)：11-16.

[2]　朱法华，许月阳，孙尊强，等. 中国燃煤电厂超低排放和节能改造的实践与启示［J］. 中国电力，2021，54 (4)：1-8.

传统治理技术提效升级，基于常规石灰石-石膏湿法脱硫工业上采用的喷淋层优化布置、烟气流场优化、强化传质效率组件等方法形成了单/双塔双循环、pH 分区和旋汇耦合脱硫技术[1]，强化除尘除雾效果，脱硫效率从 95% 提升至 99.7%。此外，活性焦脱硫脱硝一体化技术也在开展研究应用，该技术以物理-化学吸附和催化反应为原理，能实现一体化脱硫、脱硝、脱重金属及除尘的烟气集成深度净化，而且整个反应过程无废水、废渣排放，无二次污染。相关技术于 2022 年 3 月在国家能源集团辽宁大连开发区热电厂完成通烟气运行，是国内首个燃煤电厂的示范工程，硫资源化利用率不小于 90%、烟尘排放浓度为 2.6 毫克/米^3、SO_2 排放浓度低于检测限 3 毫克/米^3、NO_x 排放浓度为 9.2 毫克/米^3。

截至 2021 年底，全国超低排放煤电机组累计达 10 亿千瓦，约占全国煤电总装机容量的 93%，建成了世界上最大的煤炭清洁发电体系。我国电力烟尘、SO_2 排放总量和 NO_x 排放总量分别在"十一五"期间和"十二五"期间实现了转升为降，烟尘、SO_2 和 NO_x 总排放量从峰值的 380 万吨、1390 万吨、1003 万吨分别下降至 2021 年的 12.3 万吨、54.7 万吨、86.2 万吨，降幅分到达 96.7%、95.8%、91.4%。2021 年，单位火电发电量烟尘、SO_2 和 NO_x 排放量分别为 0.022 克/千瓦时、0.101 克/千瓦时、0.152 克/千瓦时[2]。

4. 超超临界燃煤发电发展现状

2017 年以前，国内煤气锅炉发电机组多以中温中压、高温高压、高温超高压和超高温超高压等中、低参数的小容量机组为主。2017 年以后，第四代超高温亚临界煤气发电技术迅速发展，机组发电效率在 40%~42%，锅炉机组规模逐渐提高。随着钢铁行业绿色低碳发展的推进，超超临界煤气锅炉发电技术应运而生。第五代超超临界煤气锅炉发

---

[1] 中国环境保护产业协会脱硫脱硝专业委员会. 脱硫脱硝行业 2019 年发展报告 [R]. 北京：中国环境保护产业协会，2020.

[2] 中国电力企业联合会. 中国电力行业年度发展报告 2022 [M]. 北京：中国建材工业出版社，2022.

电技术，煤气锅炉主蒸汽压力25.4兆帕，主蒸汽温度605摄氏度，再热蒸汽温度603摄氏度，为目前煤气锅炉发电技术的最高参数，机组发电效率进一步提升至43%～45%[1]。

2018年底中国已投产的超超临界机组已达160余台，占中国火电机组装机容量的45%，其中1000兆瓦及以上机组超过100余台，目前中国已是世界上超超临界1000兆瓦机组发展最快、数量最多、容量最大和运行性能最先进的国家。我国25～31兆帕/600摄氏度等级超超临界发电技术已经逐步成熟，同时具备了630摄氏度超超临界机组的研发能力。大唐郓城35兆帕/615摄氏度/630摄氏度/630摄氏度超超临界二次再热国家电力示范项目已于2019年获批。目前正在开展630～650摄氏度材料的研制和开发，建设630～650摄氏度机组已成为下一步电站建设的重要目标。全球600摄氏度超超临界机组最多的设计运行经验，也为我国700摄氏度超超临界燃煤发电技术的研究与发展奠定了良好的基础[2]。

5. CCS电厂发展现状

"降低温室气体排放，缓解全球变暖带来的负面影响"已成为全球共识。面对艰巨的减排任务，世界各国在努力提高能源利用效率、发展清洁能源的同时，也大力推进碳捕捉与封存技术。CCS是指将CO_2从排放源分离出来，输送到封存地点，注入地下深层地质结构使之与大气长期隔绝的过程，包含捕捉、运输和封存三个环节，被认为是未来减排组合的重要组成部分和传统化石能源通往清洁能源的过渡方案[3]。目前，电力部门因其排放较多的CO_2，已成为我国减排首选方向。多名专家指出，电力部门大规模减排离不开对现有燃煤电厂的CCS改造，并将"CCS+燃煤发电"作为碳减排环境下主要的发电技术之一，CCS也受

---

[1] 许杨杨，尹朝强，刘宇钢，等．超超临界煤气锅炉发电技术研究 [J]．冶金能源，2023，42（1）：45-48．

[2] 王倩，王卫良，刘敏，等．超（超）临界燃煤发电技术发展与展望 [J]．热力发电，2021，50（2）：1-9．

[3] 梁喜，马春梅．不同混合回收模式下闭环供应链决策研究 [J]．工业工程与管理，2015，20（4）：54-60．

到了我国政府的重视与支持[1]。

中国的 CCS 技术在燃煤电厂应用上取得了一定的成果。2021 年 6 月 25 日，国内规模最大的燃煤电厂二氧化碳捕集与驱油封存全流程示范项目——陕西国华锦界能源有限公司（以下简称国华锦界）15 万吨/年二氧化碳捕集（CCS）示范工程正式投产。试运期间该项目连续生产出纯度 99.5% 的工业级合格液态二氧化碳产品，成功实现了燃煤电厂烟气中二氧化碳大规模捕集[2]。天津绿色发电项目——大型国有能源巨头华能将 CCS 纳入整体气化联合循环技术，创立了具有完全自主知识产权的二氧化碳捕集理论和成套技术体系。中石化胜利电厂 CCS 项目和延长 CCS 一体化示范项目处于初步规划阶段，是目前国内最大的示范基地和标杆工程。这些项目的成功投运，为我国燃煤电站推进实现"近零排放"提供了技术支撑，为我国火电厂开展百万吨级大规模碳捕集项目积累了实践经验，对落实"碳达峰""碳中和"目标具有重要意义[3]。

9.1.2　高效燃煤工业锅炉

工业锅炉是重要的热能动力设备，广泛应用于工厂动力、建筑采暖、人民生活等各个领域。受生产规模及行业技术水平、制造水平的限制，21 世纪初，燃煤工业锅炉行业平均热效率仅能够达到 60% 左右。为了使大气污染状况得到改善，提高燃煤工业锅炉的燃烧效率以及降低污染物的排放迫在眉睫。基于严峻的节能与环保形势，中国煤炭科工集团煤炭科学研究总院有限公司提出并展自主煤粉工业锅炉系统成套技术的研发，旨在通过优质低阶煤粉分布式燃烧，实现与天然气锅炉等同的高效和洁净排放效果，并与天然气锅炉形成互换或备份。

1. 现代煤粉工业锅炉

中国煤炭科工集团煤炭科学技术研究院有限公司 2003 年启动了煤

---

[1] 王众，骆毓燕，匡建超，等. 我国大型燃煤电厂 CCS 源汇匹配与优化研究 [J]. 工业工程与管理，2016，21（6）：75-83，89.

[2] 方圆. 落实"双碳"目标化工建设企业大有可为：陕西国华锦界 15 万 t/a 二氧化碳捕集（CCS）示范工程建设纪实 [J]. 石油化工建设，2021，43（5）：1-5.

[3] 周健，邓一荣. 中国碳捕集与封存（CCS）：现状、挑战与展. 环境科学与管理 [J]. 2021，46（8）：5-8.

粉工业锅炉技术开发项目。在国家科技支撑计划、"863"计划、国合及国有资本经营预算等项目经费支持下，历时十多年，耗资6500余万元，先后在煤粉安全运输储存、无脉动浓相供料、中心逆喷低氮燃烧、高倍率灰钙循环烟气脱硫等关键技术方面取得突破，开发出具有国际水准的自主煤粉工业锅炉系统。截至目前，煤粉工业锅炉系统已形成多个系列化产品。系统热效率达92%以上，与传统链条锅炉相比节煤率达30%以上，烟气污染物排放达到超低排放，取得了良好的经济、社会效益。现代煤粉工业锅炉系统主要特点：采用分布式能源利用理念，以现代化全密闭煤粉储罐取代堆煤场，煤粉燃料集中制备、统一配送，实现燃料有效管控；先进的中心逆喷强化燃烧技术，大大缩短了煤粉着火时间，提高了燃烧稳定性，可以达到与天然气相当的启动速度（2~3分钟），配合煤粉安定储存、无脉动供粉等技术，实现煤粉的高效、低氮燃烧；配套NGD半干法灰钙循环烟气净化等技术，实现锅炉烟气超低排放（SO_2浓度不大于35毫克/米^3、NO_x浓度不大于50毫克/米^3、颗粒物浓度不大于10毫克/米^3）；全系统闭环运行，可实现自动调节，运行操作和系统管理便捷，智能化水平高。

2. 循环流化床锅炉

粉煤流态化燃烧从流态化催化反应（化工）过程嫁接而来，距今有近100年的发展史。主要利用了流态化床层炉料蓄热量大、温度场分布均一这一特点。以清华大学、中国科学院、东南大学等为代表的高校及研究机构长期致力于循环流化床锅炉的技术研究，不断改进、优化，目前循环流化床锅炉除在低热值燃料适应性方面，在热效率及污染物初始排放方面也具有较好的优势。具体特点包括：一是不同性质的燃料均有理论上的适应性。在理论上，流态化燃烧组织能适应各种燃料，包括低挥发分的难燃无烟煤至灰分高达40%~60%的劣质煤。此外，也可以燃用石油焦、页岩以及固废（含垃圾）等。二是可以实现炉内固硫及低NO_x燃烧。流化床锅炉的炉内固硫率一般可以达到80%以上；一般流化床锅炉NO_x的初始排放浓度也可以控制至低于200毫克/米^3。

在产业发展及市场需求方面。在燃煤电站锅炉领域，主要是煤粉锅炉为主，其占据了主要地位，随着循环流化床锅炉在高参数、大型化方面的技术突破，其占比有所增加，但总装机容量仍相对较少。在燃煤工业锅炉领域，双碳政策前，现代煤粉工业锅炉发展较为迅速，循环流化床锅炉由于技术经济方面原因，发展相对缓慢。近几年，随着循环流化床技术的不断完善，磨损等关键问题均得到解决，尤其在煤价高企的环境下，市场接受度提高。

9.1.3 煤化工

1. 煤制烯烃发展现状

随着 MTO 和 MTP 项目的成功运行，国内煤制烯烃产业快速发展，产能快速增加，开工率稳步提升，如利用大连化物所 DMTO 技术的年产 60 万吨中煤榆林项目，利用鲁奇 MTP 技术年产 52 万吨的神华宁煤项目，利用自主技术的中天合创和神华新疆煤制烯烃项目等装置顺利开工并平稳运行。至 2022 年底，我国已投产的煤制烯烃项目总产能达到 1672 万吨/年。2016—2022 年煤制烯烃产能稳步增加，从 2016 年的 406 万吨增至 2022 年的 1672 万吨，产能增速逐年降低，从 2017 年的 97.0% 降至 2022 年的 0.0%。2016—2022 年国内煤制烯烃产能情况如图 2-9-2 所示。

数据来源：中国煤炭工业协会

图 2-9-2 2016—2022 年煤制烯烃产能情况

2. 煤制乙二醇发展现状

我国的乙二醇产业，从 21 世纪的第二个十年起，因对煤化工产业的不断支持以及煤制乙二醇工业生产的稳步推进，国内煤制乙二醇项目建设及规划发展较快。近五年我国煤制乙二醇生产能力呈迅猛增长态势。据中国煤炭工业协会统计，至 2022 年底，我国已投产的煤制乙二醇项目总产能达到 1155 万吨/年。自 2016 年以来，产能稳步增加，产能增速呈现 V 字形变化趋势，2016—2017 年产能增速达 80.0%，2017—2020 年产能增速逐步减小，2019—2020 年增速下降至最低，为 2.3%，2021 年以来产能增速逐步增加。2016—2022 年国内煤制乙二醇产能情况如图 2-9-3 所示。

数据来源：中国煤炭工业协会

图 2-9-3 2016—2022 年煤制乙二醇产能情况

3. 煤制油发展现状

在保障国家能源安全的战略指导下，煤制油产业依托良好的政策和行业环境得到稳步发展，产能扩张稳步推进。伊泰、神华宁煤等示范工程的长周期稳定运行，标志着煤制油产业从示范工程逐步向规模化发展。神华宁煤百万吨级直接液化项目和神华宁煤 400 万吨间接液化示范项目的成功标志着煤制油的间接液化法和直接液化法已经在国内发展成熟。目前国内已具备全面推广煤制油项目的技术基础，同时也积累了大量行业发展经验，相关的装备生产和制造都取得了重大突破，国产化水平也相应大幅提升。"十三五"以来，我国煤制油产能规模呈现波动上升态势。2016—2018 年煤制油产能逐步增加，在经过 2017—2018 年较大增速之后，2019 年降至 921 万吨，并在后续几年维持在 931 万吨。2016—2022 年我国煤制油产能情况如图 2-9-4 所示。

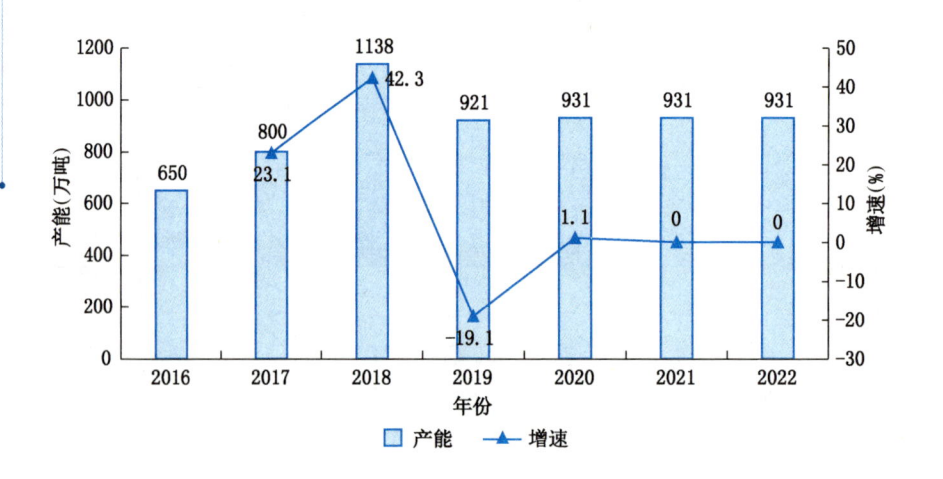

数据来源：中国煤炭工业协会

图 2-9-4 2016—2022 年煤制油产能情况

4. 煤制气发展现状

"十三五"以来，国家出台了一系列政策，对煤制气行业予以支持。2016 年国务院印发《关于积极推进煤炭资源有序开发利用的若干意见》，国家能源局出台《煤制天然气产业发展规划（2016—2020 年）》，明确了产业发展的总体目标和发展重点。此外，国家加强了煤制天然气行业的监管，全面推行煤制天然气资源开发利用税，推动企业升级改造，加强行业合规性建设等。大唐克旗、内蒙古汇能、新疆庆华、新疆伊犁新天 4 个项目为煤制气产能的主要来源。如图 2-9-5 所示，2016—2022 年煤制气产能呈现逐步增长趋势，由 2016 年的 44.4 亿立方米增长至 2022 年的 61.25 亿立方米，但产能仅在 2017 年与 2021 年增长。目前已经投产运行的煤制气项目产能、经济效益并不乐观，存在实际产量较低、综合成本较高、成本与售价倒挂、环境污染等多方面的问题。

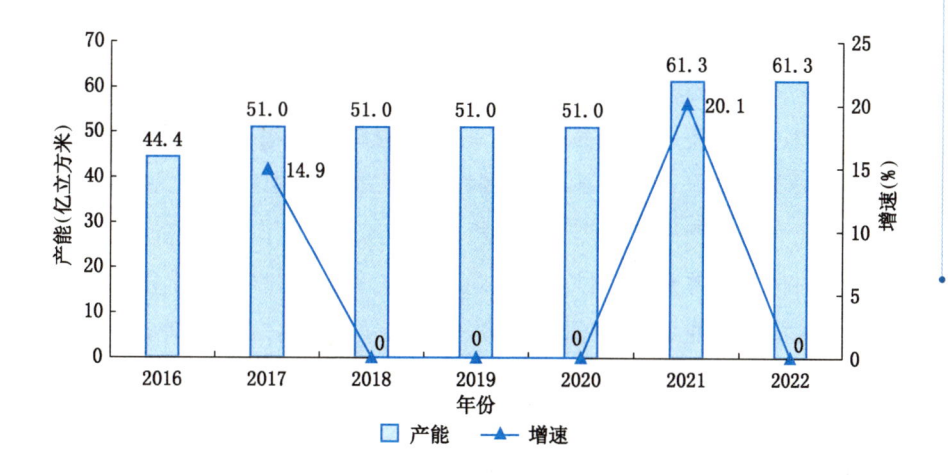

数据来源：中国煤炭工业协会

图 2-9-5　2016—2022 年煤制气产能情况

9.2　煤炭清洁高效利用重点方向

煤炭行业煤炭清洁高效利用，要贯彻落实"双碳"战略，推进碳排放技术研发和示范推广；培育建设一批行业低碳产业示范基地；探索煤炭原料化材料化低碳发展路径，打通煤油气、化工和新材料产业链，推动煤炭由燃料向燃料与原料并重转变；建立健全行业低碳发展推进机制，促进煤炭绿色低碳转型。基于此，煤炭清洁高效利用将从煤化工产业、燃煤清洁发电、清洁散煤燃烧、CCUS 技术等四个重点方向攻关。

9.2.1 煤化工产业

煤炭清洁高效利用最主要的方向是煤化工,现代煤化工资源利用与能源转化效率还整体偏低,产品缺乏进一步科技创新,技术创新仍是制约我国现代煤化工产业高质量发展的瓶颈;现代煤化工缺乏下游产品高端化核心技术,产业链较短。煤化工的清洁高效利用应从科技创新和多产业融合方向发展。

在现代煤化工科技创新方面,煤化工产业是通过不同的生产工艺过程来提供多种用途的化工产品,其科技创新的突破口在于生产高性能、高附加值的高端差异化产品。充分发挥煤直接液化油品"一大三高四低"的显著特性,开展煤基军用特种燃料研究,如高闪点喷气燃料、高吸热碳氢燃料、舰用柴油等煤基新材料,在减轻我国对石油资源依赖程度的同时保障能源安全。目前,我国已成为世界上水煤浆技术领先、产能最大、应用行业最广泛的国家,未来水煤浆技术将向提高制浆浓度方向发展,制浆设备向大型化、节能、环保方向发展。具体发展技术方向包括:水煤浆协同处置有机废液、超高浓度水煤浆制备、水煤浆制浆系统的智能化等。加快二氧化碳捕集、封存技术研发,开展煤化工CCUS技术攻关,突破煤化工CO_2低成本捕集、CO_2驱油地质封存技术等,为现代煤化工产业实现零碳发展提供技术支撑。未来煤化工产业应继续强化重大项目示范引领,统筹国家级试验创新平台建设,鼓励有能力的煤化工企业加大科技研发投入,加强与高校、科研院所的合作,加快突破一批关键核心技术。

在多产业融合发展方面,随着可再生能源大规模发展,实现煤化工产业与新能源耦合发展,将加快煤化工低碳化战略转型。包括与天然气化工、石油化工等产业耦合发展,发挥差异化特色,实现能耗、物耗最优。氢能是新能源与煤炭能源耦合发展的纽带,通过水电、风电、光伏发电等新能源发电技术产生"电",一部分以氢能形式储能以确保电力稳定性,多余部分将以电解水的形式产生氢气和氧气,可为煤化工工艺过程加氢,将原料煤中的C部分或者全部转化到产品中,免去变化过程中由于调整碳氢比例而不得不产生的 CO_2，氧气可以进一步降低煤化工工艺过程中空分装置的规模，减少燃料煤消耗。实现现代煤化工与石油化工联动，以现代煤化工弥补石油化工的短板。石油化工的短板是石脑油不足，造成烯烃和芳烃不足，直接影响下游精细化工产品的生产加工，而现代煤化工中煤直接液化具有石脑油芳烃含量高、煤间接液化具有石脑油直链烷烃含量高的特点。现代煤化工与天然气化工、石油化工各具优势，应形成相互补充、联动发展的合理结构[1]。为现代煤化工清洁高效利用提供了新的机遇与发展动力，也可助力国家"双碳"目标的如期实现。

9.2.2　燃煤清洁发电

我国富煤贫油少气的资源禀赋，决定了煤炭在能源体系中的主体作用。通过从短期到长期对燃煤发电方向的研究，努力实现大型燃煤发电高效清洁的多目标协同，探索燃煤发电高效热功转换和清洁运行的前沿理论和技术，保障我国能源可持续发展。

短期是向清洁节能减碳方向发展。淘汰落后产能，调整机组容量，加快节煤降耗和灵活性改造。30万千瓦及以上机组实施综合节能改造，30万千瓦以下机组实施背压改造，关停置换亏损严重的小型火电机组，淘汰关停的煤电机组可转为应急备用和调峰电源。调整机组容量，有效提升机组的负荷率，避免因负荷过大而导致机组工作机能下降并造成能源损失。进一步推广应用低氮燃烧、高效除尘及脱硫等超低排放关键技术和设备，继续推进现役煤电机组实施污染物超低排放改造。开发新型低成本污染物高效联合脱除、痕量重金属元素高效脱除以及大型机组煤粉超低氮燃烧和硫资源化回收等多类处置方式。着力建设超临界高效循环流化床机组和百万千瓦超超临界机组，打造电力产业大容量、高参数、成本优、效益好的煤电一体化升级版。

中期是向深度调峰的煤电与新能源一体化方向发展。开展多能互补和煤电深度调峰，因地制宜采取风能、太阳能、水能、煤炭等多能

---

[1] 陈阳，陈芊．"双碳"背景下现代煤化工高质量发展研究［J］．煤炭加工与综合利用，2022（1）：50-54.

源品种发电互相补充措施，适度增加一定比例储能。对存量煤电、水电、新能源等电源，开展"风光储一体化"建设；针对省级区域、市（县）以及工业园区范围，开展"源网荷储一体化"建设。加大煤电、风电、光伏、储能项目一体化布局，提升电力供给效率。在满足机组经济性和环保性条件下，进一步降低在役机组的最小出力，支撑接入更多的可再生能源。探索聚光型太阳能发电与燃煤发电深度耦合，在保障太阳能发电效率的前提下，尽量降低煤耗率和汽轮机热耗率、汽耗率，提升太阳能与燃煤互补效果。完善煤与生物能的耦合发电和热转化利用路径，通过现役煤电机组的高效发电系统尽力消纳生物质资源（农林废弃物、市政污泥、生活垃圾），降低存量煤电耗煤量，提升可再生能源发电量。

长期是向燃煤发电配合碳捕捉及封存技术，实现零碳排放方向发展。推动传统电力产业升级换代，发展700摄氏度超超临界发电、整体煤气化燃料电池联合循环发电（IGFC）、超临界CO_2布雷顿循环发电、生物质和城市垃圾等直接耦合燃烧发电等技术。加大对电力产业CCUS技术研发、工程示范和项目推广的资金支持力度，加快CCUS技术在电力行业的实行和推广，降低CO_2分离回收的成本；针对不同排放源，开发新一代捕集技术，推动电厂CO_2捕集后的地质封存技术探索与示范项目建设。推动电厂周边生态修复与植树造林，发展森林碳汇，最终实现燃煤电厂的二氧化碳零排放[1]。

9.2.3 清洁散煤燃烧

推进清洁高效燃煤工业锅炉、民用炉具实现超低排放，实现分散燃煤清洁、高效、节能、环保。通过工艺技术改进，降低型煤生产成本，推广新型固硫、固氮和吸附VOCs的洁净型煤产品。将节能环保炉具纳入"能效标识"管理体系，加快提升节能环保炉具普及率，淘汰低效落后产品，实现农村采暖炉具的升级换代。推动燃煤工业锅炉向燃煤、城市垃圾、有机固废、生物质、半焦、天然气等方向发展，发展多元燃

---

[1] 郝成亮. 我国煤炭清洁高效利用现状与未来发展方向研究［J］. 煤炭经济研究，2022，42（12）：38-42.

料锅炉；开展利用锅炉进行工业废气、废液、危险固废处理等相关技术的研究，实现固体废弃物低能耗、无害化处理[1]。

此外，逐步减少劣质煤、烟煤的使用，优先使用低挥发分、低灰、低硫的优质煤炭和洁净型煤。加强政策扶持，增强居民使用清洁能源的意识，内因和外因的共同努力才是散煤清洁治理的有效保证[1]。结合我国的能源结构特点和能源消费特点，因地制宜，多措并举，选择合适的经济技术路线，实施散煤清洁燃烧，减少散煤污染，是散煤治理行之有效的解决办法。

9.2.4 CCUS 技术

加速推进 CCUS 技术研发是实现碳中和、应对气候变化、实现可持续发展的重要举措，也意味着未来会有更多的挑战和机遇。随着世界各国碳中和工作的逐步推进，CCUS 技术未来将会和煤化工和燃煤发电等紧密相连，互为补充，是实现煤炭清洁高效利用的重点方向。

在与煤化工结合方面，开展煤化工 CCUS 技术攻关，突破煤化工 CO_2 低成本捕集及 CO_2 驱油地质封存技术，可以为现代煤化工产业实现零碳发展提供技术支撑。CCUS 面临的最大问题是示范项目成本相对较高。现有技术条件下，安装碳捕集装置，将产生额外的资本投入和运行维护成本等。通过政府引导、企业主导、政产学研金紧密合作的方式，大力推进 CCUS 技术研发和产业化试点示范，构建集技术研发、装备制造、应用推广一体化的 CCUS 技术体系和产业集群。

在与燃煤发电结合方面，促进燃煤发电配合碳捕捉及封存技术，实现零碳排放发展。开展先进的燃煤电厂化学吸收法二氧化碳捕集技术研究，可以形成适用于我国燃煤电站二氧化碳高效、低能耗捕集的新技术体系。从全生命周期角度充分分析碳排放、安全性和经济性指标，战略性开展低能耗燃烧后捕集、燃烧前捕集、富氧燃烧捕集等大规模 CO_2 捕集技术的研究和示范。

[1] 刘君侠. 我国民用散煤使用现状及治理措施综述 [J]. 山东化工，2019，48（19）：57-59.

第 10 章 生 态 环 保

以习近平新时代中国特色社会主义思想为指导，全面深入贯彻习近平生态文明思想，煤炭行业不断推进矿区生态环境治理，实现矿区资源综合利用，扩大土地复垦面积，推动矿区生态文明建设，对减缓生态破坏与环境污染，提升煤炭资源开发行业生态环境保护与恢复、污染防治和综合利用水平，强化煤炭资源开发全过程环境管理，推动煤炭产业和生态治理协同发展具有重大意义。

10.1 绿色矿山建设

2017 年 5 月，国土资源部等六部门联合印发《关于加快建设绿色矿山的实施意见》(以下简称《意见》) 要求，加大政策支持力度，加快绿色矿山建设进程，力争到 2020 年，形成符合生态文明建设要求的矿业发展新模式。2018 年 7 月，自然资源部发布包括《煤炭行业绿色矿山建设规范》在内的《非金属矿行业绿色矿山建设规范》等 9 项行业标准，是全球发布的第一个国家级绿色矿山建设行业标准，标志着我国的绿色矿山建设进入了"有法可依"的新阶段，对我国矿业行业的绿色发展起到有力的支撑和保障作用。自 2019 年以来，自然资源部共发布了 2 个批次的绿色矿山名录，合计有 1254 家矿山被纳入国家级绿色矿山名录，其中，285 家为煤炭矿山单位。2019 年，29 个省（区、市）推荐矿山 1024 家，最后纳入名录矿山 953 家，其中，555 家矿山为新遴选，398 家为原国家级绿色矿山试点单位，222 家为煤炭矿山单位。

2020年，全国矿山名录新增301家矿山单位，其中，冀中能源峰峰集团有限公司万年矿等63家煤矿名列其中。在2020年公布的63家绿色煤矿矿山中，山西省绿色矿山数量最多，为13家，内蒙古自治区、宁夏回族自治区及新疆维吾尔自治区均为7家。

10.2 煤矸石资源综合利用

近年来，我国煤炭矿区煤矸石产生量总体呈上升趋势，已由2006年的378兆吨增长到2021年的743兆吨。2016年以来，我国煤矸石综合利用率呈现持续稳步上升态势。截至2022年底，煤矸石资源综合利用率已达到73.2%，与2016年相比增加了9个百分点。2016—2022年我国煤矸石资源综合利用率情况如图2-10-1所示。

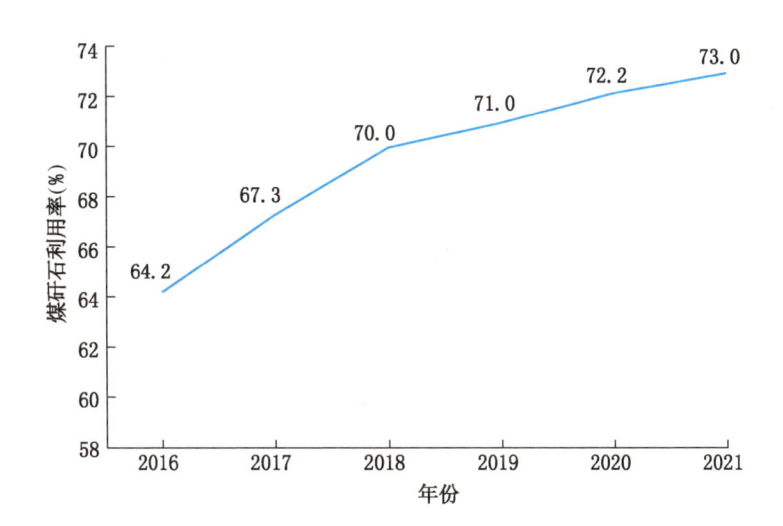

数据来源：中国煤炭工业协会

图2-10-1 2016—2022年我国煤矸石资源综合利用率

煤矸石资源综合利用的途径主要集中在煤矸石发电、生产建筑材料、井下充填、采空区回填、筑路和土地复垦等方面，采空区回填、筑路和土地复垦等方式利用的煤矸石量占总利用量的 56%，用于煤矸石及低热值煤发电的煤矸石量在 30% 左右，用于生产建筑材料的煤矸石资源综合利用量占比超过 11%[1]。

10.3　矿井水综合利用

"十三五"期间，煤炭产能逐步由江苏、安徽、江西、河南、四川等传统大涌水矿区向晋、陕、蒙、宁、新等水资源匮乏地区转移，矿井水涌水量总体呈下降趋势。

在国家多项政策的鼓励和支持下，矿井水综合利用率呈现逐年提升态势。截至 2022 年底，矿井水综合利用率为 79.3%，较 2016 年末增加了 8.7 个百分点。2016—2022 年我国矿井水利用率情况如图 2－10－2 所示。

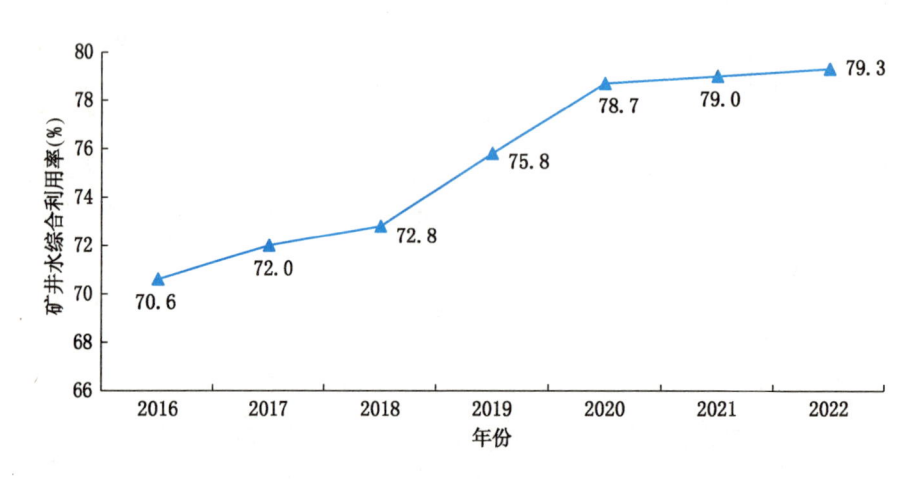

数据来源：中国煤炭工业协会

图 2－10－2　2016—2022 年矿井水利用率

[1] 杨方亮，许红娜. "十四五"煤炭行业生态环境保护与资源综合利用发展路径分析[J]. 中国煤炭，2021，47（5）：73－82.

10.4　煤层气综合利用

煤层气的综合利用分为地面煤层气利用和井下瓦斯利用。截至 2020 年，地面煤层气抽采利用率达 91.9%，井下瓦斯抽采利用率达 44.8%。地面煤层气利用率水平较高。井下瓦斯抽采利用量从 2016 年的 48 亿立方米增加到 2018 年的 60.5 亿立方米，井下瓦斯抽采利用率由 2018 年的 40.8% 增加到 2020 年的 44.8%，井下瓦斯抽采利用率在稳步增加。2016—2020 年井下瓦斯抽采利用情况如图 2 - 10 - 3 所示。

数据来源：中国煤炭工业协会

图 2 - 10 - 3　2016—2020 年井下瓦斯抽采利用情况

10.5　粉煤灰综合利用

2016—2020 年我国粉煤灰产量逐年增加，从 2016 年的 5.6 亿吨上升到 2020 年的 6.5 亿吨。2020 年粉煤灰利用量为 5.07 亿吨，利用率为 78.0%，相比于 2016 年的 77.1% 增加了不到 1.0%。2016—2020 年我国在粉煤灰综合利用情况如图 2 - 10 - 4 所示。

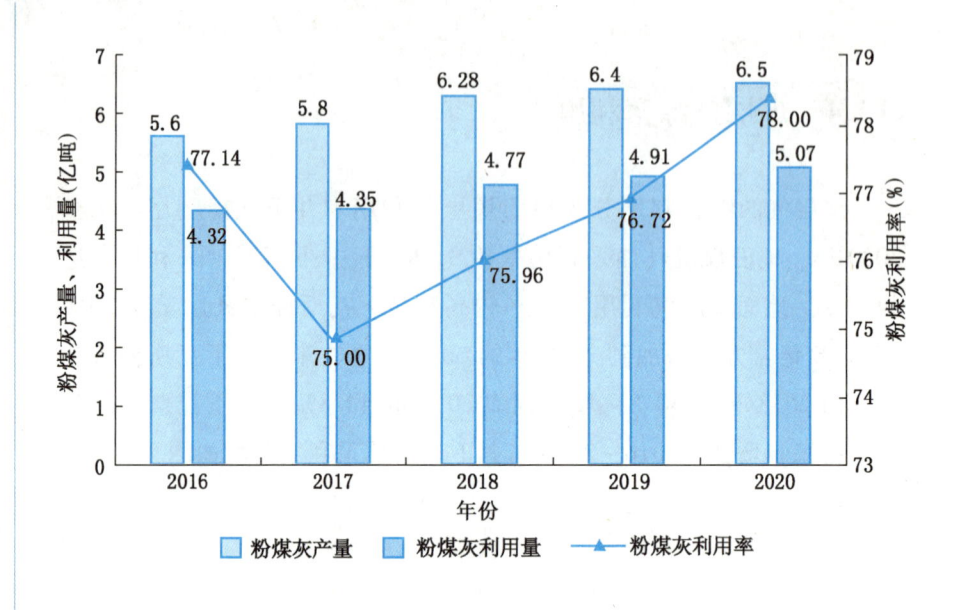

数据来源：中国建筑材料工业规划研究院

图 2-10-4　2016—2020 年我国粉煤灰综合利用情况

10.6　共伴生资源利用

煤系共伴生矿物的资源化利用是矿区资源综合利用重要内容之一。煤系共伴生资源主要包括了油母页岩、煤系高岭土、硫铁矿、石墨、膨润土、硅藻土、耐火黏土，以及镓、锗、锂等金属矿产[1]。油母页岩、煤系高岭土、耐火黏土煤系共伴生矿物的资源化利用开展较早，"十三五"以来，煤炭企业对煤系共伴生矿物的资源化利用，逐步实现矿区固体废弃物零排放。以抚顺矿业集团有限责任公司、窑街煤电集团有限公司为代表，煤系油母页岩炼油产量保持在 50 万吨/年左右；以晋能控股煤业集团塔山煤矿公司、内蒙古准格尔矿区等为代表，开展了煤系高岭土资源综合利用；国家能源集团在镓、锗、锂等高价金属元素提取技

---

[1] 姜杉钰. 关于我国煤系矿产资源综合勘查开发的思考 [J]. 中国国土资源经济，2019，32（9）：27-31.

研发方面也走在了前列[1]。

10.7　土地复垦

截至 2022 年底，全国煤矿土地复垦率达到 57.8%，较 2016 年提高 9.8 个百分点。在国家政策支持下，2016—2022 年土地复垦率稳步提升。2016—2022 年煤炭行业土地复垦率情况如图 2-10-5 所示。

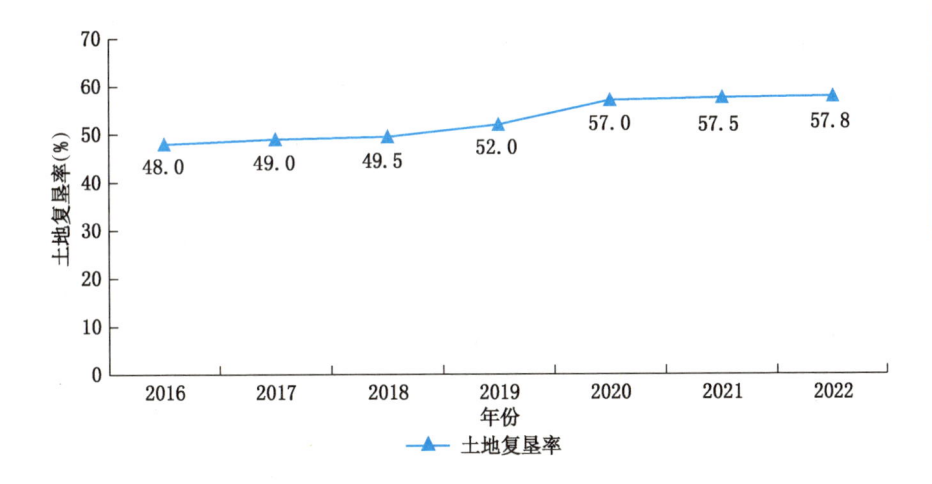

数据来源：中国煤炭工业协会

图 2-10-5　2016—2022 年煤炭行业土地复垦率

10.8　矿区生态治理典型案例

10.8.1　唐山矿区生态修复工程实践

1. 唐山矿区概况

唐山矿区位于河北省唐山市区，隶属于开滦（集团）有限公司，

---

[1] 杨方亮，许红娜．"十四五"煤炭行业生态环境保护与资源综合利用发展路径分析[J]．中国煤炭，2021，47（5）：73-82．

自1878年开采已有140多年的历史,被称为"中国第一佳矿"。唐山矿区部分废弃矿地位于唐山市路南区新华东道,地处唐山中心地带,由于长期的开采,其中老生产区出现矿产资源枯竭、地表塌陷、环境污染等问题。

2. 唐山矿区生态修复措施

2004年11月国土资源部下发了《关于申报国家矿山公园的通知》(国土资发〔2004〕256号),有条件的资源枯竭型矿区可申报建设省级或国家级矿山公园。在政策支持下,开滦集团充分利用矿区遗址、区位条件、文化旅游等资源,借鉴欧洲工业转型经验,采取复合型旅游业开发策略,实现资源枯竭、环境污染的唐山矿区向蕴含丰富的煤矿工业文化的矿山公园转型改造。通过利用唐山矿的废弃矿区资源,向公众展示煤炭的由来史、开采遗址等。如在保留井下采矿区原貌基础上修建休闲娱乐吧、节能环保展示厅、4D影厅、地质世界等游览区,让游客在独特的井下采矿区体验煤炭文化的独特魅力。同时,利用唐山的文化旅游资源,打造唐山专属的煤矿文化旅游景区,在实现重工业向旅游业转型的同时促进唐山旅游业发展,带动唐山经济转型,使开滦国家矿山公园及唐山工业遗址形成"工业文化产业+旅游业"模式。

3. 唐山矿区生态修复效果

开滦集团通过对唐山矿区内的废弃矿地进行修复,修建成开滦国家矿山公园(图2-10-6),主要由唐山矿和大南湖公园(原煤矿采沉区)组成,占地面积近115万平方米。2005年8月国土资源部批准为首批国家矿山公园。主体景区分为矿区探险、地震体验区和煤矿小镇3个部分。由矿业文化博览区、矿业遗迹展示区、井下生产体验区(井下探秘游)、文化创意休闲区(开滦魔力之地)等景区组成。开滦国家矿山公园的建设实现了"变废为宝",将煤炭采选过程中探、采、选、加工等活动留下的遗迹、遗址进行开发利用,为科普教育、科研活动提供场所,充分利用唐山矿的废弃矿地和矿地的废弃矿段,形成经济效益,树立全新的唐山形象。

图2-10-6 开滦国家矿山公园建设

10.8.2 徐州潘安湖矿区生态修复工程实践

1. 潘安湖矿区概况

潘安湖矿区位于江苏省徐州市贾汪区青山泉镇与大吴镇的交界处，长期的煤炭开采活动引起地表塌陷，由于塌陷区位于地下水浅、年降水量大的黄淮平原，矿区内形成较大面积坑塘，坑塘面积达到1.74万亩，潘安湖采煤塌陷区是全市最大、塌陷最严重、面积最集中的采煤塌陷区域，塌陷区内积水面积3600亩，平均深度4米以上。该区域大面积塌陷区域的地质情况复杂、地质结构遭到严重破坏。

2. 潘安湖矿区生态修复措施

2008年以来，潘安湖采煤塌陷湿地进入全面生态恢复阶段，政府综合潘安湖矿区的资源情况，利用各种资源对其进行修复。"潘安湖综合整治"项目强调改造过程中强化综合整治，实现"三生"协调。项目实施过程中同步推进山体、水体、农田、道路、林地和城乡居民点、工矿用地等综合整治，以"宜农则农、宜居则居、宜生态则生态"为治理方针，以"综合整治"为核心，以"基本农田再造、采煤塌陷地复垦，生态环境修复，湿地景观建设"四位一体作为建设模式，制定因地制宜、分类实施的整治方案，促进采煤塌陷区的协调发展。

3. 潘安湖矿区生态修复效果

潘安湖矿区的治理面积达到 1.74 万亩，形成水面 6000 亩，复垦土地 8600 亩，净增耕地 523 亩，净增建设用地及其他用地 2277 亩，新建各类干支管 25.1 千米，排涝主沟 0.81 千米，新建农沟 18.26 千米等。整治后的潘安湖风景区周边将成为田成方、路成网、灌得顺、排得畅的高效农业区，潘安湖矿区利用废弃的煤矿塌陷区建成湿地公园，是江苏省最大的人工生态园，并且将湖泊、湿地以及农家乐结合，成为产业性娱乐休闲公园。潘安湖成为全国采煤塌陷治理、资源枯竭型城市生态环境修复再造的样板。潘安湖矿区生态修复后效果如图 2-10-7 所示。

图 2-10-7　潘安湖湿地公园生态建设

10.8.3　青海木里矿区生态修复工程实践

1. 木里矿区概况

木里矿区地处中祁连山高海拔地区，主要以高原冰缘地貌类型为主，海拔 3800～4200 米，为典型的高原高寒缺氧地区，土壤类型主要以高山草甸土、沼泽草甸土为主，土层厚度为 10～50 厘米，常年冻土覆盖，沼泽、湿地和高山草甸发育。植被类型分为高寒沼泽类和高寒草甸类，具有较明显的高寒地区形态特征，生态环境较脆弱，植物群落结构简单，植被稀疏，对人类活动的抗干扰力较弱，易被破坏，且难以恢复。矿区问题可归纳为自然景观破坏、生态服务功能降低、生态系统退化、地表水源破坏、地质环境风险及环境污染六大类，并进一步细化为"露天开采挖损草场、表土资源缺乏、水源涵养功能受损、地山沉陷、边坡失稳、井巷安全隐患、生物栖息地范围缩小"等 12 项具体问题。

2. 木里矿区生态修复措施

木里矿区生态环境综合整治始终遵循生态环境系统的整体性、系统性、动态性及其内在规律，将山水林田湖草视为一个生命共同体，改变过去只侧重于某一环境问题，各自为战的治理模式，对采坑渣山治理、土壤重构、植被恢复、水环境和资源等进行统筹规划、综合治理、一体化修复。木里矿区形成的各个采坑面积、规模、边坡稳定和水文地质状况、与周边的水系联系程度不一，周边渣山的起伏状况、植被的生态状况各有差异，综合考虑各个井开采现状，结合工程地质和水文地质条件，实行针对性分类治理，在以往矿区生态修复工作的基础上，梳理出各采坑现存的主要生态环境问题，形成具有高原高寒特色的重点治理模式。根据矿区生态环境现状和背景条件分析，针对具体问题采用不同的治理模式，针对采坑积水和河湖水系、湿地破坏提出水系连通和引水代填的治理模式，针对高原煤炭资源保护和土壤重构防渗层问题，采用关键层再造的治理模式，针对地形地貌破坏采用依山就势的治理模式，并最终形成"一坑一策"的 7 种治理方法。

3. 木里矿区生态修复效果

木里矿区生态修复取得显著成效，多种治理模式的综合形成整个矿区有机协调的生态修复治理体系。目前，高原湿地生态系统趋于稳定，逐步恢复了水源涵养生态功能，水土保持率均在 90% 以上，矿区生态环境质量整体较好，基本实现"两年见绿出形象"目标。矿区生态治理前后对比如图 2-10-8、图 2-10-9 所示。

图 2-10-8　木里矿区生态破坏面貌

图 2-10-9　木里矿区生态修复后概貌

第 11 章 预测与展望

煤炭是保障我国能源安全供应的"压舱石"和"稳定器",为国民经济蓬勃发展提供了不竭动力。"十四五"时期是建设现代化煤炭经济体系,推动煤炭行业高质量发展的重要时期。未来一段时间,我国煤炭供需总量将保持小幅增长。煤炭行业淘汰落后产能的供给侧改革将持续推进,加快向生产智能化、管理信息化、产业分工专业化、煤炭利用洁净化转变,加快推动煤炭产业绿色低碳转型。

11.1 煤炭市场中长期预测

11.1.1 煤炭需求预测

2000 年以来,我国煤炭消费量逐年增加。"十三五"以来,煤炭消费量从 2016 年的 38.44 亿吨增长至 2022 年的 43.41 亿吨。在未来一段时间内,我国煤炭消费总量将有小幅增长,在正常情景下,预计全国煤炭需求峰值约为 45 亿吨,至 2030 年全国煤炭需求约 40 亿吨。

11.1.2 煤炭生产预测

1. 全国煤炭生产量预测

我国煤炭生产量自 2000 年以来总体呈波动上升趋势,2022 年我国煤炭生产量达到 45.6 亿吨。在未来一段时间内,我国煤炭消费总量将有小幅增长,在 2027 年达到高位后,呈下降趋势,2030 年下降至 42 亿吨左右。整体来看,未来我国煤炭产量将呈现"稳增—达峰—下降"的态势。

2. 山西煤炭产量预测

山西省煤炭产量自 2000 年以来呈波动上升态势。据预测，2023 年山西省煤炭产量将继续增加。2023—2027 年山西省煤炭产量将缓慢增长，2027 年产量达到高峰，2028 年后煤炭产量呈下降趋势，2030 年下降至 10 亿吨左右。

3. 内蒙古自治区煤炭产量预测

自 2000 年以来内蒙古自治区煤炭产量总体呈上升趋势。据预测，2023—2028 年内蒙古自治区原煤产量将呈增长趋势，但增长幅度逐渐放缓，预计 2030 年将下降至 10 亿吨左右。

4. 陕西煤炭产量预测

陕西省自 2000 年以来煤炭产量上升趋势明显。据预测，2023—2030 年，陕西省煤炭产量总体变化趋势较为平缓，2028 年陕西省煤炭产量达到高峰，之后开始下降，预计到 2030 年煤炭产量下降为 7 亿吨左右。

5. 新疆维吾尔自治区煤炭产量预测

新疆维吾尔自治区煤炭产量自 2000 年以来上升趋势明显。据预测，2023—2030 年期间，新疆维吾尔自治区煤炭产量将呈先升后降趋势，2028 年达到高峰，之后开始下降，预计 2030 年下降至 6 亿吨左右。

11.2 煤炭工业发展展望

11.2.1 煤炭的能源兜底保障作用不会改变

从供给端来看，煤炭占我国已探明化石能源资源总量的 97% 左右，在相当长时期内，煤炭仍是我国能源安全的兜底保障[1]。从需求端来看，"十四五"时期严控煤炭消费增长，"十五五"时期逐步减少，到 2030 年碳达峰时，非化石能源占一次能源消费比重将达到 25%，天然气占比达到 15%，石油占比 15%~16%，煤炭占比约 45%，煤炭在未

---

[1] 何芳. 煤炭仍是我国能源安全的兜底保障 [N]. 中国企业报, 2023-03-14 (13).

来较长的时间内仍是我国的主体能源。到2035年，我国要广泛形成绿色生产生活方式，碳排放量达峰后稳中有降，生态环境基本好转，美丽中国目标基本实现。我国须立足以煤为主体能源的基本国情和所处发展阶段，审慎研判国际形势，加强煤炭清洁高效利用，提升煤炭安全稳定供应能力，发挥好"压舱石"的兜底保障作用。要加强煤炭资源勘探开发，增加后备资源储量；有序释放先进产能，优化煤炭资源配置，规划建设一批大型煤炭基地、大型现代化煤矿、智能化煤矿，提高煤炭大型矿区产能接续和稳定供应能力；推进煤炭运输方式变革，提升重点煤炭供应保障基地跨区域调配能力；推进煤炭产供储销体系建设，探索建立煤矿弹性产能和弹性生产机制，有效平抑煤炭市场需求波动；严格煤矿系统管理，强化生产合理布局和重大灾害治理，有效防范化解煤矿系统性重大安全风险。

11.2.2 现代煤炭产业体系建设将加快推进

现代煤炭产业体系包含煤矿智能化、煤炭产业基础高级化和煤炭产业供应链现代化等。我国煤炭行业坚持"高端、数字、集群、品牌"的产业发展方向，加快建设大型现代化煤矿，延伸煤炭上下游产业链条，着力抢占产业链、价值链制高点。"十四五"时期，我国将着重提升产业链、供应链现代化水平，加快发展现代产业体系，构建以国内大循环为主体、国内国际双循环相互促进的新发展格局。煤炭产业作为我国产业体系中重要的基础环节，将加快构建以煤炭产业为支撑，绿色低碳经济为核心，战略性新兴产业为引领，煤炭与新能源、现代生产性服务业、数字经济深度融合的现代化产业体系。扎实推动传统产业高端化、绿色化、智能化发展，大力培育发展战略性新兴产业，培育行业优质品牌，加大专业化整合力度，打造具有技术领先性和国际竞争力的新兴产业集群，加快建设以煤基产业链为核心的世界一流企业，打造煤炭经济增长新引擎。

11.2.3 煤炭产业结构将进一步优化

推动煤炭产业结构优化升级有利于充分发挥煤炭在能源供给中的"压舱石"作用，对促进煤炭高效发展和保障煤炭有效供给具有重要意义。"十三五"以来，煤炭行业坚持认真贯彻落实推动煤炭供给侧结构性改革的系列政策措施，有效实现了过剩产能有效化解，产业结构持续优化，科技创新取得重大突破，清洁高效利用水平迈上新台阶，转型升级取得实质进展，能源安全保障的基础更加稳固。"十四五"及今后较长时期，煤炭工业改革发展机遇与挑战并存，煤炭在一次能源消费结构中的比重还将持续下降，煤炭总量增长空间越来越小，倒逼煤炭行业必须转变长期以来依靠产量增加、规模扩张、价格上涨的发展方式，着力推动转型升级，提升发展质量。未来，煤炭行业还将继续加快向生产智能化、管理信息化、产业分工专业化、煤炭利用洁净化转变，推进煤炭清洁高效利用，推动煤炭产业技术升级、产品升级、质量升级、管理升级，培育一批具有全球竞争力的世界一流煤炭企业，促进煤炭上下游产业协同、煤炭与多能源品种协同发展，培育新模式、发展新业态、提升新动能，推动煤炭行业由生产型向生产服务型转变，由传统能源向清洁能源的战略转型，实现煤炭工业高质量发展，为国民经济平稳较快发展提供安全稳定的能源保障。

11.2.4 数字化、低碳化引领煤炭高质量发展

"双碳"背景下，数字化、低碳化是我国煤炭行业高质量发展的主要方向，大数据、人工智能、5G、区块链等新技术快速发展，为煤炭工业生产力水平向更高层次跃升注入了新的活力。一方面，数字化转型作为改造提升传统产业、培育发展新动能的重要手段[1]，对于构建智能化、低碳化、高效化、产业化的发展格局，实现煤炭更高质量、更有效率、更可持续的发展意义重大[2]。未来，全行业将继续以煤矿智能化建设为引领，深入推动大数据、人工智能、区块链、物联网等现代信息技术与煤炭产业深度融合、向煤炭生产经营各环节延伸，不断增强煤矿智能化、煤炭企业数字化转型等方面的数字化基础设施建设，更好协调煤

---

[1] 李飞. 数字化转型助推神东煤炭集团高质量发展[J]. 内蒙古煤炭经济, 2021, 340 (23): 219–221.

[2] 方良才. 加快煤炭产业数字化转型为煤炭企业高质量发展提供新动能[J]. 中国煤炭工业, 2021, 417 (11): 10–13.

炭产业上下游产业链之间的供求、区域之间的分工以及不同能源品种之间的替换，协同推进煤炭产业结构转型升级与数字化转型。另一方面，随着全球气候环境的变化，煤炭产业结构绿色低碳化转型是顺应双碳目标要求、实现高质量发展的必由之路[1]。未来，将继续全力攻关节能低碳紧缺共性关键技术研究，推进煤炭智能绿色低碳开采和清洁高效深度利用，同时，支持煤炭低碳化和分质分级梯级利用，积极发展绿色循环产业，大力推进节能降耗，从产品全生命周期控制煤炭资源消耗，探索研究煤炭原料化材料化低碳发展路径，打通煤油气、化工和新材料产业链，以推动煤炭由燃料向燃料与原料并重转变，促进煤炭生产和消费方式绿色低碳转型。

11.2.5 清洁高效是煤炭产业主要发展方向

抓好煤炭清洁高效利用，是煤炭行业发展的必然之路、必由之路，不仅事关煤炭行业的高质量发展，而且关系着我国能源结构优化下的经济社会高质量发展，以及双碳目标下人类命运共同体的构建。党的二十大报告指出："深入推进能源革命，加强煤炭清洁高效利用"。要坚持从国情实际出发推进煤炭清洁高效利用，切实发挥煤炭的兜底保障作用，加强统筹谋划，聚焦重点领域，整合各方面资源，形成推进煤炭清洁高效利用的合力[2]。推动煤炭清洁高效利用，助力产业高质量转型发展。加强煤炭清洁高效利用基础研究和关键技术攻关，建设煤炭清洁高效利用示范工程，构建煤炭绿色循环发展体系。提高煤炭作为原料的综合利用效能，开发高附加值、精细化、差异化产品，推动煤化工产业高端化、多元化、低碳化发展。到 2030 年在煤炭清洁高效利用方面，实现燃煤发电净效率突破 50%，每年累计节煤 8 亿吨标煤、减排 CO_2 约 20 亿吨；燃煤发电机组实现 20%~100% 调峰，对可再生能源并网消纳支撑能力显著提升；掌握百万吨碳捕集利用与封存成套技术。到 2035

---

[1] 任保平，豆渊博. 碳中和目标下黄河流域产业结构调整的制约因素及其路径[J]. 内蒙古社会科学，2022，43（1）：121-127，2.

[2] 煤炭清洁高效利用是根本出路. 2022-03. https://mp.weixin.qq.com/s/z-xyClVI6UAIVqg22LkJyA.

年，全面形成煤炭清洁高效利用技术体系，煤炭集中高效利用比例提高到90%以上，燃煤发电及超低排放技术进入国际领先水平。

11.2.6　煤基与多能源融合发展空间广阔

跨领域、系统化、体系化的能源布局不仅有巨大的创新空间，还会产生巨大的整体节能减排效果。多能融合的新型能源体系将提高能源储备和保障能力，保障我国能源及相关产业链、供应链的安全稳定[1]。煤炭与新能源耦合利用，既能减少单位产品碳排放量，又能提升新能源利用质量。随着我国光伏、风电等新能源发展进入快车道，以及各种有机废弃物、生物质处理需求不断增加，探索煤炭与新能源协同发展已成为能源行业高质量发展的重要议题。目前，煤炭与新能源的耦合利用更多体现在电力调配上，二者深度耦合利用的各项技术仍处于研发示范或探索阶段，亟待开展煤炭与新能源化学转化、电力、热力等多种耦合形式实现，协同提升能源利用效率。煤炭与新能源融合发展，离不开创新绿色低碳技术。中国煤炭工业协会副会长、中国煤炭学会理事长刘峰指出，2022—2030年，煤炭行业需要围绕升级换代、低碳融合、颠覆突破和负碳固碳四大技术类型，掌握煤炭未来的绿色低碳科技创新重点方向[2]。到2035年实现碳减排、碳捕捉和碳封存技术的跨越式发展和广泛应用，加快实现煤炭全产业链低碳发展。

---

[1]　中国工程院院士刘中民：以煤为基推动多能融合. 2022-08-05. https://mp.weixin.qq.com/s/KpzZHLdMX8GNKWJx43VRJQ.

[2]　煤炭与新能源融合发展助双碳目标实现. 2022-09-09. https://mp.weixin.qq.com/s/8MmynPWJSmmyXi28G1lULg.

中国煤炭工业发展报告
Annual Report on Coal Industry
in China 2023

第 3 篇 政 策 篇

煤炭是我国的主体能源和重要的工业原料。新中国成立以来，煤炭工业作为重要的基础产业，有力支撑了我国经济社会平稳较快发展。煤炭工业的发展，得益于不同时期国家出台的一系列政策的指导。党的十八大以来，煤炭行业作为产能严重过剩行业开始进行供给侧结构性改革，行业产能得到大幅度优化。总体来看，无论是"十二五"之前推动煤炭生产向大型基地、大型企业和大型煤矿转变的政策导向，抑或是"十三五"开展的煤炭行业"去过剩产能"优结构政策，都在不同时期对煤炭行业的高质量可持续发展发挥了重要作用。未来煤炭行业的发展，更需要政策的指导和支持。本篇系统梳理了不同时期我国煤炭行业发展的各类政策，将为我国新时期煤炭行业的低碳、绿色、清洁发展相关政策的制定提供借鉴。

第 1 章 煤炭市场化改革政策

为深入贯彻落实党的十八大精神，加快完善社会主义市场经济体制，更大程度更广范围发挥市场在资源配置中的基础性作用，形成科学合理的电煤运行和调节机制，保障电煤稳定供应，促进经济持续健康发展，2012 年 12 月 20 日，国务院办公厅印发《国务院办公厅关于深化电煤市场化改革的指导意见》(国办发〔2012〕57 号)。《意见》明确提出了五个方面的改革：一是建立电煤产运需衔接新机制；二是加强煤炭市场建设；三是完善煤电价格联动机制；四是推进电煤运输市场化改革；五是推进电力市场化改革。自2012年起，我国相继颁布了一系列煤炭市场化改革政策。例如，为加快建立与社会主义市场经济体制相适应的煤炭交易市场体系，经国务院同意，国家发展改革委制定印发了《关于深入推进煤炭交易市场体系建设的指导意见》(发改运行〔2014〕967号)，明确了建立煤炭交易市场体系的指导思想、基本原则、总体框架以及市场建设与监管等内容，为促进市场体系发育、健全市场运行规则、规范市场运行提供了基本依据和重要保障。为扎实做好煤炭中长期合同履行监管工作，推动有关方面不断提高履约水平，保障煤炭安全稳定供应，国家发展改革委于2021年4月26日印发了《关于做好2021年煤炭中长期合同监管工作的通知》。煤炭市场化改革主要政策见表3-1-1。

表3-1-1 煤炭市场化改革政策列表

时间	部门	政策名称	主要内容
2012-12-20	国务院办公厅	《国务院办公厅关于深化电煤市场化改革的指导意见》(国办发〔2012〕57号)	完善煤电价格联动机制，推进电煤运输市场化及电力市场化改革
2014-05-15	国家发展改革委	《关于深入推进煤炭交易市场体系建设的指导意见》(发改运行〔2014〕967号)	更多运用市场手段推进全国煤炭交易市场体系建设
2016-12-01	国家发展改革委	《关于加强市场监管和公共服务保障煤炭中长期合同履行的意见》(发改运行〔2016〕2502号)	强化激励和保障，营造有利于合同履行的良好环境
2017-11-10	国家发展改革委办公厅	《关于推进2018年煤炭中长期合同签订履行工作的通知》(发改办运行〔2017〕1843号)	长协价格公式中新增中国沿海电煤采购价格指数
2020-12-05	国家发展改革委	《关于做好2021年煤炭中长期合同签订履行工作的通知》(发改办运行〔2020〕902号)	强化煤炭中长期合同履约监管，健全煤炭中长期合同保障机制

表 3-1-1（续）

时间	部门	政策名称	主要内容
2021-01-31	中共中央办公厅、国务院办公厅	《建设高标准市场体系行动方案》	培育发展能源商品交易平台并加强重点商品市场价格监管
2021-04-26	国家发展改革委	《关于做好2021年煤炭中长期合同签订履行工作的通知》（发改办运行〔2020〕902号）	重点监管合同将纳入国家诚信履约保障平台进行监管；建立第三方评估机制
2022-02-24	国家发展改革委	《国家发展改革委关于进一步完善煤炭市场价格形成机制的通知》（发改价格〔2022〕303号）	引导煤炭价格在合理区间运行，完善煤炭价格传导与调控机制
2022-04-10	中共中央国务院	《关于加快建设全国统一大市场的意见》	进一步降低市场交易成本
2022-10-28	国家发展改革委	《2023年电煤中长期合同签订履约工作方案》	提出煤炭、电力企业开展资源衔接、合同签订录入及履约执行、信用承诺签订等工作要求

近年来，在煤炭市场化改革一系列政策的指导下，我国煤炭行业积极配合国家发展改革委，会同有关方面加快推进交易市场体系建设，建立煤炭交易市场合作组织，推动煤炭交易模式和企业商业模式创新，开展市场监测预警，较好地发挥了政府与企业间的桥梁纽带作用。各地结合煤炭主产地、消费地和主要中转港口等实际情况，建立了一批功能齐全、手段先进、运行规范并具有不同特色的地方煤炭交易市场。在促进煤炭市场化改革、降低煤炭交易成本、提高资源配置效率方面均发挥了重要作用。

第 2 章
供给侧结构性改革政策

2016年2月5日，为贯彻落实党中央、国务院关于推进结构性改革、抓好去产能任务的决策部署，进一步化解煤炭行业过剩产能、推动煤炭企业实现脱困发展，国务院印发了《国务院关于煤炭行业化解过剩产能实现脱困发展的意见》（国发〔2016〕7号）。《意见》要求，煤炭行业化解过剩产能要遵循市场倒逼与政府支持相结合、化解产能与转型升级相结合、整体推进与重点突破相结合等原则，在近年来淘汰落后煤炭产能的基础上，从2016年开始，用3~5年的时间，再退出产能5亿吨左右、减量重组5亿吨左右。此外，为支持化解过剩产能，强化政策引导，财政部、人力资源社会保障部、国土资源部等部门，研究制定了奖补资金、财税支持、金融支持、职工安置、国土、环保、质量、安全等多个专项配套政策文件。其中，在煤炭资源勘查与开发方面，为加快推进煤炭领域供给侧结构性改革，推动煤炭工业转型发展，建设集约、安全、高效、绿色的现代煤炭工业体系，2016年，国家发展改革委、国家能源局印发《煤炭工业发展"十三五"规划》（发改能源〔2016〕2714号）。《规划》指出，必须切实转变发展方式，加快推动煤炭领域供给侧结构性改革，着力在优化结构、增强动力、化解矛盾、补齐短板上取得突破，提高发展的质量和效益，破除体制机制障碍，不断开拓煤炭工业发展新境界。各行业供给侧结构性改革政策见表3-2-1。

一系列供给侧结构性改革政策实施以来，煤炭行业扎实推进去产能，截至2020年末，我国退出落后煤炭产能超过10亿吨，2021年煤矿数量继续减少至4500处以内，煤炭行业过剩产能得到有效化解，市场供需基本平衡,产业结构得到优化,转型升级取得实质性进展。

表3-2-1 供给侧结构性改革政策列表

时 间	部 门	政 策 名 称	主 要 内 容
2016-02-01	国务院办公厅	《国务院关于煤炭行业化解过剩产能实现脱困发展的意见》(国发〔2016〕7号)	从2016年开始,用3~5年的时间,煤炭行业再退出产能5亿吨左右、减量重组5亿吨左右,较大幅度压缩煤炭产能,适度减少煤矿数量
2016-03-30	国土资源部	《关于支持钢铁煤炭行业化解过剩产能实现脱困发展的意见》(国土资规〔2016〕3号)	严格控制新增产能用地用矿;进一步落实产能过剩行业项目目录
2016-04-07	人力资源和社会保障部、国家发展改革委等7部门	《关于在化解钢铁煤炭行业过剩产能实现脱困发展过程中做好职工安置工作的意见》(人社部发〔2016〕32号)	做好钢铁、煤炭行业化解过剩产能、实现脱困发展中的职工安置工作
2016-04-15	国家安全监管总局、国家煤矿安监局	《关于支持钢铁煤炭行业化解过剩产能实现脱困发展的意见》(安监总管四〔2016〕38号)	停止新增产能煤矿的安全设施设计审查和产能核增工作
2016-04-17	人民银行、银监会、证监会、保监会	《关于支持钢铁煤炭行业化解过剩产能实现脱困发展的意见》(银发〔2016〕118号)	着力为钢铁煤炭行业去产能、转型脱困提供金融服务
2016-07-23	国家发展改革委、国家能源局、国家煤矿安监局	《关于实施减量置换严控煤炭新增产能有关事项的通知》(发改能源〔2016〕1602号)	未经核准擅自开工的违规建设煤矿一律停建停产
2016-12-01	中国银监会,国家发展改革委、工业和信息化部	《关于钢铁煤炭行业化解过剩产能金融债权债务问题的若干意见》(银监发〔2016〕51号)	支持钢铁煤炭企业合理资金需求;加大对兼并重组钢铁煤炭企业的金融支持力度,妥善处置涉及钢铁煤炭企业的不良资产等

表3-2-1（续）

时间	部门	政策名称	主要内容
2017-02-17	工业和信息化部等16部委	《关于利用综合标准依法依规推动落后产能退出的指导意见》（工信部联产业〔2017〕30号）	以钢铁、煤炭、水泥、电解铝、平板玻璃等行业为重点，依法依规关停退出，产能过剩矛盾得到缓解
2017-03-21	人力资源和社会保障部、国家发展改革委等五部门	《关于做好2017年化解钢铁煤炭行业过剩产能中职工安置工作的通知》（人社部发〔2017〕24号）	安置渠道将进一步拓宽。同时强调，去产能过程中要保障好职工权益
2017-04-05	国家发展改革委	《关于进一步加快建设煤矿产能置换工作的通知》（发改能源〔2017〕609号）	就进一步加快建设煤矿产能置换增减挂钩工作进行部署
2017-05-12	国家发展改革委等23部委	《关于做好2017年钢铁煤炭行业化解过剩产能实现脱困发展工作的意见》（发改运行〔2017〕691号）	坚持市场化法治化去产能；坚持稳中求进、稳妥有序去产能；坚持以更明确的标准科学精准去产能；坚持依法依规、严抓严管去产能；坚持远近结合、统筹兼顾去产能
2017-06-20	国家能源局	《国家能源局关于完善煤矿产能登记公告制度开展建设煤矿产能公告工作的通知》（国能发煤炭〔2017〕17号）	进一步规范煤矿建设生产秩序，要求严格煤矿新增产能审批管理
2017-07-14	国家发展改革委等12部委	《关于认真抓好钢铁煤炭行业去产能目标任务和政策措施落实的通知》（发改运行〔2017〕1319号）	认真检查和整改各类问题；坚决淘汰落后产能；坚决清理整顿违法违规产能；《通知》指出，对13类落后小煤矿，做到应去尽去，不享受中央财政奖补资金支持
2017-07-26	国家发展改革委等16部委	《关于推进供给侧结构性改革防范化解煤电产能过剩风险的意见》（发改能源〔2017〕1404号）	从严淘汰落后产能；清理整顿违规项目；严控新增产能规模

表3-2-1（续）

时　间	部　门	政　策　名　称	主　要　内　容
2018-01-03	财政部	《关于钢铁煤炭行业化解过剩产能国有资产处置损失有关财务处理问题的通知》（财资〔2018〕1号）	去产能企业应当及时确认和处理去产能过程中发生的资产损失，做到账实相符
2018-02-01	国家发展和改革委员会办公厅、国家能源局综合司、国家安全生产监督管理总局办公厅、国家煤矿安全监察局办公室	《关于进一步完善煤炭产能置换政策加快优质产能释放促进落后产能有序退出的通知》（发改办能源〔2018〕151号）	支持与自然保护区、风景名胜区、饮用水水源保护区重叠煤矿加快退出；支持灾害严重煤矿和长期停工停产煤矿加快退出
2018-04-28	自然资源部	《关于支持钢铁煤炭行业化解过剩产能实现脱困发展的意见》（自然资发〔2018〕16号）	《国土资源部关于支持钢铁煤炭行业化解过剩产能实现脱困发展的意见》（国土资规〔2016〕3号）中"从2016年起，3年内停止煤炭划定矿区范围审批"的规定停止执行
2018-11-23	国家发展改革委联合多部委	《关于进一步做好"僵尸企业"及去产能企业债务处置工作的通知》（发改财金〔2018〕1756号）	分类处置"僵尸企业"和去产能企业的直接债务
2019-03-07	国家发展改革委、国家能源局	《关于深入推进供给侧结构性改革进一步淘汰煤电落后产能促进煤电行业优化升级的意见》（发改能源〔2019〕431号）	有力有序淘汰煤电落后产能，"十三五"期间淘汰关停的落后煤电机组的容量指标可通过等量替代的方式进行新发电机组建设
2019-04-30	国家发展改革委、工业和信息化部、国家能源局	《2019年煤炭化解过剩产能工作要点》	坚定不移推进供给侧结构性改革，不断将重点领域化解过剩产能工作推向深入，巩固煤炭去产能成果，加快退出落后和不安全的煤矿

表 3-2-1（续）

时间	部门	政策名称	主要内容
2019-08-19	国家发展改革委、财政部、自然资源部、生态环境部、国家能源局、国家煤矿安监局	《30万吨/年以下煤矿分类处置工作方案》	力争到2021年底全国30万吨/年以下煤矿数量减少至800处以内，华北、西北地区（不含南疆）30万吨/年以下煤矿基本退出，其他地区30万吨/年以下煤矿数量原则上比2018年底减少50%以上
2020-06-12	国家发展改革委等六部门	《关于做好2020年重点领域化解过剩产能工作的通知》（发改运行〔2020〕901号）、《2020年煤炭化解过剩产能工作要点》	综合施策提高职工安置质量，妥善解决结转职工安置、失业职工帮扶、内部退养费用缺口等遗留问题；依法依规加快处置煤炭行业"僵尸企业"

第 3 章 碳达峰碳中和战略

气候变化是人类面临的全球性问题，随着各国二氧化碳排放，温室气体猛增，对生命系统形成威胁。在这一背景下，世界各国以全球协约的方式减排温室气体。自 2012 年以来，国家对环境保护与低碳节能持续加码，有关部门进一步修订和完善相关法律法规、标准，加强环境执法监督，加大环境保护投资、节能减排约束性指标管理。2020 年 9 月 22 日，国家主席习近平在第七十五届联合国大会一般性辩论上发表重要讲话，提出中国将提高国家自主贡献力度，采取更加有力的政策和措施，二氧化碳排放力争于 2030 年前达到峰值，努力争取 2060 年前实现碳中和。各地区各部门深入贯彻习近平生态文明思想，贯彻习近平总书记重要讲话和指示批示精神，认真贯彻党中央、国务院决策部署，扎实推进各项任务，为实现碳达峰和碳中和目标颁布如下主要政策（表 3-3-1）。

表 3-3-1 国家"双碳"战略主要政策梳理

时 间	部 门	政 策 名 称	主 要 内 容
2020-11-03	中共中央办公厅	《中共中央关于制定国民经济和社会发展第十四个五年规划和二〇三五年远景目标的建议》	制定 2030 年前碳排放达峰行动方案
2021-01-09	生态环境部	《关于统筹和加强应对气候变化与生态环境保护相关工作的指导意见》（环综合〔2021〕4 号）	鼓励能源、工业、交通、建筑等重点领域制定达峰专项方案

表3-3-1（续）

时间	部门	政策名称	主要内容
2021-02-02	国务院	《关于加快建立健全绿色低碳循环发展经济体系的指导意见》（国发〔2021〕4号）	推动能源体系绿色低碳转型；坚持节能优先，完善能源消费总量和强度双控制度
2021-05-30	生态环境部	《关于加强高耗能、高排放建设项目生态环境源头防控的指导意见》（环环评〔2021〕45号）	推动煤电能源基地、现代煤化工示范区、石化产业基地等开展规划环境影响跟踪评价
2021-09-11	国家发展改革委	《完善能源消费强度和总量双控制度方案》（发改环资〔2021〕1310号）	鼓励可再生能源使用，重点控制化石能源消费
2021-09-22	中共中央、国务院	《关于完整准确全面贯彻新发展理念做好碳达峰碳中和工作的意见》	巩固去产能成果，合理控制煤制油气产能规模，加快煤炭减量步伐
2021-10-24	国务院	《2030年前碳达峰行动方案》	推进煤炭消费替代和转型升级，加快煤炭减量步伐
2021-10-29	国家发展改革委等十部委	《"十四五"全国清洁生产推行方案》（发改环资〔2021〕1524号）	到2025年，清洁生产推行制度体系基本建立，重点行业主要污染物和二氧化碳排放强度明显降低
2021-11-15	国家发展改革委等六部委	《关于发布〈高耗能行业重点领域能效标杆水平和基准水平（2021年版）〉的通知》（发改产业〔2021〕1609号）	明确重点行业能效标杆水平，科学设定能效基准水平
2021-11-27	国务院国资委	《关于推进中央企业高质量发展做好碳达峰碳中和工作的指导意见》	稳妥有序发展现代煤化工，加快推进绿色智能煤矿建设
2021-11-30	国家发展改革委、中央网信办、工业和信息化部、国家能源局	《贯彻落实碳达峰碳中和目标要求推动数据中心和5G等新型基础设施绿色高质量发展实施方案》（发改高技〔2021〕1742号）	推动煤炭、钢铁、水泥、有色、石化、化工等传统行业加快"上云用数赋智"步伐

表 3-3-1（续）

时 间	部 门	政策名称	主要内容
2022-01-30	国家发展改革委、国家能源局	《关于完善能源绿色低碳转型体制机制和政策措施的意见》	构建以能耗"双控"和非化石能源目标制度为引领的能源绿色低碳转型推进机制
2022-04-09	国家发展改革委、工业和信息化部、生态环境部等六部门	《煤炭清洁高效利用重点领域标杆水平和基准水平（2022年版）》	限期分批实施改造升级和淘汰，培育煤炭清洁高效利用领军企业
2022-04-22	国家发展改革委、国家统计局、生态环境部	《关于加快建立统一规范的碳排放统计核算体系实施方案》	提出四项重点任务，五项保障措施，并对组织协调、数据管理及成果应用提出工作要求
2022-05-25	财政部	《财政支持做好碳达峰碳中和工作的意见》（财资环〔2022〕53号）	提出六大方面，有序减量替代，推进煤炭消费转型升级
2022-06-10	生态环境部、国家发展改革委、工业与信息化部等七部门	《减污降碳协同增效实施方案》	严控煤电项目，合理控制煤炭消费增长，重点削减散煤等非电用煤
2022-06-23	工业与信息化部、国家发展改革委、财政部等六部委	《工业能效提升行动计划》	有序推动煤炭减量替代，推进煤炭向清洁燃料、优质原料和高质材料转变
2022-06-24	科技部、国家发展改革委、工业和信息化部、生态环境部、住房和城乡建设部、交通运输部等九部门	《科技支撑碳达峰碳中和实施方案（2022—2030年）》	提出了10项具体行动

表3-3-1（续）

时间	部门	政策名称	主要内容
2022-07-07	工业和信息化部、国家发展改革委、生态环境部	《工业领域碳达峰实施方案》	重点控制化石能源消费，稳妥有序发展现代煤化工
2022-09-05	自然资源部	《矿产资源节约和综合利用先进适用技术目录（2022年版）》	50项煤炭类技术入选，涉及高效开采技术、高效选矿技术、综合利用技术、绿色低碳技术和数字化智能化技术五个领域
2022-09-20	国家能源局	《能源碳达峰碳中和标准化提升行动计划》	组织推进煤炭、石油和天然气绿色高效生产转化和利用相关标准制修订

截至目前，我国"双碳"工作取得积极进展，能源绿色低碳转型成效显著。我国可再生能源发电装机规模突破11亿千瓦时，水电、风电、太阳能发电、生物质发电装机均居世界第一。与2012年相比，2021年我国能耗强度下降了26.4%，碳排放强度下降了34.4%，水耗强度下降了45%，主要资源产出率提高了58%。2021年森林覆盖率达24.02%、森林蓄积量达194.93亿立方米，是全球森林资源增长最多的国家。未来继续坚持以习近平新时代中国特色社会主义思想为指导，深入学习贯彻习近平总书记重要讲话和指示批示精神，认真贯彻落实党中央、国务院决策部署，保持战略定力，坚持底线思维，加强统筹协调，科学把握节奏，扎扎实实做好工作，确保如期实现碳达峰碳中和目标[1]。

---

[1] "双碳战略"两周年！我国碳中和取得八大成效!.2022-09-22. https://mp.weixin.qq.com/s/21Ys0mSUL6lrQHoaOWpJnQ.

第4章
煤矿安全政策

近年来，国家为保障能源供应安全，出台了一系列政策措施，保障了煤炭安全生产，但在发展过程中也出现了部分煤矿项目违反建设程序，建设施工安全问题突出、安全生产主体责任不落实，安全监管职责不清、监管力度亟待加强等问题。为加强煤矿建设安全管理，规范煤矿建设程序，保障煤矿建设项目安全生产，2012年12月21日，国家安全监管总局、国家煤矿安监局等制定了《加强煤矿建设安全管理规定》，要求强化建设单位安全管理职责、强化设计管理、强化施工现场安全管理、强化工程监理、强化监督管理。

随后为大力推进煤矿安全治本攻坚，建立健全煤矿安全长效机制，坚决遏制煤矿重特大事故发生，2013年10月18日，国务院办公厅发布《国务院办公厅关于进一步加强煤矿安全生产工作的意见》。提出加快落后小煤矿关闭退出，严格煤矿安全准入，全面普查煤矿隐蔽致灾因素，大力推进煤矿"四化"建设，提升煤矿安全监管和应急救援科学化水平。2017年6月7日，国家矿山安全监察局发布《安全生产"十三五"规划》，提出加强安全生产工作的决策部署，遏制煤矿重特大事故，实现煤矿安全生产形势根本好转。2022年7月19日，应急管理部等发布的《"十四五"矿山安全生产规划》提出防范化解重大安全风险，有效遏制矿山重特大事故发生，保护从业人员生命安全，全面提升矿山安全综合治理效能，实现矿山安全高质量发展。这些一系列政策的实施，推进煤炭安全生产标准化建设，加大了煤炭安全监管力度，降低了煤炭风险，保障了煤炭安全生产。

自2012年以来我国发布的煤炭安全的主要政策见表3-4-1。

表3-4-1 煤矿安全政策列表

时 间	部 门	政 策 名 称	主 要 内 容
2012-12-21	国家安全监管总局、国家煤矿安监局等	《加强煤矿建设安全管理规定》（安监总煤监〔2012〕153号）	强化建设单位安全管理职责、设计管理、施工现场安全管理、工程监理、监督管理
2013-10-18	国务院办公厅	《国务院办公厅关于进一步加强煤矿安全生产工作的意见》（国办发〔2013〕99号）	加快落后小煤矿关闭退出，严格煤矿安全准入
2015-06-03	国家发展改革委，国家能源局，国家煤矿安监局	《关于落实违法违规煤矿煤炭相关治理措施的通知》（发改运行〔2015〕1136号）	全面核查煤矿建设生产情况，防范采购违法违规煤炭风险
2016-03-25	国家安全监管总局	《煤矿安全规程》	对煤矿安全提出新的要求，调整规程的框架结构
2016-11-04	国家能源局	《关于进一步加强煤矿瓦斯防治工作的通知》（国发〔2016〕26号）	加强煤矿瓦斯防治工作
2016-12-06	国务院安委会办公室	《关于进一步落实各项安全防范责任和制度措施坚决遏制煤矿重特大事故的紧急通知》（安委办明电〔2016〕21号）	落实各项安全防范责任和制度措施
2017-05-26	国家安全监管总局	《关于大力推进煤矿安全生产标准化建设工作的通知》（安监总煤行〔2017〕59号）	推进煤矿安全生产标准化建设
2017-06-07	国家矿山安全监察局	《安全生产"十三五"规划》	遏制煤矿重特大事故，实现煤矿安全生产形势根本好转

表 3-4-1（续）

时　间	部　门	政 策 名 称	主 要 内 容
2017-07-19	国家安全监管总局、国家煤矿安监局	《煤矿安全生产大检查实施方案》（安监总煤监〔2017〕80号）	对全国所有煤矿以及上一级公司实行安全生产大检查
2018-03-15	国家安全监管总局	关于《煤矿安全培训规定》部分条款的解释	对《煤矿安全培训规定》部分条款进行解释
2018-05-02	国家煤矿安监局	《防治煤矿冲击地压细则》	规定防治煤矿冲击地压细则
2018-06-04	国家煤矿安监局	《煤矿防治水细则》	规定煤矿防治水细则
2018-08-01	国家煤矿安监局	《关于废止和宣布失效一批煤矿安全生产文件的通知》（煤安监办〔2018〕19号）	废止和宣布失效一批煤矿安全生产文件
2018-09-21	国家煤矿安监局	《防范煤矿采掘接续紧张暂行办法》（煤安监技装〔2018〕23号）	规定采掘接续紧张情形及矿井开拓煤量可采期，防范煤矿采掘接续紧张暂行办法
2018-11-13	国家发展改革委等四部委	《煤矿安全改造专项管理办法》（发改能源〔2018〕1659号）	对符合条件的煤矿安全改造项目给予资金支持
2018-11-29	国家煤矿安监局	《关于规范煤矿安全监管执法工作的意见》（煤安监监察〔2018〕32号）	提出监管执法的主要内容及主要方式
2019-04-29	国家发展改革委等四部委	《关于加强煤矿冲击地压源头治理的通知》（发改能源〔2019〕764号）	加强煤矿冲击地压源头治理的重要性及具体做法
2019-05-13	国家煤矿安监局	《关于加强煤矿冲击地压防治工作的通知》（煤安监技装〔2019〕21号）	规定煤矿冲击地压防治的具体工作
2019-07-06	国家煤矿安监局	《关于煤矿企业安全生产主体责任监管监察的指导意见》（煤安监监察〔2019〕26号）	规定对煤矿企业重点检查的10个方面

表3-4-1（续）

时间	部门	政策名称	主要内容
2019-12-06	国家煤矿安监局	《煤矿整体托管安全管理办法（试行）》	规定承托方具备条件及委托方处罚情形
2020-03-13	国家煤矿安监局	《煤矿冲击地压防治监管监察指导手册（试行）》	包括冲击地压煤层、冲击地压矿井界定等46个检查项目
2020-03-18	国家煤矿安监局	《关于认真贯彻落实习近平总书记重要批示精神汲取近期煤矿事故教训切实做好煤矿复工复产安全生产工作的通知》	深刻汲取近期煤矿事故教训，切实加强煤矿复工复产安全生产工作
2020-04-08	国务院安委办	《关于科学确定灾害严重矿井生产能力防范和遏制煤矿重特大事故的通知》（安委办〔2020〕28号）	科学确定开采强度，重新核定生产能力，强化责任落实，加强监督检查
2020-05-11	国家煤矿安监局	《煤矿安全生产标准化管理体系考核定级办法（试行）》和《煤矿安全生产标准化管理体系基本要求及评分方法（试行）》（煤安监行管〔2020〕16号）	规定煤矿安全生产标准化管理体系考核方法和基本要求
2020-06-29	国家煤矿安监局	《关于预判防控煤矿重大安全风险的指导意见（试行）》（煤安监监察〔2020〕25号）	明确了安全风险预判内容，提出了安全风险研判防控要求
2020-07-15	国家煤矿安监局	《加强和规范煤矿安全事中事后监管监察的实施意见》（煤安监监察〔2020〕29号）	提出加强和规范煤矿安全事中事后监管监察十六项重点任务
2020-07-22	国家煤矿安监局	《关于落实煤矿企业安全生产主体责任的指导意见》（煤安监行管〔2020〕30号）	提出落实煤矿企业安全生产主体责任的指导意见

表 3-4-1（续）

时 间	部 门	政 策 名 称	主 要 内 容
2020-08-10	国务院安全生产委员会	《关于进一步贯彻落实习近平总书记重要指示精神坚决防范遏制煤矿冲击地压事故的通知》（安委〔2020〕6号）	提出防范遏制煤矿冲击地压事故的具体要求
2020-09-03	国家煤矿安监局、人社部、国家能源局和中华全国总工会联合	《关于进一步规范煤矿劳动用工促进煤矿安全生产的指导意见》（煤安监行管〔2020〕38号）	规范煤矿劳动用工促进煤矿安全生产
2020-09-03	国家煤矿安监局	《落实煤矿企业安全生产主体责任三年行动专题实施方案》（煤安监司办〔2020〕26号）	通过开展三年行动，完善和落实煤矿从根本上消除事故隐患的工作机制
2020-11-13	国家煤矿安监局	《关于全面深入开展煤矿安全生产大排查的通知》	规定开展煤矿安全生产大排查的具体工作
2020-11-20	应急管理部	《煤矿重大事故隐患判定标准》（国务院令第446号）	对15个方面的煤矿重大事故隐患进行了准确认定
2020-12-30	国家矿山安监局	《关于进一步加强煤矿冲击地压防治工作的通知》（安委〔2020〕6号）	规定煤矿冲击地压防治的具体工作
2021-01-06	国家矿山安监局	《国家矿山安全监察局关于印发煤矿冲击地压水害防治及重大设备感知数据接入细则（试行）的通知》（矿安〔2020〕1号）	扩大数据接入范围，规范接入数据格式；尽快开展数据质量自查整改工作，确保数据真实可靠
2021-03-02	国家矿山安监局	《关于进一步落实煤矿瓦斯"零超限"目标管理的通知》	规定落实煤矿瓦斯"零超限"目标管理的具体要求

表3-4-1（续）

时间	部门	政策名称	主要内容
2021-09-07	国家矿山安监局	《关于全面开展煤矿隐蔽致灾因素普查治理工作的通知》（矿安〔2021〕121号）	规定全面开展隐蔽致灾因素普查治理工作及工作重点
2021-10-12	国家矿山安监局	《煤矿防灭火细则》	对煤矿防灭火工作进行了全面规范
2021-12-08	国家矿山安监局	《关于进一步加强煤矿防灭火和瓦斯防治工作的通知》（矿安综〔2021〕70号）	规定加强煤矿防灭火和瓦斯防治的主要做法
2022-01-21	国家矿山安监局	《关于深化煤矿安全专项整治三年行动推进治本攻坚的通知》（矿安〔2022〕1号）	要求各级煤矿安全监管监察部门和各煤矿企业排查煤炭安全主要问题
2022-04-06	国务院安全生产委员会	《"十四五"国家安全生产规划》（安委〔2022〕7号）	规定"十四五"时期煤矿安全生产主要目标及具体做法
2022-04-08	国家矿山安监局	《煤矿安全监管监察检查实施清单（2022年版）》（矿安〔2022〕69号）	对煤矿安全监管监察检查实施的各项检查内容等进行了详细规定
2022-06-22	国家矿山安监局	《煤矿防治水"三区"管理办法》（矿安〔2022〕85号）	规定了煤矿防治水"三区"管理职责和管理方法，详细规定了不同威胁区域的具体要求
2022-06-23	国家矿山安监局	《煤矿水害防治监管监察执法要点（2022年版）》（矿安〔2022〕86号）	要求了防治水专业技术人员等共十六个方面的检查要点、执法要求、执法依据和有关解读
2022-07-19	应急管理部、国家矿山安监局	《"十四五"矿山安全生产规划》（应急〔2022〕64号）	规定十四五煤炭安全生产规划目标及具体做法

表 3-4-1（续）

时间	部门	政策名称	主要内容
2022-10-23	国家矿山安监局、财政部	《煤矿及重点非煤矿山重大灾害风险防控建设工作总体方案》（矿安〔2022〕128号）	到2026年，在全国范围内完成所有在册煤矿、2400座重点非煤矿山重大灾害风险防控项目建设工作
2022-11-25	国家矿山安监局	《关于加强煤矿隐蔽致灾因素普查治理工作的通知》（矿安〔2022〕132号）	针对加强煤矿隐蔽致灾因素普查治理工作，从普查工作等四个方面提出了16项要求
2022-12-13	国家矿山安监局	《强化煤矿炮采（高档普采）工作面顶板管理规定》《强化煤矿锚杆支护巷道顶板管理规定》《强化煤矿架棚巷道顶板管理规定》（矿安〔2022〕135号）	要求煤矿根据顶板分类制定有针对性的措施，强化地质预测预报工作。加强相应工作面的监测和日常管理工作

第 5 章
煤炭财税政策

2011年3月16日公布的《"十二五"规划纲要》中提出必须"全面推进资源税和耕地占用税改革",2013年11月15日党的十八届三中全会审议通过的《中共中央关于全面深化改革若干重大问题的决定》中再次提出加快资源税改革的要求。因此,为进一步深化资源税制度改革深度和广度,促进资源节约集约利用和环境保护,推动转变经济发展方式,规范资源税费制度,财政部、国家税务总局印发的《关于实施煤炭资源税改革的通知》指出,自2014年12月1日起在全国范围内实施煤炭资源税从价计征改革,同时清理相关收费基金。《文件》明确了煤炭应税产品的征收范围,即包括原煤和以未税原煤加工的洗选煤,同时规定了应税煤炭销售额的具体计算方式、适用税率幅度的调整方式、税收优惠的具体适用情况以及相应的征收期等详细内容。

此后,为进一步规范资源税征收管理,优化纳税服务,防范涉税风险,财政部、国家税务总局、国务院关税税则委员会先后研究制定了《资源税征收管理规程》《关于继续执行的资源税优惠政策的公告》等文件;而2020年9月1日经十三届全国人大常委会第十二次会议表决通过的《中华人民共和国资源税法》,则是在落实税收法定原则的背景下一项极为重要的立法进程,表明在保持现行税制框架和税负水平总体不变的基础上,进一步增强了资源税在促进资源节约集约利用、加强生态环境保护方面的功能,为绿水青山拉起了一张牢固的"保护网"。煤炭行业主要财税政策见表3-5-1。

经历数次演进,2022年现行资源税政策得到不断完善,政策效果不断显现。表现在：一是政策目标逐渐由调节资源级差收益向促进资源节约利用转变；二是征税范围逐步扩大；三是征收方式从价与从量并行。系列财税政策进一步发挥出了税收筹集收入、调节极差收益的作用，同时在提高煤炭资源利用率、保护环境、规范资源型企业开采行为等方面做出了贡献，为更好实现双碳目标奠定了坚实基础。

表3-5-1 财税政策列表

时间	部门	政策名称	主要内容
2014-10-09	财政部、国家税务总局	《关于实施煤炭资源税改革的通知》（财税〔2014〕72号）	煤炭资源税实行从价定率计征，并明确应税煤炭销售额的具体计算方式及相应的税收优惠范围，同时调整其税率幅度为2%~10%
2018-03-30	国家税务总局	《资源税征收管理规程》	明确了自采自用原矿或精矿计税价格的确定方法，规范了资源税减免政策落实方式
2020-06-24	财政部、国家税务总局	《关于继续执行的资源税优惠政策的公告》（财政部 税务总局公告2020年第32号）	对青藏铁路公司及其所属单位运营期间自采自用的砂、石等材料免征资源税，对页岩气资源税减征30%，对增值税小规模纳税人可以在50%的税额幅度内减征资源税，对充填开采置换出来的煤炭，资源税减征50%
2020-09-01	全国人民代表大会常务委员会	《中华人民共和国资源税法》	规范统一税目，取消换算比、折算率规定，对部分事项授权地方决定，规范减免税政策，调整纳税期限
2022-04-26	国务院关税税则委员会	《关于调整煤炭进口关税的公告》（税委会公告〔2022〕6号）	自2022年5月1日至2023年3月31日，对煤炭实施税率为零的进口暂定税率
2023-03-31	国务院关税税则委员会	《关于延长煤炭零进口暂定税率实施期限的公告》（税委会公告〔2023〕3号）	自2023年4月1日至2023年12月31日对煤炭实施税率为零的进口暂定关税，包括无烟煤、炼焦煤、其他烟煤，其他煤，煤砖、煤球及用煤制成的类似固体燃料，未制成型的褐煤，制成型的褐煤等

第 6 章 科技创新政策

2016年6月1日，国家发展改革委、能源局印发《能源技术革命创新行动计划（2016—2030年）》。《计划》提出，提升煤炭开发效率和智能化水平，研发高效建井和快速掘进、智能化工作面、特殊煤层高回收率开采、煤炭地下气化、煤系共伴生资源综合开发利用等技术，重点煤矿区基本实现工作面无人化，全国采煤机械化程度达到95%以上。2020年2月，为解决煤矿智能化存在的基础理论研发滞后、技术标准与规范不健全、平台支撑作用不够、技术装备保障不足、高端人才匮乏等问题，八部委发布《关于加快煤矿智能化发展的指导意见》，提出煤矿智能化发展的主要目标、主要任务及保障措施。

2016年12月30日，为践行能源"四个革命、一个合作"的战略思想，贯彻能源发展规划总体要求，进一步推进能源技术革命，发挥科技创新在全面创新中的引领作用，国家能源局组织编制了《能源技术创新"十三五"规划》。《规划》分析了能源科技发展趋势，以深入推进能源技术革命为宗旨，明确了2016—2020年能源新技术研究及应用的发展目标。按照当前世界能源前沿技术的发展方向以及我国能源发展需求，聚焦于清洁高效化石能源、新能源电力系统、安全先进核能、战略性能源技术以及能源基础材料五个重点研究任务，推动能源生产利用方式变革，为建设清洁低碳、安全高效的现代能源体系提供技术支撑。

煤炭行业科技创新政策列表见表3-6-1。

2016年，国家发展改革委、国家能源局发布《能源技术革命创新行动计划（2016—2030年）》后，我国煤炭行业科技创新与数字化转型进入快速发展期。与此同时，自2020年国家发展改革委、国家能源局等八部门联合印发《关于加快煤矿智能化发展的指导意见》后，覆盖上游规划设计、中游采掘填充、下游运输的全煤炭产业链智慧化加速部署实施。我国煤矿智能化建设已走在矿山领域的前列，2022年我国智能化采掘工作面已达1019个。

表3-6-1 科技创新政策列表

时 间	部 门	政 策 名 称	主 要 内 容
2016-06	国家发展改革委、能源局	《能源技术革命创新行动计划（2016—2030年）》（发改能源〔2016〕513号）	提升煤炭开发效率和智能化水平，研发高效建井和快速掘进、智能化工作面等技术
2016-12	国家能源局	《能源技术创新"十三五"规划》	《规划》提出在清洁高效化石能源技术领域的目标是，促进煤炭绿色高效开发，实现煤层气等资源的高效开发。掌握低阶煤转化提质、煤制油、煤制气等关键技术。进一步提高燃煤发电效率，提高燃煤机组弹性运行和灵活调节能力，整体能效水平达到国际先进水平
2020-02-25	国家发展改革委、能源局、应急管理部、国家煤矿安监局等八部委	《关于加快煤矿智能化发展的指导意见》（发改能源〔2020〕283号）	明确煤矿智能化建设的2021年、2025年及2035年目标，提出保障措施
2021-06-05	国家能源局、国家矿山安全监察局	《煤矿智能化建设指南（2021年版）》（国能发煤炭规〔2021〕29号）	分别提出了井工煤矿、露天煤矿、选煤厂智能化的总体要求和技术路径，并从组织、制度、技术、资金、人才五个方面提出保障措施
2021-06-07	国家发展改革委、国家能源局、中央网信办、工业和信息化部	《能源领域5G应用实施方案》（发改能源〔2021〕807号）	提出能源领域5G应用的具体实施方案

表 3-6-1（续）

时　间	部　门	政　策　名　称	主　要　内　容
2021-07-05	工业和信息化部、中央网信办等十部委	《关于印发〈5G应用"扬帆"行动计划（2021—2023年）〉的通知》（工信部联通信〔2021〕77号）	将5G+智能采矿作为赋能5G应用重点领域之一
2021-12-07	国家能源局	《智能化示范煤矿验收管理办法（试行）》（国能发煤炭规〔2021〕69号）	规定智能化示范煤矿验收管理办法
2021-11-29	国家能源局、科学技术部	《"十四五"能源领域科技创新规划》（国能发科技〔2021〕58号）	《规划》提出，聚焦煤炭绿色智能开采、重大灾害防控、分质分级转化、污染物控制等重大需求，形成煤炭绿色智能高效开发利用技术体系
2022-10-08	科技部	《黄河流域生态保护和高质量发展科技创新实施方案》（国科发社〔2022〕278号）	《方案》提出，研发煤炭清洁高效利用技术，研究推广矿区植被修复技术，推动煤炭产业绿色、智能发展
2022-08-15	科技部	《关于支持建设新一代人工智能示范应用场景的通知》（国科发规〔2022〕228号）	"智能矿山"被列首批支持建设十个示范应用场景之一
2023-03-28	国家能源局	《国家能源局关于加快推进能源数字化智能化发展的若干意见》	以数字化智能化技术带动煤炭安全高效生产。推动构建智能地质保障系统，提升矿井地质条件探测精度与地质信息透明化水平

2023 中国煤炭工业发展报告
Annual Report on Coal Industry
in China 2023

第4篇 实 践 篇

第 1 章
中国煤炭科工集团有限公司

1.1 企业概况

中国煤炭科工集团有限公司（以下简称中国煤科）是国务院国有资产监督管理委员会监管的中央企业，是我国煤炭工业科技创新领域的国家队和排头兵。经过近 70 年的发展，已建设形成矿山安全、智能装备、设计建设、绿色开发、清洁低碳、新兴多元六大板块。拥有省部级以上科研条件平台 136 个，其中国家重点实验室 3 个、国家工程实验室 3 个、国家工程技术研究中心和国家工程研究中心各 1 个、国家企业认定技术中心 2 个。拥有"矿业工程"博士后科研流动站、5 个博士后科研工作站、4 个博士学位点、12 个硕士学位点。现有员工 3 万名，其中专业技术人才 1.3 万余人，培养两院院士 10 人，培养国家级勘察设计大师 10 人；在职国家百千万人才工程国家级人选 27 人，享受国务院政府特殊津贴累计 550 人。所属百余家子企业分布于北京、上海、重庆、西安、沈阳、武汉等大中城市。

近年来，中国煤科深入推进"1245"总体发展思路，发展质量显著提升，科技成果竞相涌现，经营业绩稳健增长，在建设世界一流科技创新型企业的征程上再上新台阶，形成了一批"干得好、立得住、叫得响"的标志性成果，荣获国资委 2019—2021 年任期考核"科技创新突出贡献企业"（图 4-1-1）。

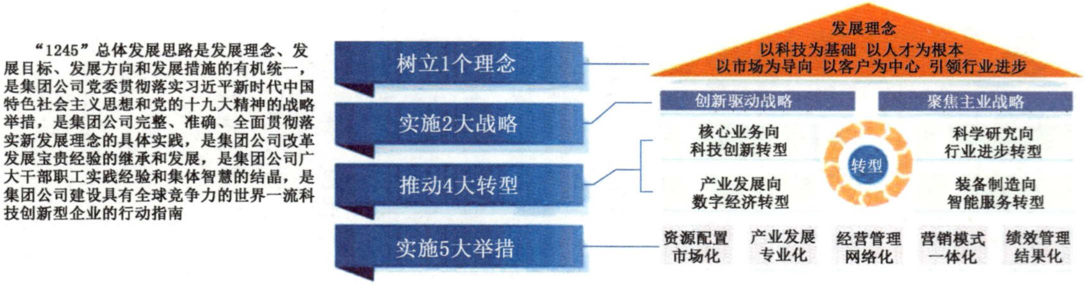
"1245"总体发展思路是发展理念、发展目标、发展方向和发展措施的有机统一，是集团公司党委贯彻落实习近平新时代中国特色社会主义思想和党的十九大精神的战略举措，是集团公司完整、准确、全面贯彻落实新发展理念的具体实践，是集团公司改革发展宝贵经验的继承和发展，是集团公司广大干部职工实践经验和集体智慧的结晶，是集团公司建设具有全球竞争力的世界一流科技创新型企业的行动指南
树立1个理念
实施2大战略
推动4大转型
实施5大举措
发展理念
以科技为基础 以人才为根本
以市场为导向 以客户为中心 引领行业进步
创新驱动战略
聚焦主业战略
核心业务向
科技创新转型
产业发展向
数字经济转型
转型
科学研究向
行业进步转型
装备制造向
智能服务转型
资源配置
市场化
产业发展
专业化
经营管理
网络化
营销模式
一体化
绩效管理
结果化

图4-1-1 中国煤科"1245"总体发展思路

1.2　主要成就

1.2.1　中国特色现代企业制度建设更加成熟定型

董事会制度运行体系不断健全。中国煤科成立之初，2010 年即被列入国资委规范董事会建设试点企业名单，经过十几年的董事会建设实践，体系化推进董事会规范建设与运行管理，不断提升董事会运作的规范性和有效性，有效做实了董事会经营决策主体作用，形成了完备的董事会制度和运作体系，董事会与其他治理主体权责边界清晰、运转有章可循，有效发挥了董事会"定战略、作决策、防风险"的职责定位。

科学治理决策水平有效提高。中国煤科通过在全级次企业开展董事会应建尽建和外部董事占多数制度，实现了企业的决策权与执行权分开，进一步做实各级子企业董事会，推动董事会职权得到有效落实，使派出董事依据股东的要求和自己的判断科学审慎行使表决权，独立客观地发表意见，保障董事的投票权利，以决策的民主促进决策的科学，使经营决策更加科学和合理，有效提高企业改革发展的活力和效率。

1.2.2　行业科技创新"领头羊"地位更加稳固

"卡脖子"难题实现重点突破，科技实力跃上新台阶。中国煤科集中优势资源开展技术攻坚，多项"卡脖子"关键技术攻关取得重大突破，特别是透明矿井、煤炭工业互联网、煤矿机器人、快速掘进等方面部署超前。近三年，获得国家级科技奖励 4 项，其中，国家技术发明奖二等奖 2 项，国家科学技术进步奖二等奖 2 项，省部级科技奖励 555 项。连续两届获中央企业熠星创新创意大赛一等奖。首次获得中国专利银奖 1 项。216 项成果获中国煤炭工业协会科学技术奖，特、一等奖获奖数量占行业总数的 42.7%，一定程度上引领了行业科技进步，煤矿井下瓦斯抽采钻孔及机器人如图 4-1-2 所示。

科技创新成果竞相涌现，多个首台重大装备落地。中国煤科在智能煤矿建设、煤矿灾害防控、矿区生态环境整治等领域形成技术装备的领

图4-1-2 煤矿井下瓦斯抽采钻孔及机器人亮相国家"十三五"科技成就展

先优势,研发生产的一批煤炭资源开采设备、矿山安全保障设备、煤炭清洁利用产品等已成为支撑我国煤炭行业高效、安全、清洁生产的重要产品。所属山西煤机"煤海蛟龙——掘支运一体化快速掘进系统"成功入选"坐标中国"之"中国速度",成为党的十八大以来国资央企30个标志性成果之一,入选2021"科创中国"先导技术榜。上海煤科全球首台"全断面矩形快速掘进机"开创了煤矿全断面快速掘进的新装备与新工艺。北京中煤自主研发的国内首台竖井掘进机"金沙江1号",打破了国外装备及技术的壁垒。

科技成果实现快速转化,助推形成产业发展新动能。中国煤科坚持以市场为导向,以客户为中心,一批精准面向客户需求的科技成果快速实现市场化、产业化转化,成为推动企业持续发展的新动能。西安研究院突破煤层气地面抽采和煤层底板水害防治核心技术与装备,市场占有率均超50%。唐山研究院千万吨级长焰煤选煤厂煤泥浮选机,填补了我国煤用大型浮选机的空白。武汉设计院突破长距离大运量管道输煤技术，建设的我国首条长距离输煤项目——陕西神渭输煤管道带浆试运行圆满成功。

1.2.3 产业发展推动行业进步作用更加凸显

煤机智能装备引领行业智能化发展。中国煤科通过整合内部优势资源，智能矿山一体化服务能力进一步增强。研制的世界首台 9 米大采高智能化采煤机创采煤机装机功率与开采高度的世界之最，国内首套掘支运一体化智能成套快速掘进装备创月进尺 3088 米世界纪录，如图 4-1-3 所示。480 米国内超长工作面智能刮板运输装备达到国际领先水平，以高端科技支撑煤炭开采向智能化、无人化发展，服务保障国家主体能源供应更加高效安全。

图 4-1-3　自主研制的世界首台 9 米大采高智能化采煤机

安全技术装备支撑行业安全稳定生产。中国煤科从无到有系统建立了煤矿安全理论技术装备体系，提升了行业煤矿事故防控和救援的科学化、专业化、高效化、智能化水平，安全监测监控、人员定位等安全产品市场占有率超过 70%。研制的大功率定向钻进技术及装备创造井下顺煤层定向钻进孔深 3353 米的世界纪录，国内首套松软煤层气体定向钻进用高压制氮排渣装置成功下线，多场景煤矿机器人在郓城冲击地压、川煤杉木树煤矿透水、丰源煤矿重大透水事故等近 20 起突发安全生产事故救援中提供科技保障，有力支撑了煤炭行业"十三五"以来百万吨死亡率下降70%，重特大事故得到有效遏制。

矿区生态治理有效促进行业绿色发展。 中国煤科优化整合矿区治理资源，加快推进矿区土地整治利用与生态修复相关业务的开展，形成了规模化经营，采煤沉陷区治理能力全面提升。牵头编制《抚顺西露天矿地质灾害综合治理可行性研究报告》，入围自然资源部项目库，"抚顺西露天矿地质灾害综合治理"示范工程如图4-1-4所示。系统开展青海高原高寒矿区生态环境综合治理关键技术研究与工程示范，累积复绿面积1900余亩。实施济宁任城项目，有效破解了塌陷土地利用方式的难题，新增用地2560亩，开创了采煤沉陷区综合治理与土地开发一体化的"任城模式"，入选中央企业"我为群众办实事"实践活动百项特色项目汇编。

图4-1-4 "抚顺西露天矿地质灾害综合治理"示范工程

1.2.4 创新活力效率激发更加充分有力

三项制度改革深入推进，综合改革成效大幅提升。 中国煤科持续深化三项制度改革，围绕能上能下，全面推行经理层成员任期制和契约化管理，围绕能进能出，加快实施了公开招聘、竞争上岗、末等调整和不胜任退出等市场化用工制度，围绕能增能减，推动完善了按业绩贡献决定薪酬的分配机制，一系列动真碰硬的改革动作，全面激活了人力资源这个核心要素。2022 年全员劳动生产率同比增长 25.7%，人均利润同比增长超 30%。"能力决定位置、贡献决定待遇薪酬"已深入人心、成了新常态，为企业高质量发展注入了新的动力源。

人才队伍建设持续优化，企业发展基石有效夯实。中国煤科深入实施人才强企战略，着力弘扬企业家精神，坚持在实践中选实干家，让有为者有位、能干者能上、优秀者优先。着力健全市场化选拔任用机制，公开招聘领导人员占提拔总数的 32%。着力加大年轻干部选拔使用力度，集团党委管理的领导人员中，45 周岁以下的年轻干部占比达 49%。着力提升领导干部素质能力，把优秀年轻干部放在基层一线、艰苦环境和急难险重任务中蹲苗壮骨。着力优化市场化薪酬分配机制，更多向科研一线、关键岗位核心人才等群体倾斜。着力强化"四支队伍"建设，通过"百万年薪聘英才"、设立"千万引才基金"、发挥创新平台"磁吸效应"和实施引才"伯乐计划"等有效措施，从而使得能担治企兴企重任的行家里手不断涌现。

中长期激励辐射范围逐渐深入，激励作用有效发挥。中国煤科坚持能推尽推、用足用好政策导向，鼓励支持不同功能类型、不同发展阶段企业全面建立中长期激励机制，基本实现激励工具应用横向到边、纵向到底。按照"强激励、硬约束"原则，鼓励引导激励企业、激励项目在年度业绩考核指标基础上大胆挑战更高目标，攀登业绩更高峰。三年来激励企业、激励项目实现新增创利近 6 亿元，累计兑现激励总额达 1.3 亿元，推动企业快速发展、成果快速转化的同时，有力激活了人力资本，实现了企业与员工"双赢"格局。

1.3 发展展望

中国煤科将践行煤炭行业国家战略科技力量使命担当，深化落实"1245"总体发展思路，以高质量发展为首要任务，以改革创新为根本动力，提高核心竞争力，增强核心功能，坚定不移做强做优做大，聚焦煤炭安全绿色智能开发和清洁高效低碳利用，勇挑重担、攻坚克难，打造煤炭开发利用原创技术策源地和煤炭科技现代产业链链长，加快建设世界一流科技创新型企业，持续引领煤炭行业进步，为推动煤炭工业高质量发展做出新的更大贡献。

加快建设科技领军企业。聚焦五大类40项攻关任务，重点突破智能无人开采关键技术、重大装备、元部件，攻克更多科技含量高、对行业发展具有引领性和决定性的关键核心技术；建强建好国家能源协同创新中心等现有创新联合体，深化与重点企业创新合作，更好发挥行业示范引领作用；充分发挥海外研发与产业化一体化平台作用，构建全球煤炭科技创新高地。

推动产业高质量发展。分类实施"集团化、专业化、区域化、国际化"发展，打造细分产业链链长和专精特新企业；积极推进转型发展，加快传统优势产业转型升级，打造煤炭开发利用现代产业链链长，加大战略新兴产业拓展力度和未来产业布局，发展绿色环保、清洁低碳产业，加快向非煤领域延伸，以产业高质量发展服务建设现代化产业体系，持续推动行业进步。

着力打造现代新国企。健全中国特色现代企业制度，在完善公司治理中加强党的领导，持续提高董事会运行质量，全面推行全员新型经营责任制，更广范围更大力度实施中长期激励，做精做深"科改行动""双百行动"，提高上市公司发展质量，打造真正按市场化机制运营、充满活力的现代新国企。

第 2 章 山西焦煤集团有限责任公司

2.1 企业概况

山西焦煤集团有限责任公司（以下简称山西焦煤集团）组建于 2001 年 10 月，是省属国有独资企业，是全国最大的炼焦煤生产加工企业和炼焦煤市场主供应商（图 4-2-1）。2001 年，西山煤电、汾西矿业、霍州煤电三家省属煤炭企业整合重组，成立了全国煤炭行业第一家以资产为纽带的集团——山西焦煤集团，先后整合山西焦化、焦炭集团等省属国有企业，并购兴县斜沟、临县庞庞塔等一批煤炭、电力、化工等产业项目，企业规模快速扩张。截至 2022 年底，山西焦煤集团资产总额 5224 亿元、净资产 1393 亿元，拥有山西焦煤、山煤国际、山西焦化 3 个 A 股上市公司，市值合计约 900 亿元。现有煤炭保有储量 255 亿吨、可采储量 131 亿吨，煤矿 151 座、年设计产能 2.49 亿吨，选煤厂 50 座、年设计入选能力 1.60 亿吨，焦化厂 4 座、年设计产能 940 万吨，主导产品有焦煤、肥煤、1/3 焦煤、瘦煤等全系列煤种，以及冶金焦、铸造焦和煤化工产品，已形成炼焦煤、焦化、现代物流、民爆和金融等产业板块。2020 年，焦煤集团与山煤集团成功实现联合重组。

山西焦煤集团共设 18 个部门，5 个事业部，12 个共享服务中心，集团公司下设西山煤电、汾西矿业、霍州煤电、山煤国际等 22 个子分公司，截至 2022 年底，企业共有在册人员 21.6 万人、党委 171 个、党总支 318 个、党支部 3241 个，党员 59805 名。

233

图4-2-1 矗立在汾河之滨的山西焦煤办公大楼

2022年,山西焦煤集团聚焦高质量发展目标,围绕"创新、改革、开放"主题开展工作。主要指标完成良好:原煤产量18215万吨,同比增加793万吨;销售收入2801.58亿元,同比增加493.90亿元;利润总额300.66亿元,同比增加190.29亿元。完善现代企业治理体系,引深精益化管理,加快管控平台建设,同步推进产业转型和数字转型,坚持数实融合、数智赋能,现代化制度体系、管理体系、产业体系初步构建,企业发展的质量和效益稳步提高;深化改革变革,采供体系变革见行见效,企业深层次矛盾有效破解,步入高质量发展快车道;坚持"以客户为中心",创新商业模式,强化品牌建设,加快构建"煤钢焦"产业链供应链命运共同体,为全面开启第二个"三步走"打下坚实基础。

2.2 主要成就

2.2.1 坚持党建引领,强"根"铸"魂",聚力发展

山西焦煤集团深入学习贯彻党的二十大精神,深刻领会习近平总书

记在全国国有企业党的建设工作会议上的重要讲话精神，坚持党对企业全面领导不动摇，以党建引领为根本，强"根"铸"魂"、聚力发展。**一是加强政治建设**，把党的政治建设摆在首位，以学习贯彻党的二十大精神为先导，常态化长效化学习贯彻习近平新时代中国特色社会主义思想，在实践中提高政治判断力、政治领悟力、政治执行力，用严明的政治规矩和政治纪律保障良好政治生态，提高上下"一盘棋"意识，确保集团上下行动一致。**二是推动深度融合**，牢牢把握"党的一切工作到支部"的鲜明导向，坚持党建"第一责任"统领发展"第一要务"，进一步把党建工作重心放到基层、放到一线，不断提升基层党组织"四大功能"建设。**三是坚持党管干部**，加强党对干部工作的绝对领导，坚持新时代好干部标准，坚持德才兼备、以德为先、五湖四海、任人唯贤；注重实践锻炼、专业训练、岗位历练，增强干部推动高质量发展本领、服务群众本领、防范化解风险本领；完整"输入、再生、优化、晋升、淘汰、输出"人才培养链条，激活人才发展活力。**四是强化从严治企**，推进"清廉国企"建设，着力构建"新焦煤大监督体系"，在物资设备采购、工程建设、煤焦产品销售、财务结算和资金支付等重要领域持续发力，对制度、流程、权限、平台、数据进行全方位的检视和重建；坚持"三不"一体推进，突出"不敢腐"的震慑，扎紧"不能腐"的"笼子"，增强"不想腐"的自觉；推动党风廉政建设高质量发展。

2.2.2 释放先进产能，运营质量和效益大幅提升

一是资金方面，重点强化资金集中管理，应用信息化技术提高资金线上归集比率，推进资金的统一审批、调拨、使用，同时按照国务院国资委关于加快建设世界一流财务管理体系的指导意见，正在搭建价值创造型司库体系，进一步加强对资金的系统、全面管理，构建一体化财务管控和风险管理机制，初步实现财务管理与业务运营的深度融合。**二是融资方面**。一方面合理搭配长短期融资，提高长期融资占比；另一方面全面优化高低息融资结构，加快融资高转低。此外，山西焦煤集团科学把握煤炭产业长期发展趋势，坚持补短板、强弱项、固底板、扬优势，开展安全环保补欠，实施科技投入补欠，消化历史遗留问题，做到账销

案存。截至 2022 年底，企业净资产收益率、现金流动负债比率、资本保值增值率、技术投入比率、经济增加值率、"两金"占流动资产比重、人均工效等 7 项指标超过同行业平均水平，其中净资产收益率、"两金"占流动资产比重等 2 项指标超过同行业良好值。

2.2.3 提升产业素质，维护"煤钢焦"产业链供应链安全稳定

山西焦煤集团在提升煤炭产业素质、维护"煤钢焦"产业链供应链安全稳定方面走在前列。

一是加快煤炭转型升级。落实省委"转型不是'去煤化'，只要实现高质量发展，就是实现转型升级"的科学论断，加快煤炭产业改造提升，推动质量变革、效率变革、动力变革。坚持"先进产能"战略，加快煤矿先进产能建设和智能化改造，加快各类生产要素向先进产能聚集，推动井下智能绿色安全开采，目前煤炭先进产能 17165 万吨/年，先进产能占比达 97.4%。落实能源保供各项政策，一方面合理生产组织，优化采掘衔接，优化发运结构，在保证安全生产的前提下加快释放煤炭先进产能，2022 年焦煤集团实现煤炭保供 4567 万吨，较好完成全年保供任务，并且超额完成对口广东、江苏两省的保供任务；另一方面抢抓政策"窗口期"，加快煤矿接续产能释放、基建矿井转产、停缓建煤矿复工建设，进一步释放优质产能，煤炭产业基础持续巩固和加强。

二是完善产业链供应链。坚持"五个一体化"融合发展，补链延链强链，加快完善"煤钢焦"产业链供应链，将资源优势转化为产业优势、发展优势，构建与高质量发展相吻合的现代化产业体系。锻长板，坚持做强炼焦煤主业（图 4-2-2），以智能绿色安全开采和清洁高效深度利用为主导，对炼焦煤资源开采、加工、利用进行科学规划与组织，实施精采细采和保护性开采，用先进适用技术推动了产业链供应链价值长期有效增长。抢先机，坚持做优焦化、现代物流等辅业。推进"煤—焦—化"循环产业链发展，延伸产业链，提高产品附加值。蓄厚势，做实新型金融产业链，以供应链金融、资产价值管理、票据池服务为主导，推动金融产业超前布局，满足市场和客户多

元化金融需求。

图 4-2-2　山西焦煤焦化产业

2.2.4　坚持数实融合、数智赋能，实现高质量发展

山西焦煤集团把数实融合、数智赋能作为高质量发展的主攻方向，倡导大数据、5G、云计算等在生产经营各领域、各环节的应用。

一是推动数字化建设。对标山东兖矿等行业标杆企业，推广井下生产数字化，重点围绕智能快速掘进、复杂条件智能综采等关键领域，推广无人生产、少人巡视、远程操作，初步形成"一个大数据中心""一张网""一张图""一个应用平台"和 N 个应用子系统于一体的发展架构，近年来先后建成 4 座智能化矿山、86 个智能化采掘工作面，累计 408 个大型设备机房和井下固定硐室实现无人值守，减少固定岗位人员 700 余人，稳步提高了开采智能化技术与装备水平，山西焦煤马兰矿智能化调度室如图 4-2-3 所示。

二是打造产业发展升级版。整合各子分公司所属技术中心、科研工作站，打破原有的行政、地域界限，将各类科研技术、人才、设备集中到集团公司统一的科研大平台上来。近三年企业共获得省级科技进步奖 77 项，申请国家专利 598 项，马兰矿盾构机创造了大倾角、大曲率半径、全断面开拓进尺全国第一纪录，"近距离高突煤层群煤与瓦斯精准

图4-2-3 山西焦煤马兰矿智能化调度室

共采关键技术及工程应用"荣获中国工业大奖,如图4-2-4所示。对外,先后与中科院自动化研究所、华为公司等签署战略合作协议,围绕数字化转型、矿井智能化建设、信息化与业务智慧化融合持续发力,实现生产效率和管理效能的稳步提升。

2.2.5 构建现代化管理体系,全面提升管理效能

一是构建现代化管理体系。加强管控平台建设,以流程化、数智化方式赋能企业管理。制度规范化。重点围绕岗位责任书和工作计划管理,明确各岗位工作内容、标准、程序,规范部门之间、上下之间业务衔接,将管理纳入科学化、规范化轨道。管理流程化。打破"部门墙""隔热层""真空罩",改变管理机制,打开管理边界,引导各业务部门从关注自身价值转变到关注企业价值和客户价值上来,先后绘制业务流程图133个,制定防范控制措施700余条,初步形成"端到端"直达式的管理流程。组织平台化。近年来,先后构建起财务共享、设备管理、数字营销等多个组织平台,目前财务共享平台实现了对各级次各单位从

图4-2-4 山西省煤炭企业唯一获得"中国工业大奖"的煤炭技术创新项目

财务到预算，再到资金支付的集中管理，增强了集团、子公司、矿厂财务纵向管理能力；"焦煤在线"形成集交易、结算、物流、指数为一体的智能化服务体系，2022年交易金额突破5000亿元大关。平台数字化。打通各平台数据关口，完善数据平台架构，理顺数据逻辑管理权限、指标应用场景等，全面提升管理效能。

二是强化成本管控。构建全方位成本管控模型，梳理产、供、销等生产运行全流程成本，分层分类开展对标，实施成本倒算法，将成本量化标准嵌入生产经营各环节。试点选取了33座现代化矿井推行作业成本法，运用成本动因等理论体系将近三年成本数据还原到采煤、掘进、机电、运输、通风等作业环节并制定标准定额，通过动态跟踪、对比分析把控生产投入、改善生产流程、优化作业环节，消除井下非增值作业。

三是推进精益化管理。对标通用电气、丰田等世界一流企业，推进精益化管理，加快管理创新、管理升级和管理再造，构建现代化管理体系。在煤炭行业首创精益化管理办公室，建立了财务共享中心和大数据中心，通过完善数据平台架构，整合运营数据报表，打通各数据系统之间的"孤岛"，夯实了精益化管理的基础。突出精益生产管理，充分运用"5S"管理法、准时化生产法（JIT）、生产维护法（TPM）等管理方法，减少无效劳动，消除浪费，实现"适时、适量、适物"生产。实施精益项目管理，围绕基层矿厂生产经营中的难点、痛点、堵点，以项目制方式推进精益安全、精益财务、精益班组建设、精益资产管理等，加快精益化管理在基层单位的落地。目前已在试点矿井成功立项1053项，形成可供借鉴、推广的成果1086条。

2.2.6 坚持绿色低碳发展，建设行业绿色低碳"领跑企业"

近年来，山西焦煤集团以习近平生态文明思想为指导，树立和践行"绿水青山就是金山银山"理念，站在人与自然和谐共生的高度谋划发展，统筹产业结构优化、污染治理、生态保护，坚持生态优先、节约集约、绿色低碳发展，协同推进降碳、减污、扩绿、增长，建设"美丽焦煤"和煤炭行业绿色低碳"领跑企业"。

一是加大环境治理力度。围绕"蓝天、碧水、净土"目标，持续开展污染防治攻坚。近三年每年投入约10亿元，先后完成对燃煤电厂和焦化行业超低排放改造、200余座污水处理厂提标升级改造、煤矸石处置场生态恢复治理等，颗粒物、二氧化硫、氮氧化物等排放量全面下降。提升精益管理水平。以精益化管理为抓手，将生态环保纳入现场管理范畴，进一步优化生产流程和作业标准，运用"5S"管理法等实现对作业现场的精准控制，以更高标准、更严要求推动生态文明建设。

二是构建绿色产业体系。加快煤炭先进产能建设和矿井智慧化改造，推动井下智能绿色安全开采，实现煤炭生产降能耗、提能效；推广绿色开采技术，因地制宜开展充填开采、保水开采，探索煤与瓦斯共采，重点组织对优质煤炭资源的精采细采、保护性开采，提高资源回收率。推进煤炭清洁高效利用，加强洗选领域技术革新和工艺改造，原煤入选率达 89% 以上，同步提高了精煤回收率，减少了矸石带煤量。发展循环经济，一方面打造"煤—焦—化"循环产业链，实现对煤炭资源的较大程度利用；另一方面推进"煤—电—材"循环经济发展，推进煤矸石资源化再利用。

2.3 发展展望

2.3.1 发展思路

坚持"一个引领"，即以习近平新时代中国特色社会主义思想为指引的党建引领。

坚持"一条底线"，即安全环保本质化。

围绕"一个中心"，即经济效益最佳化。

秉承"一个宗旨"，即国有资产保值增值和员工福祉最大化。

构建"一条主线"，即结构最优、成本最低、运行最安全的最佳现金流。推动"两个创新"，即科技创新和管理创新。

提高"一个水平"，即内涵集约式精益化管理水平。

实现"四个转型"，即产业转型、产品转型、商业模式转型、盈利模式转型，构建全新发展模式。

2.3.2 主攻方向

资源重整——遵循资源资产化、资产资本化、资本证券化原则，立足国际国内"两个市场"，利用上市公司平台推动煤炭资源整合和专业化重组，通过资源合理流动、组合和配置，实现内涵集约发展，形成全球化的炼焦煤市场引领力和核心竞争力。

组织重构——坚持组织架构扁平化原则，实施组织体系变革，压缩管理层级，简化部门设置，优化管理要素配置，实施业务流程重组和组织平台化、平台数字化建设，形成权责分明、简洁有力、运转高效的现代化组织体系。

文化兴业——顺应市场化取向和人性化特点，结合企业多年来形成的传统，培育、提炼、塑造具有自身特色的价值理念、经营准则、道德规范等，唱响主旋律，凝聚正能量，以文化人、以文兴业，推动文化高质量发展，加快企业管理向文化管理迈进。

内涵发展——聚焦主业、深化改革、全面变革、创新发展，破除企业结构性体制性机制性矛盾，加快构建现代化制度体系、管理体系、产业体系，有效创新管理模式、商业模式、盈利模式，坚持党建统领，突出资本牵引，强化安全保障，构建全新发展模式。

第 3 章

国家能源集团神东煤炭集团有限责任公司

3.1 企业概况

神东煤炭是国家能源集团的骨干煤炭生产企业，地处蒙、陕、晋三省区能源富集区，主要负责国家能源集团在神府东胜煤田骨干矿井和山西保德煤矿，以及配套项目的生产运营。受集团委托，代管杭锦能源公司。公司共有 16 个部门，60 个二级单位，其中生产矿井 13 个，专业化服务单位 14 个，综合后勤单位 20 个，全资、控股和参股公司 12 个，代管单位 1 个。13 个矿井核定产能 1.74 亿吨，其中内蒙古境内 7 个，核定产能 7900 万吨；陕西境内 5 个，核定产能 8700 万吨；山西境内 1 个，核定产能 800 万吨。3000 万吨以上 1 个，2000 万~3000 万吨 2 个，1000 万~2000 万吨 4 个，1000 万吨以下 6 个。

公司主营煤炭生产及洗选加工，煤炭产品主要是块煤、特低灰煤和混煤，特征是"三低一高"，即：低硫（≤0.5）、低磷（≤0.05）、低灰（≤8.5）、中高发热量（5500 千卡/千克左右），是优质动力、化工和冶金用煤，被誉为"城市环保的救星"。采掘机械化率达到 100%，资源回收率达 80% 以上，原煤生产效率最高 150 吨/工，企业主要指标国内第一、世界领先。

2022 年，面对疫情蔓延反复、自产煤增量受限、外购煤组织艰难等多重挑战，神东煤炭在国家能源集团党组的坚强领导下，全面贯彻习近平总书记视察宁夏煤制油、榆林化工等重要讲话和重要指示批示精神，坚定走"安全、高效、绿色、低碳、智能"高质量发展之路。2022年，公司产量完成18912万吨，其中自产煤16363万吨，外购煤2549万吨，圆满完成煤炭保供任务；经营指标均好于预期、优于同期，营业收入1108.34亿元，利润455.25亿元，缴纳税费307.07亿元。神东煤炭大楼如图4-3-1所示。

图4-3-1 神东煤炭大楼

3.2 主要成就

3.2.1 党建引领保障作用充分发挥

政治建设过硬。深入落实公司党委加强党的政治建设19条措施，政治建设自觉性和坚定性不断增强。梳理习近平总书记重要指示批示153项，建立习近平总书记考察榆林化工重要讲话精神任务清单138项，深入推动落实。制定党的建设10项制度，党的领导、党的建设、全面从严治党制度体系更趋健全。

理论武装加强。强化党委理论学习中心组顶层设计，专题学习研讨7次，"第一议题"学习26期。制定《学习宣传贯彻党的二十大精神工作方案》，推动学习进厂矿、进车间、进班组，组织专题宣讲1138场、专题培训班45场，实现学习全覆盖。制定推动党史学习教育常态化长效化 20 项措施、"我为群众办实事"实践活动推进方案,践行初心使命的思想自觉和行动自觉进一步增强。

党建与业务深度融合。完成公司"两委"换届选举。扎实开展党建创新工程三年行动,奋力创建五大党建品牌。评估检查集团命名挂牌的 15 个党员先锋队和 14 个党员示范岗,命名挂牌公司党员先锋队和示范岗 110 个。公司二十大宣讲情况如图 4-3-2 所示。

图 4-3-2 公司召开党的二十大精神宣讲会

3.2.2　价值创造能力水平不断增强

提质增效成效明显。认真落实 15 个方面 65 条双增双节措施,增收节支 29.51 亿元。推行"煤质效益风险预控"管理模式,强化煤质现场管控,2022 年自产商品煤发热量完成 5300 千卡/千克。

技术创效效果突出。优化工作面设计,编制煤柱回收方案,2022 年多回收煤炭 164 万吨,创效 4.12 亿元。全年 6 个矿井沿空留巷 18561 米,减少巷道掘进 20641 米,多回收煤炭 107 万吨,创效 5.74 亿元。推广无基础带式输送机、掘锚替换连采、掘进面联巷间距优化等措施,减少巷道掘进 16392 米,节约费用 1.28 亿元。优化简化通风系统,封闭巷道 68.7 千米,减少通风设施 896 道,节省费用 5326 万元。

管理创效作用显著。2022年，修旧利废节约成本6284万元。从严压降两金，清收长账龄款项2.3亿元，处置低效无效资产，回收资金3.03亿元。享受2022年西部大开发税收优惠44.3亿元，增值税留抵退税7736万元。12家专业化单位对外创收4.6亿元。煤质质量管控场景如图4-3-3所示。

图4-3-3 煤质质量管控

3.2.3 安全管理工作持续加强

坚决压实安全管理责任。深入贯彻习近平总书记关于安全生产重要论述和重要指示批示精神，全力推进集团60条措施落地，推行矿长记分和全员安全积分管理，强化安全风险抵押金和安全结构工资过程考核。召开4次总经理安全办公会议，解决需公司层面解决的50项问题。开展八大类26项安全生产大检查。5个矿井通过安全生产标准化一级终验。

持续增强科技保安能力。矿压研究重点实验室以布尔台矿为重点，面向全公司开展矿压研究，推进矿压综合治理。7个矿井13个工作面应用远程供电供液技术。9个矿井16个工作面实施单轨吊落地项目。开发矿井重大灾害智能预警系统，实现安全态势分类分级精准联动预警。52个掘进面的182台移动设备安装了人员接近防护系统。2000多台井下车辆均安装了倒车影像、雷达、不系安全带自动报警等设施，200余台车安装补盲视频系统，保障辅助运输安全。井下安全检查场景如图4-3-4所示。

图4-3-4 井下安全检查

3.2.4 煤炭保供任务圆满完成

充分发挥一体化保供优势。自觉站位国家能源保供和集团一体化运营大棋盘、大格局的高度，优化调整矿井生产接续，超前采取工程措施减小工作面过地质构造、上覆集中煤柱和设备直搬对生产的影响，灵活安排162项预防性检修，改造升级选煤系统，实现了自产煤生产、外购煤采购、洗选加工、装车外运的高效协同，圆满完成了党的二十大、两奥、两会、迎峰度夏度冬等重要时段的煤炭保供任务。全年累计创出5项生产组织和装车外运新纪录，自产煤提前10天完成年度奋斗目标，

247

能源供应稳定器压舱石作用有效发挥。

各单位煤炭保供有力有为。在依法合规、确保安全的前提下，各矿井最大化生产保供，自产煤连续15个月增产保供1168万吨。经销中心强化市场调研、抢抓阶段化机遇、探索多元化外购煤采购模式，最大化煤源组织。洗选中心优化洗选工艺，调整入选策略，商品煤提质330千卡/千克。生产服务中心全年完成66安60撤53支护55部带式输送机安装。开拓准备中心原始进尺完成12121米，机电安装超计划18.8%，为煤炭保供提供了有力支撑。上湾煤矿8.8米超大采高智能化工作面如图4-3-5所示。

图4-3-5 上湾煤矿8.8米超大采高智能化工作面

3.2.5 企业改革管理纵深推进

企业改革蹄疾步稳。国企改革三年行动53项改革任务圆满收官。建立世界一流示范企业评价指标体系，各项指标均达到或超过目标值。1个品牌获国资委国企品牌典型案例。深化任期制和契约化管理，管理人员契约签约率100%。践行"四重一要"管理理念，梳理年度"四重一要"工作清单92项，各项工作规范、高效、务实开展。建构市场化激励兑现机制，逐步完善"固定工资+利润提成"激励分配模式，引导专业化服务单位参与外部市场竞争，市场化改革试点单位扩大至6家，2022年对外创收5459万元。

干部人才队伍建设取得实效。坚持老中青梯次配备，统筹用好各年龄段干部，建立"聘、提、轮、转、退"五位一体常态化选人用人工作机制。实施"1121"优秀年轻干部培养工程，构建3个维度9项指标的优秀年轻干部选拔基本素质模型。公司党委管理"80后"年轻干部182人，占中层干部的29.6%。6名同志被授予全国五一劳动奖章，省市劳动模范和五一劳动奖章荣誉称号。

全面深化定额量化管理。建立公司、矿处、区队、班组、岗位"五层四级"劳动定额标准体系，形成719项业务24万项定额标准，夯实了改革基础。2022年度被评选为煤炭行业标杆管理模式。2019—2022年，万吨工时率累计降低15.35%，综采饱和度累计提升13.05%，全员劳动生产率累计提高91.94%。

3.2.6 创新驱动发展成效明显

科技创新成果丰硕。成立矿井通风安全与职业健康防护研究中心。2022年科技投入21.17亿元，研发投入14.32亿元，研发投入强度1.29%。申报受理专利340件。173个集团科研项目、267个公司项目顺利推进。全年荣获各类科技奖项27项，其中中国专利金奖1项，煤炭工业科技进步一等奖7项。

智能矿山建设高标准推进。13个矿井均通过国家或地方智能化验收，其中大柳塔矿通过国家首批智能化示范煤矿验收。11个选煤厂100%建成智能化选煤厂。井下采掘工作面实现5G全覆盖并100%建成智能化工作面，综采面平均自动化率达90%。完成了乌兰木伦整矿各系统的矿鸿研发、适配与测试。矿鸿工业互联创新国家矿山局重点实验室获得批准建设。推进智能矿山大数据标准架构体系研究，完成13项标准和1项白皮书编制。组建大学生智能班组90个，12项管理法被评为中国安全生产协会优秀管理法。工作人员远程割煤如图4-3-6所示。

图4-3-6 大柳塔煤矿综采工作人员在地面智能太空舱操作设备远程割煤

3.2.7 绿色低碳转型步伐加快

绿色低碳发展呈现新格局。深入贯彻落实"黄河流域生态保护和高质量发展"重大国家战略，编制了《神东矿区生态保护和高质量发展规划》和《神东先行示范区创建工作推进方案》，神东先行示范区创建顺利推进，初步建成3个示范基地。

深入推进生态修复治理，安排生态建设项目63项，治理面积41平方千米。启动7个矸石充填项目，稳步推进布尔台"零碳"示范矿井建设。榆家梁矿获中关村绿色矿山产业联盟"双十佳"矿山称号，布尔台"绿水青山就是金山银山"创新实践基地被国资委作为优秀案例推广。

新能源发展取得新突破。编制了公司新能源"十四五"发展规划专篇，谋划了一批集中式、分布式光伏发电项目。2022年获得2个共6.26兆瓦光伏指标，取得5个分布式光伏项目接入电网批复意见。8个分布式光伏发电项目正在开展设计、工程施工，哈拉沟煤矿工业厂区分布式光伏发电项目成功并网发电。哈拉沟生态示范基地情况如图4-3-7所示。

图4-3-7 哈拉沟生态示范基地

3.2.8 社会责任模范履行

积极为员工办实事解难事。落实疫情防控主体责任，完成12万人次流动的全链条闭环管理，动态储备60天防疫物资，确保了矿区生产生活平稳有序。董事长信箱全年办理员工来信8700余件，设立住房公积金大柳塔经办网点，提供进京就医"绿色通道"服务。全年发放各类救助金、助学金489万元，帮扶困难职工1537人次。

积极助力驻地经济社会发展。全年参与事故救援111起，挽救遇险人员27人，榆林市芦则沟矿透水事故救援被国家安全生产应急救援中心点名表扬。向陕西省十七运捐赠1000万元。向神木、伊旗捐赠冬春季集中供热用煤资金4000万元。助力乡村振兴，全年投入帮扶和捐赠资金1.1亿元，帮扶案例荣获"第三届全球减贫案例征集活动"最佳减贫案例。公司获 2022 责任金牛奖"责任供应链"奖、鄂尔多斯市消费帮扶突出贡献企业荣誉。米脂扶贫项目——温室大棚情况如图 4-3-8 所示。

图 4-3-8　米脂扶贫项目——温室大棚

3.3　发展展望

神东煤炭将全面系统深入贯彻党的二十大精神和习近平总书记视察宁夏煤制油、榆林化工、黄骅港重要讲话精神，完整准确全面贯彻新发展理念，加快构建新发展格局，深入落实国家能源集团发展战略目标和"41663"总体工作方针，在安全管理、质量效益、生态环保、科技创新、人才队伍、品牌塑造、党的建设上创一流，为助力国家能源集团建设世界一流企业做出新的更大贡献！

一是在党的建设上创一流。坚持以习近平新时代中国特色社会主义思想为指导，深入贯彻落实党中央重大决策部署，落实新时代党的建设总要求和新时代党的组织路线，坚定不移推动全面从严治党向纵深发展。以推动高质量发展为主题，统筹安全生产和能源保供，统筹创新驱动和绿色转型，塑造发展新动能，为建设世界一流示范企业提供坚强政治保证。

二是在安全管理上创一流。坚定"安全零死亡、追求零伤害"，坚持"党政同责、一岗双责、齐抓共管、失职追责"，突出"三管三必须"，坚决扛起安全生产重大使命。紧紧抓住落实和执行"牛鼻子"，以风险预控管理为抓手，以隐患排查治理为重点，增强防范和化解各类安全风险能力，夯实一流示范企业建设的发展根基。

三是在质量效益上创一流。以稳步提高企业生产能力和精益化水平为中心，不断优化资源配置和劳动组织，依托装备升级、工艺优化、技术革新等手段，提高企业生产效率、组织效率和运行效率。扎实推动降本增效、提质增效和创收创效工作，不断提升企业高质量水平。

四是在生态环保上创一流。牢固树立和践行绿水青山就是金山银山的理念，全面建设以"生态矿区、绿色矿井、清洁煤炭"为特征的新型煤炭生产基地。系统构建"生态产业化、产业生态化"的治理模式。贯彻落实"黄河流域生态保护高质量发展"重大国家战略，打造黄河几字弯区域、能源领域生态保护和高质量发展先行示范。

五是在科技创新上创一流。聚焦制约企业发展的技术、工艺、装备、信息化、智能化等各方面的瓶颈，以重大技术突破和颠覆性技术探索为主攻方向，形成更多先进的、拥有自主知识产权的科研成果、技术标准和技术专利。全面构建智能感知、智能决策、自动执行的煤炭工业互联网智能化体系，为能源行业高水平科技自立自强赋能。

六是在队伍建设上创一流。以打造高素质专业化干部队伍为目标，按照新时代新担当新作为要求，大力实施素质提升工程。完善年轻干部选拔、培育、管理、使用机制，着力打造一支懂专业、会管理，敢担当、善作为的干部队伍，努力锻造行业领军型技术和技能人才队伍。

七是在品牌塑造上创一流。在国家能源集团 RISE 品牌战略指引下，构建具有神东特色的品牌体系，不断提升公司品牌、产品品牌、要素品牌认知度、认可度、认同度，充分发挥品牌引领作用，助力神东推进高质量发展，向世界一流企业迈进。

第 4 章
陕西小保当矿业有限公司

4.1 企业概况

陕西小保当矿业有限公司成立于 2009 年 4 月,注册资本 17.14 亿元人民币。公司现有股东四家,分别是陕西煤业股份有限公司（持股 55%）、陕西省煤田地质集团有限公司（持股 28%）、神木市国有资本投资运营集团有限公司（持股 9.97%）、榆林市财金投资管理有限公司（持股 7.03%）,陕西小保当矿业公司全景图如图 4-4-1 所示。

公司组织架构由两个层级构成,公司设 12 个职能部室,下属一号煤矿、二号煤矿及 4 个中心。截至 2022 年底,公司在册员工 1955 人（中层干部及机关管理人员 144 人,其中中层干部 91 人）,平均年龄 29 岁,大专及以上学历占比 90%（本科及以上占比 60%）,其中全日制研究生 83 人。

公司以"建设世界一流煤炭企业"为愿景,利用物联网、大数据、人工智能、5G 等技术,建成了集智能综采、智能快掘、智能煤流、智能运输、智能销售、智慧园区等为一体的智能化矿井。公司先后被列为"国家级智慧型矿井建设项目""煤炭工业两化深度融合示范项目""国家首批智能化示范煤矿",获得全国"绿色矿山突出贡献单位"、全国"特级安全高效矿井"、陕西省"工业互联网标杆工厂"、陕西省国有企业"文明单位"等荣誉称号。

图4-4-1　陕西小保当矿业公司全景图

4.2　主要成就

4.2.1　突出党建引领，凝聚高质量发展磅礴力量

公司坚持以习近平新时代中国特色社会主义思想和党的二十大精神

为指导，围绕项目建设、安全生产中心工作，构建了"五化五强"党建工作模式，促进党建与安全生产深度融合。目前公司党支部标准化达标率100%，一号煤矿综采一队党支部、二号煤矿机电运输队党支部为集团党支部标准化示范点，2项实效化做法入选陕煤集团党支部优秀实效化案例选编，获得陕西省"爱国拥军模范单位"、陕西省"学雷锋活动示范点"、榆林市"煤矿信用等级A级单位"、榆林市"2021年度岗位学雷锋示范单位"等荣誉称号。构建了"四个精准"廉洁风险防控体系，一体推进"不敢腐、不能腐、不想腐"，营造了风清气正的政治生态环境。该体系荣获煤炭企业管理现代化创新成果三等奖，公司被评为陕煤集团"2020—2021年度纪检监察工作先进集体"，微视频《棋局》荣获陕西省廉洁文化微视频一等奖。

4.2.2 突出安全保障，筑牢高质量发展基本防线

公司践行习近平总书记关于安全生产重要论述，牢固树立"人民至上、生命至上"安全发展理念，围绕"1135"安全工作思路，持续深化"4334"安全生产精细化、NOSA安健环和安全生产标准化三大体系建设，提升全员安全素质，构建特色安全文化品牌。探索全员安全账户管理机制，为每名员工建立一份全生命安全档案；建立管理人员安全风险考核体系；加强"关键少数"绩效考核，将"五职矿长"及安全生产管理人员作为煤矿安全生产管理的"关键少数"，每月进行考核兑现；开展"无'三违'人员抽大奖"活动，通过活动开展，进一步增强职工安全作业的主动性，提升全员安全生产意识。

4.2.3 突出智能融合，巩固高质量发展科技支撑

在智能矿井方面，建成8个智能综采工作面，两矿主要巷道5G信号全覆盖，实现了井下重要场所机器人巡检。智能快掘系统创造了单巷日进86米、月进1700米的新纪录；智能主煤流运输系统，融合煤流计量、异物监测、功率平衡等技术，原煤运输系统启动时间由15分钟缩短为8分钟，陕西小保当矿业公司智能火车装车系统如图4-4-2所示；智能辅助运输管理系统，将"网约车模式"带到了井下，实现井下"滴滴打车"，同时安装了防跑车装置，保障车辆运输安全；智能排

水系统，实现巷道自动排水集控功能；"千眼工程"系统，利用人工智能视频 AI 识别技术，实现可视化智能风险辨识监控，消除监管盲区；完成了 5G+无人驾驶辅助运输系统工业性试验。

图 4-4-2　陕西小保当矿业公司智能火车装车系统

在"智慧园区"方面，按照一个数据底座、一个智慧园区平台、七大子系统 34 个功能点、4 个智慧应用总体规划，建成投用综合安防、访客预约、无感考勤等系统，构建智慧园区管理平台，如图 4-4-3 所示；建成智能物流系统，实现物资仓储、配送全流程自动化作业。公司获得陕西省"互联网标杆工厂"称号，《小保当 5G+智慧矿区示范应用》被省工信厅评为工业互联网示范项目。

4.2.4　突出技术创新，激发高质量发展持久动能

公司坚持创新驱动发展，先后与西安科技大学、西安理工大学成立了博士后科研流动站，建立了产学研合作基地；试行科研项目"揭榜挂帅"制度，实施项目包干认领制，保证年度项目完成率不低于 80%。2019—2022 年，公司科技资金投入逐年攀升，累计投入 4.5 亿元，开展科研项目 54 项，完成 25 项。荣获 2022 年度中国煤炭工业协会科学技术一等奖 3 项、二等奖 2 项、三等奖 1 项，荣获 2022 年煤炭行业标杆

图4-4-3　陕西小保当矿业公司智慧园区综合管理平台

案例1项，发布实施团体标准2项。

2022年度中国煤炭工业协会科学技术一等奖项目：《2～3米煤层千万吨级450米工作面高度智能化控制关键技术》项目，为行业中厚煤层产能设计及配套装备研制提供了解决方案。《护盾式掘进机器人系统》项目，工效较传统工作面提升近两倍。《中深埋煤层采动损害及水资源与生态环境保护技术研究》项目，解决了工作面采动地下水影响程度评价预测的技术难题，为实现保水保生态开采提供了关键技术支撑。

4.2.5　突出生态优先，厚植高质量发展鲜明底色

一是构造可循环生产体系。建成两座水处理站，实现了矿井水综合利用；投运全国最大智能化矸石充填系统，将矸石粉碎充填到采空区裂隙带，实现井下矸石"零排放"。**二是开展清洁能源应用**。通过地温换热，逐步实现生活厂区清洁能源替代燃煤锅炉供热，已建成的中深层地热能开发利用试验项目，可减少标煤燃烧1320吨/年，减排二氧化碳3459吨；投运矿井余热综合利用项目，利用矿井乏风和涌水余热，大幅减少标准煤燃烧和污染物排放。**三是推进绿色矿山建设**。完成了矿山地质环境动态监测预警系统建设、矿区周边植被恢复等众多生态治理项

目，累计投资 4.18 亿元，返还土地复垦金 1.38 亿元；出资 2500 万元参与"塞上森林城"生态修复，开展"碳中和林基地"建设。

4.2.6 突出人才强企，打造高质量发展人才引擎

公司坚持四位一体人才发展体系，培育出一支素质优良、梯次配备、结构合理的一流人才队伍。精准化"选才"激发人才活力。共引进大学生 1300 余名，高技术高技能人才 300 余名。定制化"育才"搭平台提素能。内部创办"学思大讲堂""班组长素质提升班"两大课堂，定期组织专题讲座，积分制激励员工参与培训，实施"114"卓越种子计划。市场化"用才"实现人尽其才。健全人才机制，大力推行管理人员竞争上岗、末等调整和不胜任退出等制度，建立中层管理干部"三位一体"考评体系。科学化"留才"达到以薪留心。持续畅通 H 型员工职业发展通道，建立"398"岗位职级体系，实现管理、专业技术、技能操作序列人员职业发展通道纵横互通。持续开展"KPI + 内部市场化"全员绩效考核，实现绩效升、薪酬升，绩效降、薪酬降。

4.3 发展展望

4.3.1 着力党建领航，为擎旗奋进再聚新力量

党建领航凝聚发展合力。以学习贯彻习近平新时代中国特色社会主义思想主题教育为主线，围绕陕煤集团"一流企业党建布局年"各项任务，推进党的领导、思想文化、组织建设、主题教育、"三个提升年"活动等工作，构建大党建新格局。

清廉国企营造清风正气。落实中省纪委二次全会、集团工作会议精神，以"四个精准"廉洁风险防控管理体系为支撑，将纪检监察工作融入党的建设和公司安全生产经营各环节、全过程，发挥监督保障作用，为公司营造风清气正的政治生态。

文化铸魂增强内生动力。公司将通过多种形式宣贯公司企业文化，让全体员工了解公司发展史，明确当前奋斗目标，清楚未来发展方向。促进企业文化与安全生产经营有机结合，使之内化为员工的价值追求和

自觉行动，提升企业的软实力。

4.3.2 着力科学布局，为做大增量再谋新实效

不断优化生产布局。加快部署二号煤矿二号风井及二水平延深项目实施。在矿井缓采区尚未解禁的情况下，形成开采区域主要集中在3-1煤和4-2煤的生产布局，实现多煤种配采，确保矿井持续稳定生产。持续推动缓采区解禁。重视榆神三期规划环评修编，突破保水采煤关键技术，应用覆岩隔离充填注浆、地表水帷幕隔离等技术，解决二号煤矿受红石峡水资源补给区影响的缓采区开采问题，为产能释放提供技术支撑。

4.3.3 着力智能化应用，为高质量发展再增新动力

坚持建设"智能系统化，系统智能化"。用智能化手段实现煤炭企业"管、控、营"一体化管理，在集装箱运输、混凝土摊铺、密闭墙智能化施工等关键岗位机器人替代人工作业上深入研究，通过工业互联网混合云平台实现高效数据治理，为企业决策提供数据支撑。推进智能化系统常态运行。按照"三分在建，七分在用""谁应用、谁管理、谁负责"的运行机制，将公司169个智能化子系统分为"七大类"，每月召开智能化常态化运行推进会，分类进行考核兑现，同时不断改进智能化系统存量问题，提升系统运行效率，构建智能化系统运行质量评价体系。

4.3.4 着力科技创新，为安全高效再创新途径

做优做大生产管理。针对煤炭消费需求的不确定性，通过研发柔性产能关键技术与保障体系，实现单面5~6米煤层年产2000万吨目标；实施分掘分运绿色充填，利用煤基固废一体化处置技术实现岩石回填，将掘进、回采与绿色充填有机结合，形成半煤岩巷道煤矸分掘分运绿色充填技术体系。

做强做专智能融合。实施智能化常态化运行关键技术示范项目，建立智能化系统常态化运行评价指标体系与动态评价模型，实现智能化常态化持续改进、平稳运行；研究"移动平台—机械臂"自适应协同控制方法，实现井下复杂工况条件下多点、繁复、危险作业智能化。

做精做细安环管理。探索矿井无人驾驶常态化运行，制定矿井巷道无人运输系统技术规范与标准，应用激光雷达与磁钉井下高精度导航定位，开展井下无人驾驶系统、沉浸式4D智能远程驾驶座舱等研制，实现公司辅助运输本质安全运转。

4.3.5 着力重点工程建设，为绿色低碳再添新措施

实施矿井水深度处理。公司拟投资4.9亿元，实施矿井水深度处理，采用预处理、反渗透和蒸发结晶工艺，将目前达标的地表三类水质提升至符合精细化工及农业灌溉的用水标准。

实施选煤厂技术改造。煤炭洗选加工是洁净煤技术的基础和源头。面对产能逐步提升，市场需求频繁波动，现原有选煤厂无法满足洗选要求。公司拟投资9.3亿元，实施选煤厂技术改造，将洗选能力提升至4300万吨/年，具备原煤全部入选的能力。

实施定制化生产中心建设。根据公司矿井煤层赋存条件，计划投资1亿元建设配煤系统，建设选配能力为50万吨的定制化生产中心，实现公司经营效益最大化。同时，公司拟在采空沉陷区实施光伏电解疏干水制氢项目，拓宽公司效益源；规划建设井下输煤巷道，由井下直接向榆林化学公司供应原料煤及生产用水。

4.3.6 着力人才培育，为奋楫远航再续新动能

加强人才梯队建设。持续推进"学思大讲堂""114"人才种子计划，拓展育人载体，开展中高层管理干部专题提升班，培养企业高级管理团队；利用"班组长综合素质提升班"平台，对基层关键岗位全面轮训，打造"金牌班组长"，力争培养一批既懂管理又懂业务的复合型人才；强化"师带徒"人才培养模式，发挥高技术高技能人才的示范带头作用。

优化员工职业发展体系。加强"三工通道"建设，深化体制机制创新，打破人才互通壁垒，实现三项人员职业发展通道纵横双向互通；打通技术技能人才职业评价通道，搭建两类人才成长"立交桥"，扩大贯通领域，促进高技能人才成长；进一步优化薪酬管理体系，实施岗位工资薪点制；完善岗位职级评定体系，激励员工提升职业能力等级。

第 5 章　山西天地王坡煤业有限公司

5.1　企业概况

山西天地王坡煤业有限公司（以下简称天地王坡）是由中国煤炭科工集团有限公司（以下简称中国煤科）所属的中煤科工能源科技发展有限公司、煤炭科学技术研究院有限公司、泽州县国有资本投资运营公司于 2002 年底共同出资组建的有限责任公司，设计生产能力 3.0 兆吨/年，建有配套的选煤厂和铁路专用线。

天地王坡现为一矿一井，井田面积 25.35 平方千米，3 号、15 号煤层可采，地质储量 2.1 亿吨，现开采 3 号煤层；井田构造类型简单，水文地质条件中等，煤层不易自燃，煤尘无爆炸危险性，无冲击地压危险，属高瓦斯矿井。采用综合机械化进行开拓和开采，采用强力胶带机和无轨胶轮车进行主辅运输，采用全重介分选工艺和自动化装车站进行产品加工外运，天地王坡智能矿山如图 4 - 5 - 1 所示。

2020 年 11 月，天地王坡获批"全国首批智能化示范煤矿建设"，以提升矿井自动化、智能化水平为出发点，围绕"减人、增安、提效"基本目标，分三期建设，一期为全面建设（2021 年），主要以"自动化 + 数字化 + 局部智能化"为主，达到中级智能化；二期为完善提升（2022—2025 年），主要以"智能装备 + 智能感知 + 智能协同"为主，深化中级智能化；三期为巩固提高（2026—2035 年），主要以"群体智能 + 混合智能 + 认知智能"为主，向着高级智能化目标奋进。

图4-5-1 天地王坡智能矿山

目前，天地王坡已完成智能化一期建设，内容涵盖信息基础设施、地质保障系统、采煤系统、掘进系统等十大专业系统和智能化选煤厂，建立了以基础设施为底、智能采掘为主、其他智能化子系统协同推进的智能化煤矿建设体系，打造"能用、实用、管用、好用"的智能化系统55个，形成了同等条件下可复制推广的煤矿智能化建设"王坡方案"。2023年4月16日，天地王坡矿井和配套选煤厂顺利通过国家首批智能化示范煤矿建设现场验收，达到了中级智能化建设水平。天地王坡智能一体化管控平台和智能装车管理系统成功入选国家能源局煤矿智能化建设先进典型案例，智能一体化管控平台荣获首届"国企数字场景创新专业赛"三等奖，煤矿智能化系统建设及运营团队荣获煤矿智能化创新联盟"2022年度煤矿智能化卓越团队"，国家智能化示范煤矿建设工程荣获中国煤科"金牌工程项目"。自智能化建设以来，全矿井合计减人96人，达到了"少人则安、无人则安"的目的；累计接待智能化主题参观交流100余次，进一步提升了品牌知名度。

5.2 主要成就

按照中国煤科确立的"顶层设计、基础先行、重点突破、全面融合"的基本建设原则,天地王坡智能化煤矿建设凝聚中国煤科优势科技资源,融合设计建设、煤机装备、安全技术与装备、示范工程等产业板块优势,按照"安全、智能、高效、绿色、低碳"的建设理念,以减人、增安、提效为目标,由中国煤科煤矿智能化工作委员会总协调,集合集团下属煤科总院(中央研究院)、煤科院、天玛智控、太原研究院、常州研究院等科研院所,形成了"兵团作战"模式,探索提出了以"一个标准、一张网、一朵云、一张图、一个平台、一系列智能化子系统"为主要内容的"六个一"煤矿智能化建设一体化解决方案,构建了煤矿智能化科技创新合力和引领力。

5.2.1 做好信息基础设施建设顶层设计

1. 一个标准

遵照国家及煤炭行业相关基础设施、数据资源、通信网络等标准,基于统一架构、统一标准、统一认证和统一运维体系,建设智能化矿山数据和应用标准,如图 4-5-2 所示,实现了数据采集、数据编码、数据存储、数据交换和传输的规范统一,将不同厂家设备信息数据汇入统一的数据中台,实现了数据存取规范化、标准化、全业务覆盖,快速响应业务的需求服务,为数据价值挖掘提供了有力支撑,可更加便捷地实现矿山智能化升级,实现设备间的同步与协作。

2. 一张网

天地王坡建设的有线主干网络(万兆工业以太环网系统)整体采用"万兆骨干、千兆汇聚、百兆接入"的 3 层组网架构,形成了基于光纤工业以太网的环形结构,具备综合管理、远程监控、单点故障自愈合等功能,为矿井数据的上传和生产调度指挥中心搭建 1 条信息"高速公路"。天地王坡万兆工业以太环网已于 2021 年 9 月投入运行,各类智能化子系统按照就近接入原则全部联网并调试成功,同时满足各智能化子系统后期的扩展需

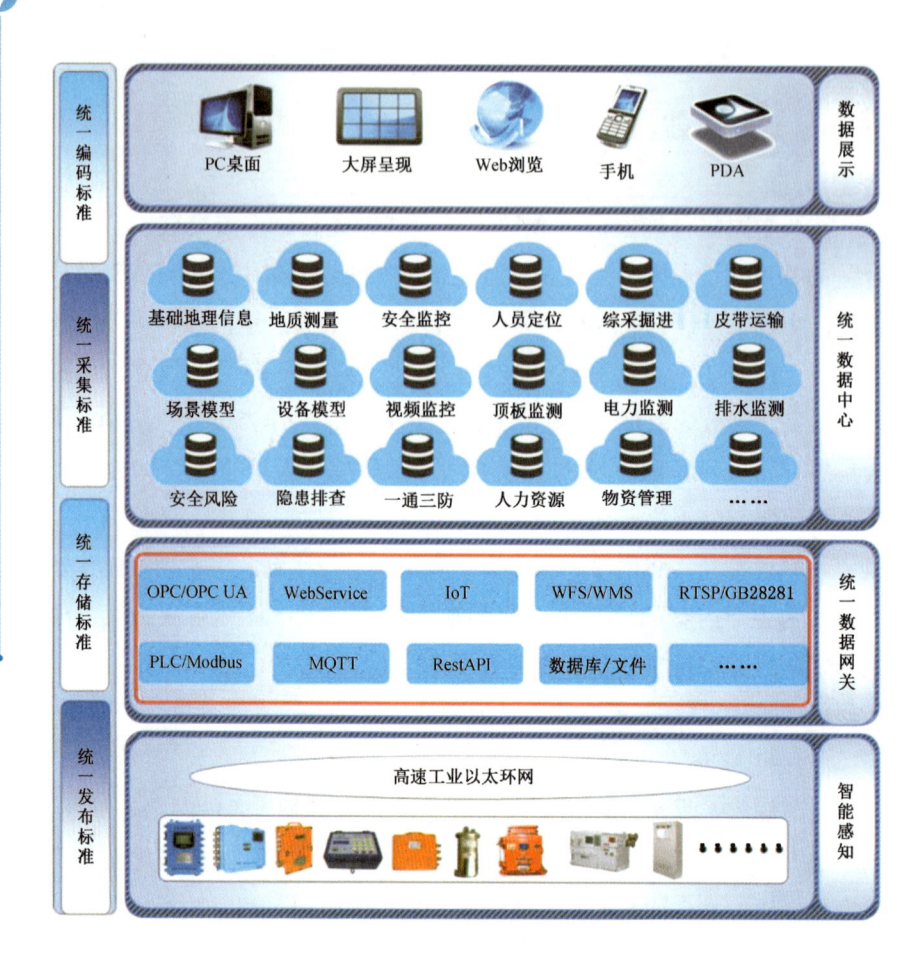

图4-5-2 智能矿山统一标准架构

求。万兆工业以太环网系统及融合通信系统拓扑如图4-5-3所示。

3. 一朵云

天地王坡智能矿山云数据中心承载了公司所有智能化子系统硬件物理环境、系统运行和数据存储等服务，由模块化机房、私有云平台服务器、万兆工业以太环网核心交换机及配套管理软件组成，利用云计算技术，将计算、存储、网络资源整合成为统一管理、弹性调度、灵活分配的资源池，针对各类业务需求提供标准化的数据资源服务；同时在云平台上部署云桌面系统，提供150个云桌面终端。天地王坡智能矿山云数据中心架构如图4-5-4所示。

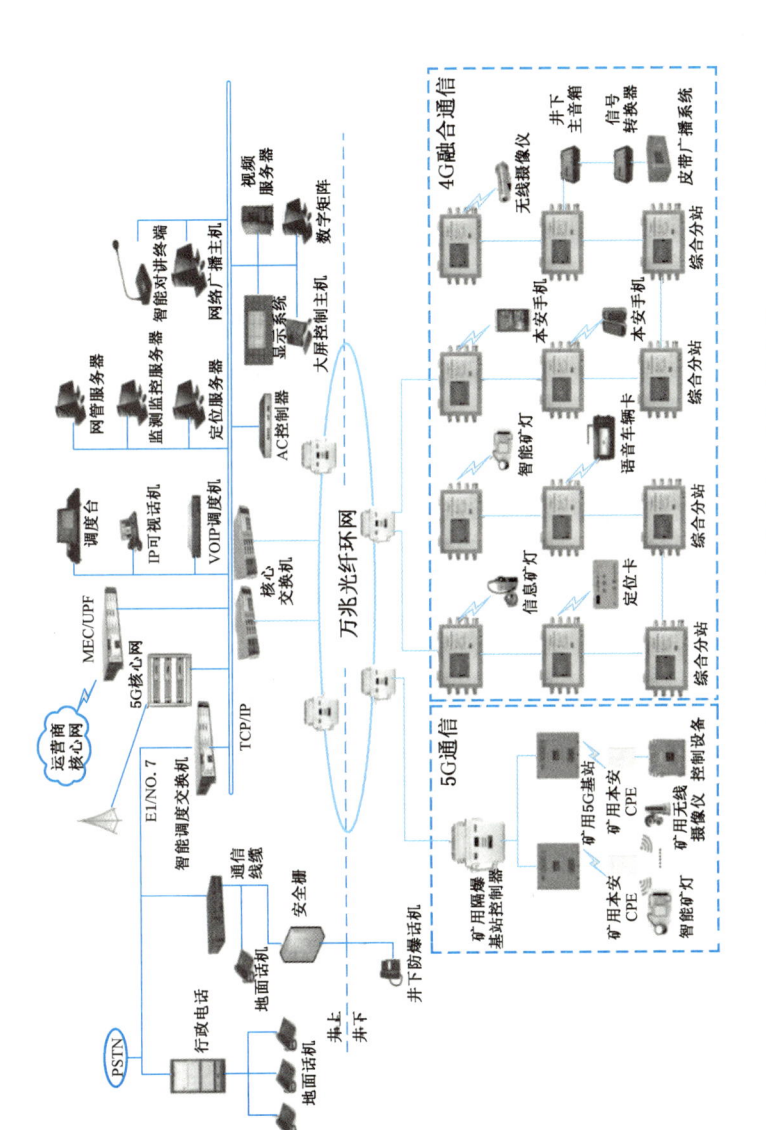

图4-5-3 万兆工业以太环网系统及融合通信系统拓扑

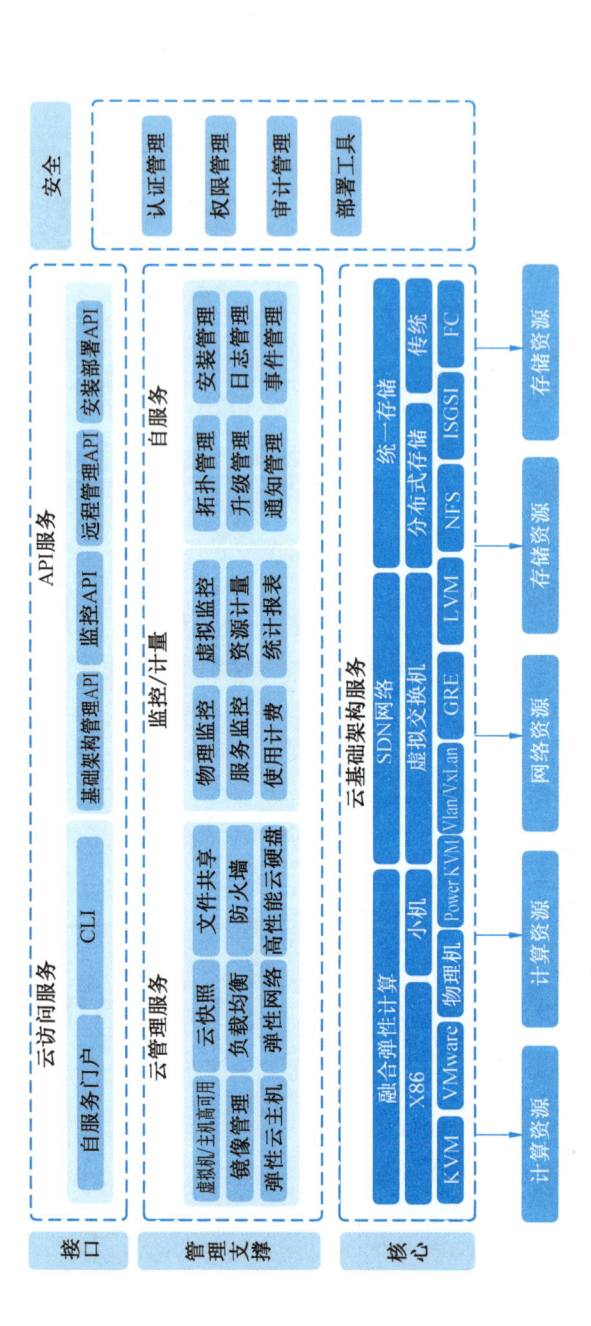

图4-5-4 天地王坡智能矿山云数据中心架构

4. 一张图

全矿井 3D GIS 一张图（以下简称一张图）如图 4-5-5 所示，利用精细数字建模、智能传感、智能控制、云计算和大数据等新一代信息技术，实现了全矿井采、掘、机、运、通的智能化管理，通过多系统数据交互，实现了系统之间、跨业务、超限值的"融合联动"，让矿山管理透明化、可视化。

图 4-5-5 3D GIS 一张图

5. 一个平台

天地王坡智能一体化管控平台（以下简称管控平台）如图 4-5-6 所示，基于工业互联网和微服务架构设计，利用物联网、大数据、云计算等先进技术在具有自主知识产权的"煤科云"上开发完成，在国内率先实现了"统一数据、统一模型、统一平台、统一架构"。管控平台提供统一集成、经过验证的数字底座，通过接入统一私有云中心数据，融合全矿井"人机环管控"等业务系统和数据资源，解决了矿山数字化管理过程中涉及的信息模型、数字化设计、可视化、模型应用、3D GIS 一张图、系统间智能协同作业等关键技术问题，实现了井上井下各自动化、信息化子系统之间数据的互联互通、融合共享和集中管控。管控平台支持统一监控、统一调度和统一决策，实现了子系统间横向协同和纵向联动，矿井数据综合利用率提高了 50.0%。

图4-5-6 天地王坡智能一体化管控平台

5.2.2 打造一系列智能化子系统

1. 智能综采工作面

基于透明工作面三维地质模型，以先进可靠的电液控系统、"三机"通信系统、泵站系统、采煤机控制系统为基础，以顶板压力检测系统、故障诊断系统和工作面视频系统为保障，以工业以太环网+5G为通道，以大数据分析和处理为依据，以高端集控设备为平台，天地王坡在3308工作面建成了智能化综采工作面，如图4-5-7所示。

智能采煤系统实现作业人员由20人减至7人，采煤效率提高20.0%。该系统主要由SAC型电液控系统、SAM型综采自动化系统、SAP型智能集成供液系统、SAS采煤机控制系统和SAV视频系统等组成。3308智能综采工作面已实现远程一键启停、自动记忆割煤、故障自诊断、液压支架自动跟机移架、采煤机惯导找直、工作面人员高精度感知与定位、运输系统与主煤流协同经济运行等功能。

2. 智能综掘工作面

天地王坡智能掘进系统在3303工作面运输巷建设完成，主要由智能EBZ160掘进机、电液控两臂锚杆钻机、DZQ80/30/15带式转载机、DWZY1000/1200（A）带式输送机用自移机尾、集控中心等组成。相较于

图 4-5-7 3308 智能综采工作面

传统作业工艺，智能掘进系统实现了掘支锚运探全工序机械化、智能化作业，大幅降低了工人劳动强度，作业人员由 11 人减至 9 人，掘进效率提高 33.0%。

智能掘进控制系统立足于整个掘进工作面，由掘进工作面工况监控和故障诊断系统、人员防入侵系统、工作面数据远程传输系统、工作面远程控制系统、断面截割成形控制系统、自主导航系统、智能化软件系统及巷道三维扫描系统 8 个部分组成的智能控制系统，实现了综掘工作面多设备自主、平行、安全作业。智能掘进控制系统可实现掘进装备无线遥控、远程监控、可视化集中控制、记忆截割、人员接近识别、健康诊断，以及工作面环境状态识别及预警功能；并且具备带式输送机机尾自移功能，可实现掘进装备的定位导航，掘锚运探的远程可视化操作及自动操作；同时配备三维扫描仪，以实现掘进工作面三维扫描及地质模型构建功能。3303 智能综掘工作面集控中心如图 4-5-8 所示。

3. 智能主煤流运输系统

天地王坡智能主煤流运输系统以国内首套 FCS 架构数字化通信控制

图4-5-8　3303智能综掘工作面集控中心

装置为基础，主要由地面集控中心、VOIP电话扩播系统、关键位置视频实时监控、人员侵入装置、异物检测装置、煤流调速装置、输送带保护控制系统等组成。目前，地面集控中心现已具备主运输系统视频监控、动态图形显示、历史数据记录、状态趋势图、报警等功能，可以展示各带式输送机搭接关系、运行状态、煤仓煤位等系统实时运行信息；可实时报警，实现关键转载点视频监控和地面远程操作。巷道输送带通过工业环网接入工作面集控中心，实现了工作面设备一键启停功能。

智能主煤流运输系统实现了"无人值守、有人巡视"的管理模式，形成了全面感知、实时互联、分析决策、动态预测、协同控制的智能管控系统，可保证井下主运系统设备安全、高效、经济运行。智能主煤流运输系统主界面如图4-5-9所示。

4. 智能通风系统

天地王坡矿井智能通风系统如图4-5-10所示，具备主通风机一键启动、反风、不停风倒机，全矿井"一键测风"、掘进工作面"一键

图 4-5-9 智能主煤流运输系统主界面

图 4-5-10 矿井智能通风系统

供风"、采掘工作面等用风地点"一键调风"、风门自动感应开启关闭、主要进回风巷风门"应急控风"等功能，形成了"风流准确监测－控风智能决策－风量定量调控"一体化智能通风技术装备系统，为天地王坡通风系统构建了全时段立体式"防护武装"，有效提高了矿井通风安全管理和自动化控制水平，保证了矿井通风系统安全可靠，在国内创造了"全风网通风监测感知、通风解算决策、通风设施远程自控、通风动力远程集控"一体化智能通风新模式。

5. 智能供电系统

智能供电系统由监控中心站、变电所监控站、综合保护单元等组成，采用3层结构：第1层为信息管理层；第2层为传输层，包括传输信道及电力监控站；第3层为感知层，包括保护高、低压开关智能综合保护装置及仪器仪表等设备。

智能供电系统利用智能感知、工业物联网与无线传输、大数据分析、云计算等现代化的技术手段，对供电系统运行数据与供电设备的运行状况进行全面采集及数据深度挖掘，实现了变电所机电设备远程监测监控、防越级跳闸及人员、环境、视频等协同控制。智能供电系统实现了"无人值守、有人巡视"的管理模式。智能供电系统拓扑如图4-5-11所示。

图4-5-11 智能供电系统拓扑

6. 智能洗选系统

智能洗选系统包含末煤智能重介系统、智能压滤系统、煤泥冲洗系统、智能供配电系统、智能机器人巡检系统、智能视频管理系统、3D可视化系统、设备健康诊断系统和选煤厂管理信息系统等9个子系统，实现了洗选重介密度自动调整，压滤系统自动统筹生产，定时自动分段冲洗，配电室无人值守，振动筛等设备实时监测，视频图像目标物检测、识别和跟踪，三维可视化及设备健康信息的收集、处理、查询、统计、分析等功能，合计减人12人。天地王坡智能化选煤厂调度中心如图4-5-12所示。

图4-5-12 天地王坡智能化选煤厂调度中心

7. 铁路智能装车系统

天地王坡铁路智能装车系统实现了从物料上料、高精度定重称量配料、到向列车车厢卸料全工艺流程的智能无人化装车过程。创新性地采用多传感器信息融合技术、智能控制算法、机器视觉、专家数据库系统等关键技术，实现了智能无人化装车，突破了传统人工装车模式，具有适应性强、装车效率高、运行成本低等优势。装车站控制室由原来的2名操作员改变为1名值守人员，装车时间由150分/列缩减为90分/列，装车效率提升66.7%，装车质量零误差，实现了铁路智能装车"无人操作、有人值守"的建设目标。天地王坡铁路智能装车站如图4-5-13所示。

图 4-5-13　天地王坡铁路智能装车站

5.3　发展展望

　　中国煤科智能化煤矿建设的"兵团作战"模式和一体化解决方案在天地王坡的成功应用，增强了集团公司的智能化竞争力，强化了中国煤科及天地王坡的品牌知名度，为全国煤炭行业树立了智能化建设的"煤科标杆"。

　　天地王坡以让企业更安全、让职工更幸福、让效益更显著为初心，减人、增安、提效为追求，持续推进智能化建设。作为中国煤科煤矿智能化技术装备集中应用和综合实力的展示平台，天地王坡将继续努力发挥其在煤炭行业的智能化建设引领示范作用，为中国煤科加快建设具有全球竞争力的世界一流科技创新型企业做出更大贡献。

第 6 章
北京天地华泰矿业管理股份有限公司

6.1 企业概况

北京天地华泰矿业管理股份有限公司（简称天地华泰）是隶属于中央企业中国煤炭科工集团有限公司的二级单位，成立于 2006 年 1 月，注册资本 1.8 亿元，是煤矿托管运营服务领域的国家队和排头兵，是"专精特新"高新技术企业和挂牌新三板的非上市公众公司（图 4-6-1）。

天地华泰坚持以人才为根本、客户为中心、安全为保障，肩负"引领煤矿生产专业化运营，推动建设绿色智慧矿山"的光荣使命，专注于提供煤矿生产专业化运营管理、煤矿建设项目管理和煤矿生产技术服务，布局"晋陕蒙宁"中西部主产煤区市场，在鄂尔多斯、银川、乌鲁木齐、朔州设有四家区域子公司，与大型央企国企、现代民企实现合作共赢，创造了显著经济效益和社会价值。

截至 2022 年底，天地华泰累计承接托管运营矿井 16 座，建设管理矿井 12 座，运营煤矿累计生产原煤达 3.2 亿吨。推动了国内局部地区及相关非煤企业煤炭开发技术与管理水平的跨越式提升，率先成功托管运营了鄂尔多斯地区首例浅埋深 5.5 米大采高全国产化成套综采装备煤矿和厚埋深（超 700 米）7.2 米大采高、全国立井提升装机功率最大、产能最大煤矿，成功托管运营了纯水支架智能化示范煤矿和大倾角（最大达 45°）、大涌水量煤矿，累计取得了 200 余项科技成果，攻克了不少开采技术难题，逐步积累形成了不同煤层地质和技术条件下、不同采

277

掘工艺和装备条件下、不同开拓方式和运输条件下、不同所有制企业合作背景下先进适宜的生产运营管理与服务体系、组织协同实施体系、多支"成建制"队伍组建体系，拥有专业齐全、技能过硬、作风优良、数量充足的骨干人才队伍，能够为不同煤矿客户提供专业化、精细化托管运营服务，为客户创造更多更大价值，实现托管运营煤矿安全高效绿色智能开发目标。

经过近20年的发展，天地华泰形成了独具煤矿托管运营特色的"四高四化"型企业发展思路与治理管理体系，不断建设完善"三维度"安全生产管理体系，牵头完成了首部《煤矿整体托管管理规范》的企业标准和团体标准建设工作。

天地华泰坚持党的领导，加强党的建设，贯彻新发展理念，落实集团公司"1245"总体发展思路，依托集团公司煤炭行业全专业领域科技创新与技术服务体系的强力支撑，坚持"为客户创造价值，为职工创造幸福"的企业宗旨，锚定"四高四化"型企业建设目标方向，紧紧围绕"打造煤矿运营示范项目，发挥协同带动作用，服务集团做强做优做大战略总目标"的中心任务，努力提升"人力资源及其组织力"这个核心竞争力，统筹发展和安全，持续推进企业高质量发展，加快建设世界一流煤矿生产专业化运营企业。

6.2 主要成就

2022年，天地华泰围绕"两利四率"工作要求，聚焦"两增一控三提高"工作目标，有力应对疫情反复、井下生产条件复杂多变以及部分项目撤出影响等多重考验，优化深化经营管理，平稳有序组织生产，未发生轻伤以上生产安全事故，各项指标全面超额完成，创历史最高水平，荣获中国煤炭科工集团2022年度"优秀贡献企业"奖。

全年完成结算原煤产量同比增长17.1%；露天煤矿运营剥离量同比增长9.3%。营业收入同比增长11.63%。超额完成"两利四率"指标，全面实现"两增一控三提高"经营目标。利润总额同比增长

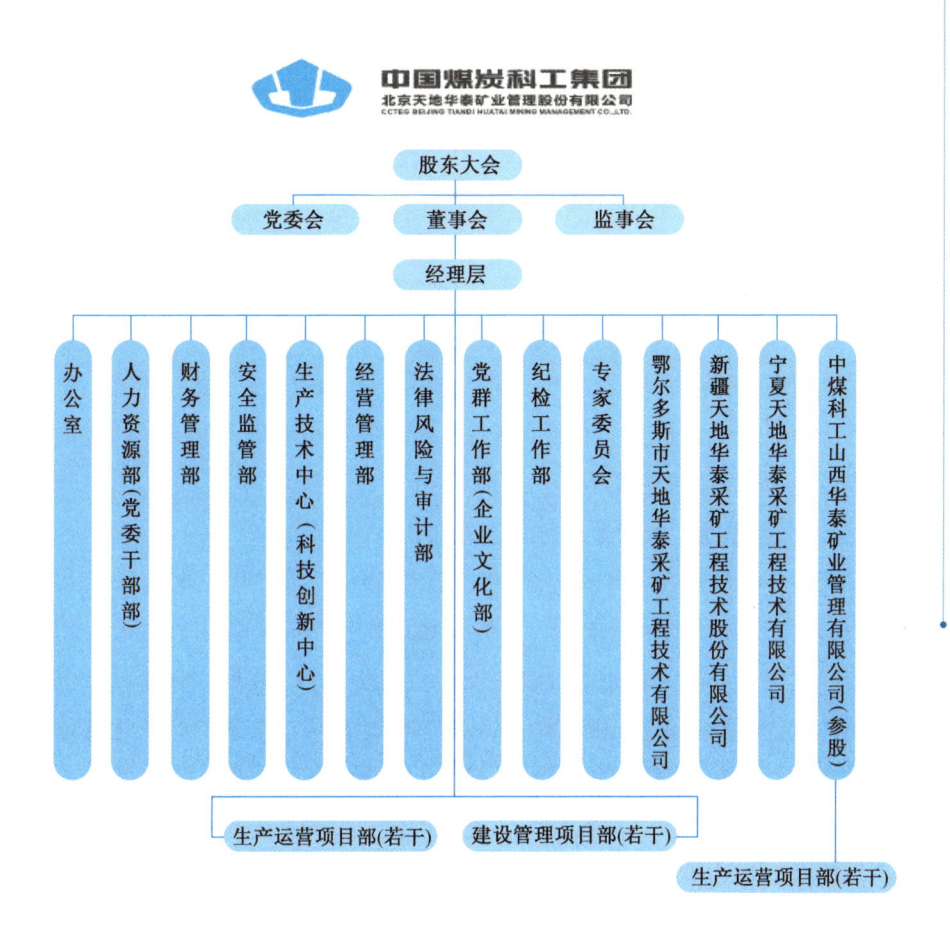

图 4-6-1　天地华泰组织结构图

33.9%，净利润同比增长 34.5%，营业收入利润率同比增长 2.3 个百分点；全员劳动生产率同比增长 22.55%；资产负债率 33.65%，同比下降 6.89；研发经费投入强度 1.84%，同比增长 10.18%。国有资产保值增值率 123.02%，连续 17 年实现国有资产保值增值。

6.2.1　坚持党建引领，推动党的政治优势转化为公司发展优势

天地华泰坚持高质量党建引领保障高质量发展，党委充分发挥"把方向、管大局、保落实"作用，抓实党的六大建设，科学实施"智慧党建、价值党建、品牌党建"工程，全面融入公司治理，深度融入中心

工作，营造对党忠诚、风清气正、干事创业、锐意进取的企业氛围。

落实党中央精神坚决有力。坚持把党的政治建设摆在首位，把"两个维护"作为最高政治原则和根本政治规矩，推动习近平新时代中国特色社会主义思想在公司大学习大普及大落实，建立完善"第一议题"传达学习、研究部署、贯彻落实、跟踪督办、报告反馈机制，推动习近平总书记重要讲话和指示批示精神落实落地落细。

坚持"两个一以贯之"，党的领导与公司治理有机统一。充分发挥党委全面领导作用，将党的领导贯穿公司决策、执行、监督各环节，实现了从顶层设计到制度、事项、流程、清单的逐级细化，推动党的政治优势转化为公司发展优势。

6.2.2 聚焦主业，推动建设绿色智慧矿山

天地华泰作为集团公司"十四五"发展规划六大产业板块之一"绿色开发"板块的执行单位，始终聚焦煤矿生产专业化运营主业，积极推广应用先进技术和装备，致力于推动建设安全、高效、智能、绿色矿山，充分体现央企责任担当。在鄂尔多斯地区成功实践全国产化装备的厚煤层大采高和综采放顶煤开采技术，全国产化采煤装备配套选型成为该地区相似矿井设计及实践的可复制母版，带动并提升了该地区煤矿开采技术工艺和机械化自动化水平。积极推动内蒙古、宁夏、山西区域托管运营煤矿开展智能化矿井建设，潜心培育智能化数字化应用场景，"智能化综采工作面一键启动"项目荣获国务院国资委首届"国企数字场景创新专业赛"三等奖。天地华泰部分生产运营项目部如图4-6-2所示。

6.2.3 秉承安全文化理念，全面落实安全生产管理体系

公司始终秉承"生命至上，安全第一，预防为主，全员尽责"安全文化理念，致力于推进运营矿井智慧矿山及本质安全型矿井建设，建成并运行安全监管信息化平台，开展安全精细化管理，保持安全生产标准化一级水平动态达标，运营矿井多次荣获国家/行业"安全高效特级矿井""安全先进单位"等称号，安全生产形势持续稳定。

公司持续推进"高安全度"建设总体工作，坚持安全"首位"思

图4-6-2　天地华泰部分生产运营项目部

想,努力达到"三零"安全目标(坚定"零死亡",力求"零伤害",隐患"零容忍");建立健全了"以煤矿安全生产标准化"管理体系为基,以"三维度"("提升现场管理水平""增强监管服务力度""促进创新驱动保障")安全生产管理体系为纲的安全管理体系,通过思维导图和实施细则全面落实。

6.2.4　推进体制机制创新,加强高水平人才队伍建设

坚持系统观念,推进治理体系和治理能力建设。一是优化公司治理体系。公司把加强党的全面领导和完善治理统一起来,各治理主体各司其职、各负其责、协调运转、有效制衡。二是深化党建与中心工作融合。贯彻落实党委会"第一议题"制度。完善党委研究讨论重大经营问题前置研究清单。三是规范化董事会运行。落实外部董事占多数要求,提升外部董事履职支撑保障服务。四是强化全面风险管控。一体推进风险管理、合规管理和内控建设。完善风险数据库,制作风险管理手册,建立风险管理框架。天地华泰企业改革情况如图4-6-3所示。

坚持奋斗者为本,推进高水平人才队伍建设。一是加大任期制和契

图4-6-3　天地华泰企业改革情况

约化改革刚度。全级次开展经理层任期制和契约化改革。二是加大三项制度改革硬度。建立管理人员不胜任退出机制。三是加大人才"三通道"建设宽度。搭建管理、技术和技能人才"三通道"建设平台，全面实施员工素质能力提升工程。四是加大科技创新人才培养力度。持续完善科技创新体制机制，凝聚多层次创新合力，大力推行科研助理机制。

6.2.5　提升自主创新能力，专业化服务实现煤矿高效生产

天地华泰作为高新技术企业，坚持"科技引领、创新驱动、人才为本、服务一线"的工作思路，建立了"五小"创新成果、科研项目攻关、知识产权保护和管理、"四技"服务、交流推广、奖励激励等创新机制。自公司成立以来，承担和参与国家级科研项目2项，集团、天地科技/煤科总院技术创新基金项目25项，其中2项成果达到国际领先水平，4项成果达国际先进水平，获得省部级科技奖励12项、专利授权149项、作品著作权2项、软件著作权4项、出版学术专著及教材7部、发表科技论文380余篇、评选"五小"创新成果110项，2人获中国煤炭学会"煤炭青年科技奖"，拥有高级职称专家41人、煤炭行业技能

大师 11 名、煤炭行业"技能大师工作室"6 个，建立了科研与生产相结合的科技创新团队，具备了承担国家、行业和集团公司项目的科研能力。天地华泰部分技术创新成果如图 4-6-4 所示。

图 4-6-4　天地华泰技术创新成果

天地华泰积极发挥自主创新优势，转化集团公司各项科研成果和推进国产装备试验应用，专业化服务煤矿实现高效生产。成立之初，在纳二矿投入鄂尔多斯地区首套国产大采高成套装备，成为自治区内中厚煤层机械化开采的示范项目（图4-6-5）。近年来，在阳坡泉煤矿应用掘锚一体机和山西首套纯水液压支架，智慧矿山建设工程通过山西省中级智能化煤矿验收；在银星二号煤矿和宋新庄煤矿成功实践长距离探放水，实现矿井水害精准定向防治。

图4-6-5　天地华泰纳二项目部大采高综采工作面

6.2.6　建设"四高四化"型企业，推进公司高质量发展

深入实施集团公司"1245"总体发展思路，紧紧围绕"四高四化"型企业建设主线，持续推进公司高质量发展，努力培育公司核心竞争优势，加快打造具有华泰品牌力、竞争力、影响力的煤矿生产专业化运营标杆企业。"四高四化"是指"高质量党建、高安全度、高水平人才队伍、高效益效率，专业化、智能化、精细化、信息化"，"四高"是发展思路和工作方向，"四化"是重要举措和实施路径，"四高"指导"四化"，"四化"支撑"四高"（图4-6-6）。

高质量党建引领保障高质量发展，高安全度是高质量发展的前提，高水平人才队伍是高质量发展的支撑，高效益效率是高质量发展的基础。

公司在达标质量/环境/职业健康安全管理体系的基础上，编制了企业标准和团体标准——《煤矿整体托管管理规范》，以严于行业标准的

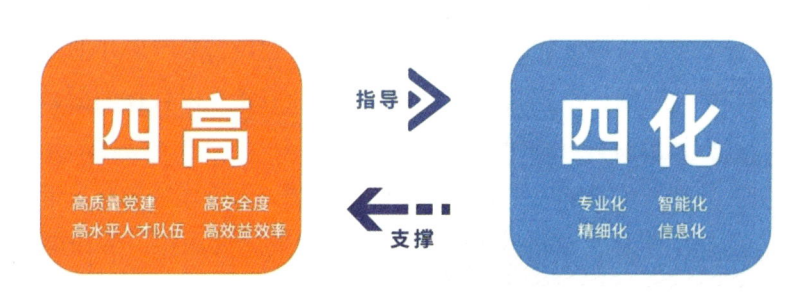

图4-6-6 "四高四化"思维导图

要求，开展煤矿生产专业化运营服务，推动提升专业化运营服务能力和水平，《煤矿整体托管管理规范》出台（图4-6-7），填补了煤矿整体托管领域标准的空白。

图4-6-7 天地华泰《煤矿整体托管管理规范》团体标准征求意见稿

6.2.7 全面推进生产经营数字化转型，实现公司低碳发展

天地华泰积极协助托管矿井开展低碳发展建设，参与矿井低碳发展方案的制定与实施，推广新工艺、新技术、新装备，以科技创新，助推低碳发展，如协助引进工作面纯水支架（图4-6-8），以纯水介质替代传统乳化液，成功解决了井下开采污染难题，为传统煤炭开采带来了颠覆性的技术革命；改造空压机机房，实现余热再利用，节约电力资源，类似案例是天地华泰践行"绿水青山就是金山银山"的理念的生动实践。

图4-6-8 天地华泰纯水支架

天地华泰全面推进生产经营数字化转型。遵循"用数据说话、用数据管理、用数据决策、用数据创新"的基本思想，在井下机电设备运维管理、生产日报表、材料消耗统计等方面进行数字化建设，不断促进生产方式和管理形态的变革。借助自动数据采集、计算统计等功能实现数据精准化采集和分析，通过实时数据的更新，进行策略完善，充分挖掘数据价值，通过管理端的数字化转型实现公司降本增效与低碳发展。

6.2.8 积极承担社会责任，引领行业规范发展

天地华泰开创的专业化运营商业模式发挥了行业示范引领作用。天地华泰率先在内蒙古、宁夏、陕西和新疆等西部地区开展煤矿托管运营专业化服务，提高该地区煤矿生产建设技术水平，促进该地区煤矿劳动

工效和安全管理水平提升，推动煤矿托管运营形成产业规模效应，解决了部分资源枯竭煤矿职工就业问题，为促进社会和谐稳定做出了积极贡献。

天地华泰运营模式得到国家行业监管部门及地方行业管理部门的高度认可，2019年12月原国家煤矿安全监察局出台《煤矿整体托管安全管理办法（试行）》等相关文件（图4-6-9），规范了煤矿托管管理工作，为有效防范和遏制煤矿重特大事故的发生做出了积极贡献。天地华泰还牵头编制了煤矿托管运营领域的首个团体标准《煤矿整体托管管理规范》，对推动国内煤矿整体托管的规范化、标准化具有良好的借鉴作用。

国家煤矿安全监察局文件

煤安监行管〔2019〕47号

国家煤矿安全监察局关于印发
《煤矿整体托管安全管理办法(试行)》的通知

各产煤省、自治区、直辖市及新疆生产建设兵团煤矿安全监管部门、煤炭行业管理部门，各省级煤矿安全监察局，有关中央企业：

《煤矿整体托管安全管理办法(试行)》已经国家煤矿安全监察局局务会议审议通过，现予印发，请遵照执行。

国家煤矿安全监察局
2019年12月6日

图4-6-9 《煤矿整体托管安全管理办法（试行）》文件

287

6.3 发展展望

6.3.1 目标方向

天地华泰坚决贯彻落实创新、协调、绿色、开放、共享的新发展理念，实施创新驱动和聚焦主业战略，开展素质能力提升工程、管理服务提升工程、改革攻坚深化工程和提质增效深化工程，推进以大党建、大经营、大安全和大监督工作格局为架构的现代企业治理体系和治理能力建设，推进煤矿生产运营专业化服务平台和绿色智慧矿山应用场景集成化示范平台建设。为加快建设世界一流煤矿生产专业化运营企业、推动国家和行业绿色低碳发展而努力奋斗。

6.3.2 经营水平

天地华泰将坚定不移贯彻落实集团公司"1245"总体发展思路，践行"以市场为导向、以客户为中心"经营理念，围绕经营中心工作，强化价值链协同效应，构建大经营工作格局，促进经营工作提质升级；加大市场开拓力度，加强合同风险管控，提升合同议价能力，重合规、增效益，保持煤矿生产整体托管运营项目适度规模，提升运营项目内涵质量。严格执行国家行管部门和集团公司关于煤矿安全准入的相关规定，拓展"晋陕蒙"等中西部地区市场空间，稳定公司发展基本盘。

6.3.3 治理水平

公司持续完善法人治理结构，天地华泰党委履行"把方向，管大局，促落实"职责，董事会履行"定战略、作决策、防风险"，经理层履行"谋经营、抓落实、强管理"的职责，各司其职、各负其责、协调运转、有效制衡，把加强党的全面领导和完善公司治理统一起来，不断健全完善中国特色现代企业制度，全面提升企业治理体系和治理能力现代化水平。

6.3.4 发展思路

牢固树立"高质量党建引领保障高质量发展"理念。党委充分发挥"把方向、管大局、保落实"作用，抓实政治建设、思想建设、组织建设、作风建设、纪律建设及制度建设，科学实施党建工程，全面融入公司治理，深度融入中心工作。践行企业文化，营造对党忠诚、风清气正、干事创业、锐意进取的企业氛围；谋求高质量发展，提升干部职工的安全感、归属感、获得感、幸福感。

牢固树立"大安全观"理念。实现生产安全、经营安全两手抓两手硬。坚持"一切隐患皆可除一切事故皆可防"和安全"首位"思想，持续推进深化"三维度"安全生产管理体系建设和安全生产标准化建设，增强监管服务力度，提升班组建设水平，实现"三零"安全目标。构建风险防控长效机制，确保健康合规运营，风险可防可控。

牢固树立"以人才为根本，人力资源及其组织力就是公司核心竞争力"的人才管理理念。持续深化人才发展体制机制改革，建设高素质专业化干部人才队伍。做实做细三项制度改革，优化人才激励机制，深化管理、技术、技能人才"三通道"建设，构建以价值、能力、贡献为导向的人才评价体系，有效激发活力、提升能力、强化战斗力。

牢固树立"价值创造"经营管理理念。紧紧围绕企业发展质量效益效率主线，夯实企业高质量发展基础。坚持市场化改革方向，营造有利于激发活力动力的体制机制和环境条件。坚持拓市增收，提升核心竞争力和品牌影响力，扩大市场营销成效。强化成本定额管控与考核，实现降本提质增效。加强精益管理，促进生产经营管理各环节高效运行。

天地华泰坚持高质量党建引领保障高质量发展，积极担当"引领煤矿生产专业化运营，推动建设绿色智慧矿山"使命，优化产业布局，提升管理效能，全面防控风险，努力开启煤矿生产专业化运营高质量发展新篇章。